로저 마틴의 14가지 경영 키워드 :
하버드 비즈니스 리뷰에 담긴 새로운 사고 방식

로저 마틴 지음

하버드 비즈니스 리뷰에 담긴
새로운 사고방식

Harvard
Business
Review
Press

로저 마틴의

14가지

경영 키워드

파격을 추구하는 경영에 대한 새로운 접근

로저 마틴 지음
이종민 옮김

A NEW WAY TO THINK

plan b
DESIGN

추천의 글

나는 이 특별한 책의 목차에만 책값의 10배 또는 100배를 지불할 의향이 있다. 실제로, 독자들에게 책의 목차를 사무실 혹은 홈 오피스 벽에 붙여 놓고, 매일의 일상에서 꼭 필요한 체크리스트로 활용하며 실행해 볼 것을 추천한다. 절대로 이 책을 읽기만 해서는 안 된다. 독자들은 이 책에 자신의 모든 것을 투영해야 한다. 이 글이 독자들의 일상에 깊이 있게, 그리고 성실하게만 적용된다면, 독자들은 이 책을 통해 인생 전반, 업무와 관련된 모든 일상에, 그리고 함께 일하는 조직 전체에 영향력을 가진 변화를 이끌어낼 수 있을 것이다.

— 톰 피터스, 경영의 대가, 『초우량 기업의 조건』 베스트셀러 작가

로저 마틴은 복잡하면서도 난해한 경영학적 시나리오와 전략을 '핵심'만으로 단순화하는 천부적인 재능을 보유하고 있다. 이는 누구도 부정할 수 없는 사실이다. 그리고 그 핵심은 늘 우리가 상상하는 것

이상으로 나타난다. 우리는 종종 새로운 사고방식으로 문제를 해결하고자 할 때, 과거 이미 증명된 방법들보다 새로운 방식이 더 나은 결과를 만들 수 있을지에 대한 확신이 부족해, 자신의 앞길을 막는 오류를 범한다. 로저 마틴은 대부분의 일상적 문제들을 새로운 렌즈를 통해 볼 수 있는 프레임워크를 제시한다. 이 렌즈는 가장 효과적이면서도 장기적인 해결책을 우리에게 제공할 것이다.

— 줄리아 하츠, '이벤트브라이트' 설립자 및 CEO

『로저 마틴의 14가지 경영 키워드』는 오늘날의 불확실한 미래에 직면한 경영환경 속에서 생존해야 하는 조직들에게 꼭 필요한 '본질적 가이드'라고 할 수 있다. 마치 위대한 멘토와 보내는 하루처럼, 이 책은 경영학적 진부함이 넘치는 현실 속에서도 조직을 잠재적 한계점까지 이끌어야만 하는 독자들에게 숨겨진 진실들과 시의적절한 질문들을 던져주고 있다.

— 재커리 퍼스트, '드러커 재단' 상임이사

『로저 마틴의 14가지 경영 키워드』를 통해서 로저 마틴은 왜 많은 경영학에서 이미 확립된 프레임워크들이 제대로 작동을 하지 않는지 그 이유와 이에 대한 현명한 대안들을 제시하고 있다.

— 드류 휴스톤, '드롭박스' CEO

나는 '전통적인 모델을 더 나은 모델로 대체하자'는 의견보다는 이 책에서 로저 마틴이 제시한 '전통적인 사고방식을 새로운 사고방식으로 대체하자'는 제안을 더 선호한다. 새로운 사고방식은 '조직 중심'에서 '인간 가치 중심'으로 전환되어야 한다.

— 장 루이민, '하이얼 그룹' 명예 이사회 의장, 설립자

간결하고 재미있는 짧은 글들을 통해 로저 마틴은 경영의 환경을 탐색하고, 올바른 선택을 하며, 일반적인 실수들 때문에 우리가 희생양이 되지 않도록 도와준다. 이 책은 조직 내에서 리더십을 발휘하는 모든 사람들이 꼭 읽어야 한다. 진정한 리더가 되고 싶다면 경영자 리더십을 갈망하라!

— 스테파니 코헨, '골드먼 삭스' 글로벌 담당 사장, 고객 및 자산 관리 담당

신속한 변화와 경쟁력을 유지하기 위해서는, 이미 알고 있는 최고의 경영 방식을 기반으로 한 기본적인 가정들에 과감히 도전해야 한다. 이 분야에서 로저 마틴만큼 통찰력 있는 사람은 없을 것이다. 현재 가장 어려운 결정에 직면해 있으며, 결국은 생존하여 성공하기를 원하는 리더라면, 반드시 이 책을 읽어볼 것을 추천한다.

— 알렉스 오스터월더,
'Business Model Generation' 설립자, 전략가, 베스트셀러 공저자

차례

Part 3. 일의 구조화(Structuring Work)

Part 4. 핵심활동(Key Activities)

경영의 본질에 대한 재고(再考)

**"우리가 직면한 중요한 문제들은 우리가 문제를
만들었을 때와 동일한 수준의 사고방식으로는
풀리지 않는다."**

- 알버트 아인슈타인

    똑같은 일을 계속 반복하면서 전혀 다른 결과를 기대하는 것은 미친 짓이라고들 말한다. 하지만 저자가 40여 년 넘게 경영전략 자문 역할을 수행하는 과정 속에서 이런 모습은 너무나 자주 목격되었다. 임원들과 리더들이 이미 설정된 프레임워크, 즉 일반적 관행이나 이론, 사고방식(저자는 이들을 간단히 '모델(Model)'이라고 부른다)들이 기대했던 성과를 만들어내지 못할 경우, 거의 큰 고민 없이 기존 모델이 우리 회사에서 충분히, 혹은 철저하게 적용되지 못했기 때문일 것이라고 가정한다. 그 결과, 이미 선택되었던 프레임워크는 별 수정 없이 다시 그대로 적용된다. 그 후에도 불만족스러운 성과가 반복되면, 기존의 처방 수준을 더 강화할 뿐이다. 예를 들어 주주의 가치를 극대화하는 작업이 제대로 진행되지 않는다면, 단순하게 주주 가치 제고 방안에 대해서만 집중한다. 또한 어떤 조직에서 실행력 제고 방안이 제대로 적용되지 않으면 여전히 실행력 강화만 최우선 순위로 설정한다. 조직문화가 희망하는 방향으로 변화되지 않으면, 아무런 고민 없이 예전보다 더 공격적인 조직문화 혁신만 지시할 뿐이다.

　기존의 모델은 특히 비효율성이 만연한 상황에서 더 끈질기게 유지되는데, 이는 우리의 생각과 행동을 만드는 모델이 반사적으로 도출되는 특성이 있기 때문이다. MIT 슬론 경영대학원의 시스템 다이내믹스 교수인 존 스터만(John Sterman)이 지적한 대로, 인간은 모델링을 해야 할지, 하지 말아야 할지는 선택하지 않는다. 모델의 사용 여부를 떠나 그저 **어떤 모델인지**만 관심을 가질 뿐이다. 이 문장에서 강조한 **어떤**이라는 단어의 관점에서, 우리는 문제에 대한 사고방식을 선택할 때 이미 내가 알고 있고 익숙한 것을 쉽게 받아들이는 경향이 있다. 어떠한 기존 모델도 없는, 전례가 없었던 상황 속에서 무언가를 해야 할 때, 마치 맨땅에 헤딩을 하는 것처럼 근본부터 생각한다는 것이 얼마나 고된 일이고, 얼마나 많은 시간이 투자돼야 하며, 또 얼마나 두려운 일인지 너무도 잘 알고 있기 때문이다. 결국 이런 새로운 상황에 직면하고 나면, 거의 예외 없이 이전에 찾아냈던 모델들과 유사한 형태를 마음 편히 그대로 적용한다.

이처럼 우리는 늘 이미 존재하며 즉시 적용 가능한 기존 모델을 선호한다. 더 쉽고, 더 편하고 더 빠르기 때문이다. 이런 성향은 우리가 경험한 제도권 교육을 통해서 지속적으로 강화된다. 시작 시점부터 교육 시스템은 우리에게 일종의 정해진 모델을 가르친다. 사칙연산부터 작문을 할 때 한 문단을 쓰는 방법, 종(種)을 분류하는 방법 등이 대표적인 예이다. 또한 이것들이 제2의 천성이 될 때까지 반복하는 훈련을 강요받는다.

경영학 교육도 별반 다르지 않다. 우리는 광범위한 모델들을 학습해왔다. 몇 가지 예를 들어보면 5대 경쟁요인 모델(Five forces), 자본자산 가격 결정 모형(CAMP), 4P 모델(The 4Ps), 경제적 주문량(EOQ), 블랙-숄즈 모형(Black Scholes), 일반회계기준(GAAP), 가중평균자본비용(WACC) 등이 대표적이다. 시간이 흐름에 따라 이들 사이에서는 마치 자연 생태계에서 그러하듯 지배력을 위한 경쟁이 일어나고, 각각의 영역에서 우세한 하나의 강력한 모델로 수렴되는 경향이 있다. 이렇게 선택된 모델은 마치 오랜 세월 묵혀와 이제는 모든 이들이 반드시 지침 해야 할 '경영의 지혜'인 듯 인정받는다. 그리고 무한 반복으로 적용된 뒤, 고정된 원칙처럼 하나의 프레임워크로 활용된다. 이런 현상이 전혀 이상하지 않은 이유는, 혹시라도 하나의 모델이 제대로 작동되지 않는다고 하더라도, 문제에 봉착한 리더들은 그 모델을 여전히 신봉하며, 오히려 개인들에게 제대로 모델을 적용하지 못한 실패의 책임을 전가한다. 모든 사람이 신뢰하고 있는 기존 모델에 의문을 제기하면서 새로운 모델의 구축을 시도하는 일은 현실적으로 매우 힘들고 사회적으로도 엄청난 리스크를 요구하기 때문이다.

파괴적 혁신을 위한 보다 파격적인 사고방식

기존 모델들에 의문을 제기하고 재구축하는 것이 저자의 직업이 되었지만, 실제로 이런 일이 천직이라는 사실을 깨닫기까지 긴 시간이 걸렸다. 임원들, 특히 CEO들은 기업의 성과를 향상시키기 위해 저자를 고용했다. 그들은 늘 업무의 진행 과정에서 제대로 안 풀리는 시점이나 일의 착수 시점부터 도움을 요청하는 것이 아니라, 심각한 좌절로 근심이 발생한 후에나 SOS를 보내왔다. 그들을 돕는 과정에서 '왜 원했던 방향으로 성과가 도출되지 않았는지' 그 이유를 진단할 필요가 있었다. 그리고 수년간의 고찰 끝에 거의 모든 사례에서 아주 중요한 한 가지 사실을 발견하게 되었다.

'성과의 실패는 그들이 목적 달성을 위해 열심히

노력하지 않았기 때문이 아니라, 그들을 움직이게 한 모델이 적합하지 않은 것이었다'

　전통적인 예를 들어보자. 한 고객이 자신들의 연구개발 (R&D) 프로그램에 더 많은 시간과 노력을 투자하고 있음에도 성과가 향상되지 않는 원인을 찾아 달라며 자문을 요청해 왔다. 이 회사는 성과 전망이 불투명한 프로젝트들에는 더 엄격한 절차들을 적용하고 있었다. 그 냉철한 분석에도 불구하고, 회사는 수년 동안 진정한 혁신을 이루지 못했다. 저자가 확인한 바로는 그 회사를 움직이고 있는 모델은 자신들이 확보할 수 있는 현 시장의 데이터 분석을 통한 초기분류를 적용해, 시원찮아 보이는 프로젝트를 중단하고, 더 유망한 프로젝트들에 더 많은 시간과 자원을 배치함으로써 R&D 생산성을 증대하려는 방식이었다.

　물론, 표면적으로 이 모델 적용은 납득이 간다. 하지만 그 프로세스를 면밀히 검토했을 때, 이 회사가 미래를 예측하기 위해 사용한 분석 방법론은 현존하는 데이터를 기반으로 한 것이었음을 알게 되었다. 결국 지금 당장이라도 쉽게 얻을 수 있는 데이터들로 점철된 '현상 유지 편향' 속에서 미미한 변화만을 위한 혁신을 추구한 것이다. 그리고 각각의 프로젝트들은 조직 내 다양한 의사결정 관문을 지나며 일관된 기준을 통과하게 된다. 하지만 안타깝게도 그들이 그토록 찾아 헤매던 '놀라운 혁신'이라는 것은 (그 혁신 아이디어가 아직 세상에는 존재하지 않기에) 이를 뒷받침할 수 있는 효과적인 데이터가 존재하지 않는다. 따라서 엄청난 미래 매출을 이끌 수도 있는 예측들은 늘 무모하다는 평가 속에서 사라져버린다. 다시 말해서, 가능성 있는 유망한 모델은 다음과 같은 논리적인 약점을 갖는다.

'그것이 현재 시장에서 확보 가능한 유망한 데이터를 기반으로 분석된 것이라면, 이는 진정한 파괴적 혁신과는 무관할 가능성이 크다.'

그렇다면 기업이 혁신을 위해 기존 모델 대신 활용할 수 있는 다른 모델은 존재할까?

물론 존재한다. 그것은 미국의 실용주의 철학자, 찰스 샌더스 피어스(Charles Sanders Peirce)의 성찰인 '역사상 어떤 새로운 아이디어도 미리 분석적으로 증명된 적이 없다.'는 사실에 기반한다. 다시 말해, 어떤 아이디어의 장점을 초기에 엄격한 증거를 기반으로 검증하고자 한다면, 여러분들은 그 아이디어를 파괴하게 될 것이다. 그 아이디어가 진정한 의미의 혁신적 아이디어라면 말이다.

파괴적 혁신의 특성을 미리 증명해낼 증거란 존재하지 않는다. 따라서 혁신 프로젝트들을 미리 검증하고자 할 때 더 좋은 모델은 그 아이디어가 가진 논리의 강점을 평가하는 것이다. 즉, 그 아이디어가 좋은 이유를 탐색해야지, 이미 존재하는 데이터들 속에서 그 아이디어의 장점을 찾으려 해서는 안 된다. 여러 프로젝트를 진행하면서 논리 테스트를 통과하는 개별프로젝트를 발전시키고, 이 과정에서 프로젝트를 검증하고, 조정하고, 폐지할 수 있는 데이터를 찾기 위해 노력해야 한다.

저자가 경험했던 수천 개 이상의 연구개발 문제들의 사례들을 보면, 기존 모델을 열심히만 적용하는 것은 정답이 아니었다. 문제를 해결하기 위해서는 '**새로운 생각의 방식 (a new way to think)**'이 필요하다. 그리고 이것이 바로 이 책의 핵심이다.

클라이언트의 기존 모델을 받아들이는 대신에, 저자는 잠시 비켜서서 '문제의 해결을 위해 설계된 바를 충족하지 못하게 만든 모델이 무엇일까?'를 자문해 봤다. 그리고 훨씬 더 중요한 질문인 '그 문제에 대해 생각해 볼 수 있는, 좀 다르지만 무언가 더 강력한 모델이 있지 않을까?'를 고심해 봤다.

경력을 회고해 볼 때, 저자는 항상 모델에 매료되어왔다. 모델은 우리가 행하는 모든 것을 형성하기 때문이다. 초등학교 이후 학창시절을 돌아봐도, 늘 선생님이나 교수님들이 지도해준 모델들을 증명해왔다. '그들은 어떻게 세상이 돌아가는 방식을 알게 되었을까? 그런데 그 방식들이 정답일까? 모든 사례에 효과가 있는 것일까?' 이런 질문은 저자가 배우는 방식이었으며, 더 나은 해답을 찾는 방식이었다.

그리고 대부분의 스승들, 상사들, 고객들은 저자의 질문을 귀찮아했던 반면, 극소수의 사람들은 다소 어리석고 너무나도 원초적일지 모를 질문에 흥미를 가져 주었고, 어렵게 찾아낸 해답을 함께 실행해주었다. 이것이 바로 저자가 이 책을 쓴 이유이다.

14개의 더 나은 모델들을 제시하는 대안들의 집합, 그리고 한 권의 책

일련의 문제들을 해결해 나가는 과정에서 여러 명의 클라이언트에게 유용한 대안적 모델을 찾아냈을 때, 저자는 이를 널리 전하기 위해 글을 썼다. 주로 〈하버드 비즈니스 리뷰(HBR)〉를 선호했는데, 저자가 가장 좋아하는 편집 파트너인 데이비드 챔피언(David Champion)이 책임 편집장이었기 때문이다. 2010년 그와 함께한 첫 번째 글이 게재된 이후, 20개의 기사를 HBR에 기고했다.

데이비드와 함께 작업했던 모든 글이 원하는 성과를 방해하고, 탁월한 대안의 제시를 가로막는 기존 모델(Dominant Model)에 저항하는 내용은 아니었다. 하지만 협업 과정에서 데이비드는 대부분이 그런 맥락의 글이었다는 점을 일깨워줬다. 그리고 이런 맥락들을 책 한 권으로 모아 출간을 하면 좋겠다고 제안했다. 이 책이 그 결과물이다.

14개의 독립적인 장들은 지금은 비록 현실에서 우세하지만, 여전히 결함을 갖고 있는 '**기존 모델**'과, 더 탁월하다고 믿는 '**대안 모델**'을 비교하고 있다. 하지만 그 14개의 모델들이 '올바르다'고 자부할 정도로 오만하지는 않다. 저자는 칼 포퍼(Karl Popper)와 임레 라카토슈(Imre Lakatos)의 반증주의 학파 출신이다. 그들과 같은 입장에서, 저자는 마치 흑과 백의 세상처럼 정답과 오답만 존재한다고 믿지 않는다. 조금 더 나은 답과 조금 더 그렇지 못한 답이 있을 뿐이다.

하나의 모델이 가장 최적의 것으로 사용될 수 있지만, 그렇다고 해도 진행 과정에서 약속된 성과를 제대로 만들어 내는지 면밀하게 관찰해야 한다. 만약 그렇다면, 그 모델은 검증받은 것이다. 만약 그렇지 못하다면, 여러분들은 목표로 잡은 성과를 도출할 수 있는 더 나은 모델을 만들어야 한다. 하지만 이 과정에서도 여러분들의 모델은 부족함이 발견될 수 있고, 다시 좀 더 나은 모델로 대체될 것이다.

저자는 수많은 리더와 임원들이 과학자들처럼 훈련되어 왔음을 잘 알고 있다. 이런 방식으로 교육받을 때, 여러분들은 이 상황에 딱 맞는 정답이나 불변의 올바른 단 하나의 모델이 존재한다고 믿었을 것이다. 그렇지만 저자는 아이작 뉴턴의 물리학 법칙들이 알버트 아인슈타인에 의해 100% 옳은 게 아니라던지, 일부만 옳을 뿐이라는 사실이 확인되기 전까지만 절대적인 진실이라고 교육되었음을 알려주고 싶다.

저자는 이 책에 오직 14개의 올바른 모델들만 제시했다고 약속할 수는 없다. 하지만 이 책에 제시된 14개의 좀 더 색다른 모델들이 기존 모델을 완벽하게 대체하지는 못하더라도, 여러분들이 원하는 성과의 달성 가능성을 제고할 수 있다고 약속하고 싶다. 또한 이들보다 더 진화된 고민들이 저자가 제시한 모델들을 더 발전시킬 것으로 믿는다.

마지막으로 이 책에서 독자들은 P&G 사의 예시들이 다소 편파적인 느낌이 들 정도로 매우 많이 사용되며, 특히 전 CEO인 A.G. 라플리(A.G. Lafley)가 자주 언급됨을 확인할 수 있을 것이다. 그 이유는 저자가 1986년 이래로 경영 자문으로서 P&G와 매우 오랫동안 생산적이었던 관계를 유지했기 때문이다. 이 기간 동안 작고한 존 스메일(John Smale)부터 최근 퇴임한 데이비드 테일러(David Taylor)까지, 많은 P&G의 CEO들에게 행복한 자문을 제공했다. 특히 라플리와는 13년간 2회에 걸쳐 CEO를 재임하면서 긴 인연을 이어왔다. 우리 두 사람은 이 책의 총 14장 중에서 두 개의 장을 함께 고민한 파트너이며, HBR 아티클의 공저자이다. 또한 도서 『승리의 경영전략(2013)』도 함께 집필했다.

P&G와의 길고도 깊은 인연 때문에, 저자는 협업 과정에서 수많은 상황을 가까이에서 관찰할 수 있는 유리한 위치에 있었다. 이런 경험들이 이 책의 콘셉트를 설명하는 데 의미 있는 통찰을 제공할 것이다. 제시되는 사례들의 환경이나 팩트를 정확히 알기 때문에, 간접적으로 전해 들은 다른 이야기보다는 더 자주 사용될 것이다.

또한 P&G라는 기업은 독자들에게도 잘 알려진 소비재 회사이므로, 생소한 다른 제품군의 회사 사례보다는 아마도 이해가 쉽다는 장점이 존재한다. 하지만 경영상에 P&G처럼 칭찬할 만한 것이 있다면 타사도 공평하게 언급하려 한다.

이 책의 구조상, 14개의 장은 독립적이다. 따라서 순서대로 읽어야 완벽히 이해되거나 특정한 장이 다른 장의 선행 학습 내용으로 활용되지는 않는다. 이런 맥락에서 독자들은 이 책을 '경영 핸드북'으로 활용하면 좋을 것 같다. 저자는 학자이면서도 동시에 컨설턴트이며, 생각을 구조화하는 데 강한 흥미를 가지고 있다. 그래서 모든 장을 구조화하기 위해서 4개의 상자로 묶어보았다. 이 상자들은 저자가 제시하고자 하는 순서를 명확히 그려보는 데 도움이 될 것이다.

첫 번째 상자. 맥락(On Context)

첫 번째 상자는 '맥락'을 다루고 있다. 아마도 거의 모든 기업에게 작동되는 구조일 것이다. 경쟁, 주주, 고객 총 3개의 주제가 이 상자에 포함되며, 파트 1에서 논의한다.

1. 경쟁(Competition) : 기존 모델에서는 기업은 경쟁하며, 경영진의 가장 핵심적인 일은 하위 구조를 조직화하고 통제하는 것이라고 정의한다. 반면, 더 효과적인 대안 모델은 진정한 경쟁이라는 것은 고객들과 만나는 '현장'에서 일어나며, 모든 경영진의 핵심과업은 고객들이 더 나은 가치를 제공받을 수 있도록 구성원들을 돕는 일이라고 정의한다.

2. 주주(Stakeholders) : 심한 압박감 속에서도, 기존 모델은 기업이 주주에 봉사하기 위해 존재하며, 주주가 가장 큰 우선순위에 있다고 믿는다. 더 효과적인 대안 모델은 주주의 가치를 우선시하는 것이 오히려 주주의 성공을 방해하는 악수(惡手)라고 믿는다. 그 대신 '고객의 가치를 우선시하는 것'이 기업의 성공을 이끄는 길이며, 나아가 주주의 성공까지 보장하는 방법이라고 믿는다.

3. 고객(Customers) : 기존 모델에서는 회사의 핵심 성공 요인으로 고객 충성도에 초점을 맞춘다. 더 효과적인 대안

모델에서는 의식적인 충성도보다는 '고객의 무의식적인 습관'이 기업이 추구해야 할 더 강력한 고객 행동의 요인이라고 믿는다.

두 번째 상자. 의사결정(Making Choices)

두 번째 상자는 기업 내 리더들이 '의사결정을 하는 방식'에 초점을 맞추고 있다. 전략과 데이터, 총 2개의 주제가 이 상자에 포함된다. 파트 2에서는 기업 내에서 의사결정을 하는 행동을 주로 다루고 있다.

4. 전략 (Strategy) : 전략에 있어 기존 모델에서는 다음 질문에 집중한다. "무엇이 옳은 결정인가?(What is true?)" 하지만 전략적 선택의 판을 짜고 결정하기 위한 더 효과적인 대안 모델에서는 다음 질문을 통해 선택 이면에 존재하는 논리에 집중한다. **"무엇이 옳은 결정이어야 할까? (What would have to be true?)"**

5. 데이터 (Data) : 전통적인 기존 모델은 정확성을 유지하기 위해 데이터 기반의 의사결정을 강조한다. 반면, 더 효과적인 대안 모델은 세상의 특정 영역에서는 옳을 수도 있는 의사결정이 다른 영역에서는 매우 위험하면서도 취약할 수 있으며, 따라서 '상상력이 핵심'이라고 정의한다.

세 번째 상자. 일의 구조화(Structuring Work)

중요한 선택을 하는 과정에서, 리더들은 이 결정사항들을 이행할 방법을 찾아야만 한다. 따라서 세 번째 상자는 일의 구조화에 대한 것이며, 이는 파트 3에서 논의된다. 문화, 지식 근로, 지원부서 모두 3개의 주제를 다룬다.

6. 문화(Culture) : 기존 모델에서 문화는 매우 중요하며, 혹시 문화가 회사의 업무수행에 기여하지 못한다면, 책임자는 반드시 변화를 통해 문화를 바꾸고, 바람직한 문화를 만들어내기 위해 조직을 재설계해야 한다고 믿는다. 더 효과적인 대안 모델에서는 문화가 단순 지시나 공식적 조직 내의 역할과 책임 부여를 통해서는 절대로 변하지 않는다고 믿는다. 오히려 문화는 구성원들 간에 일하는 방식의 변화를 통해서 간접적으로만 변할 수 있다고 설명한다.

7. 지식 근로(Knowledge Work) : 기존 모델은 일련의 동일한 업무 수행만을 전제로 하는 정규직 직원 관점에서, 이들을 물리적으로 배치하는 방식으로 '지식 근로'를 정의한다. 더 효과적인 대안 모델에서는 기한이 정해진 프로젝트를 수행하는 과정에서 지식 근로와 지식 근로자들을 구조화하는 것이 중요하다고 믿는다.

8. **지원부서(Corporate Functions)** : 기존 모델은 회사의 지원부서의 핵심은 운영조직인 사업부의 전략을 충실히 지지하는 것이며, 오직 사업부들만이 회사 내에서 전략을 보유할 필요가 있는 유일한 조직단위라고 믿는다. 하지만 더 효과적인 대안 모델은 회사의 지원부서도 운영조직이 수행하는 수준과 동일한 수준으로 자신들에 맞는 개별 전략을 보유해야 한다고 믿는다.

네 번째 상자. 핵심 활동(Key Activities)

일하는 방식을 구조화하기 위해서, 저자는 경영 활동을 수행하는 대부분의 조직에서 일어나는 몇 가지 활동들에 더 깊게 접근해 보려 한다. 이 상자는 나머지 6개의 장을 포함하며 파트 4에서 논의될 것이다.

9. **기획(Planning)** : 기존 모델은 경영상의 기획을 전략 수립과 동일하게 본다. 이런 경우 문제는 기획이 위기를 미리 가정하고 그에 대비하기보다는 기존의 것을 관리하고 익숙한 것에만 집중한다는 데 있다. 더 효과적인 대안 모델에서 전략개발은 검증하지 못한 목표를 향해 나아가는 과정에서 리스크만을 통제하는 것이 아니라, 목표와 리스크를 선택하는 과정으로 정의한다.

10. 실행(Execution) : 기존 모델은 일단 전략을 수립하고 선택한 다음에 실행한다. 반면 더 효과적인 대안 모델은 '전략'과 '실행' 사이에 구분이 없다고 본다. 이들 둘은 불확실성, 수많은 제약조건, 경쟁 상황 속에서 동등하게 선택된다.

11. 인재(Talent) : 기존 모델에서는 보상, 특히 성과기반의 금전적 보상이 일선의 인재를 흡수하고 유지하는 핵심 요소였다. 더 효과적인 대안 모델에서는 인재의 유치와 유지를 위한 핵심 열쇠는 인재를 독특한 욕구를 지닌 개인으로 간주하는 것이라고 믿는다.

12. 혁신(Innovation) : 기존 모델은 기업의 관심과 투자는 제품, 서비스, 비즈니스 모델 등과 같은 혁신적인 인공물을 만드는 것에 집중되어야 한다고 믿는다. 더 효과적인 대안 모델은 혁신이 수용되고 성공적으로 안착되는 것을 가능하게 하는 '인터벤션(intervention)의 설계'가 혁신적 인공물의 설계와 동일한 수준으로 중요하다고 본다.

13. 투자(Capital Investment) : 기존 모델은 투자를 (감가액 이하로 최소화된) 비용의 대차대조표상의 균형이자 이익률이며, 추산된 이익에 근거해 의사결정이 되어야 한다고 강조한다. 하지만 더 효과적인 대안 모델은 자산은 자

유 자본이 구속 자본으로 전환되는 즉시 가치가 있으며, 구
속 자본의 회수율로 측정되어야 한다고 믿는다.

14. 인수합병(M&A) : 기존 모델에서 기업은 인수합병을 통
해 매력적인 자산이나 역량을 확보한다고 생각한다. 더 효
과적인 대안 모델은 기업 인수의 핵심목적은 인수합병을 통
해 인수기업으로부터 어떠한 매력적인 자산을 확보할 수 있
는지보다는, 인수기업이 피인수 기업에 얼마나 더 많은 가
치를 제공할 수 있는지의 여부가 더 중요하다고 강조한다.

이와 같은 14개의 기존 모델이 오랜 시간이 흘렀음에도 변
함없이 계속해서 유지되는 것은 이 모델을 적용하는 기업
들이 어리석기 때문이 아니다. 이 모델들은 표면적으로는
매우 타당하다고 느껴지기 때문이다.

　저자는 대안 모델에 관한 위의 짧은 설명이 독자들의 생
각을 기존 모델에서 대안 모델로 전환시킬 수 있다고 믿지
않는다. 다만, 이후에 제시된 글들을 읽으면서 대안 모델에
흥미를 갖고, 최소한 이들을 실험해 보고 싶다는 생각이 들
면 좋겠다. 그러면 여러분들은 더 효과적으로 일하는 경영
진이 될 수 있을 것이고, 저자의 영웅인 피터 드러커(Peter
Drucker)가 그랬던 것처럼 저자 역시 이 책을 쓰는 목적을
달성하게 될 것이다.

"나의 사명은 경영자들이 그들의 효과성을 제고할 수 있도록 돕는 일이다."

_피터 드러커

Part 1.

맥락
(On Context)

1장.
경쟁(Competition) :
여러분을 유혈이 낭자한 '현장'으로
초대합니다

> "경쟁은 결코 본사 건물이 아닌,
> 일선 업무현장에서 일어난다."

　너무나 당연한 이야기지만, 경영환경 속에서 기업 간의 경쟁은 불꽃처럼 치열하게 일어나고 있다. 보잉과 에어버스, GM과 도요타, 그리고 폭스바겐, 마이크로소프트와 아마존, 구글, P&G와 로레알, 유니레버, 존슨앤드존슨, 코카콜라와 펩시. 이 밖에도 수없이 많은 기업이 서로의 어깨를 짓밟으며 승기를 잡기 위해 고군분투 중이다.

　이들 거대 기업들은 영토와 지위를 위해 복수의 전장에서 세계대전에 몰입하고 있는 제국주의 국가들과 비교된다. 많은 CEO가 동의하겠지만, 기업들의 시장점유율에 대한 언론들의 스포트라이트를 통해서 승패는 판가름 나고 있다. 하지만 경쟁하는 것은 기업이 아니라, 그 기업이 제공하는 제품과 서비스이다.

날렵한 선체를 가진 민간 항공기 고객들은 보잉737이 에어버스 A320과 경쟁한다고 생각한다. 중형세단의 구매자들은 쉐보레의 말리부가 폭스바겐 파사트와 싸우고 있는 도요타의 캠리와 경쟁한다고 생각한다. 클라우드 서비스의 고객들은 마이크로소프트의 애저(Azure)와 구글의 클라우드 서비스와 싸우고 있는 아마존 웹서비스(AWS, Amazon Web Services)가 치열하게 경쟁하고 있다고 믿는다. 또한 샴푸 구매자들은 팬틴과 프럭티스가 경쟁하고, 이들은 도브나 뉴트로지나와 경쟁하고 있다고 생각한다. 음료 시장은 어떤가? 다이어트 콜라 시장이라면, 코카콜라의 다이어트 코크와 다이어트 펩시의 경쟁이다. 오렌지 주스 시장이라면, 미닛메이드와 트로피카나의 경쟁이다. 생수 시장이라면, 다사니와 아쿠아피나가 치열하게 경쟁하고 있다. 이런 상황은 다음과 같은 탁월한 경쟁의 정의를 우리에게 제시한다.

'경쟁은 본사 건물에서가 아니라
일선 업무현장에서 일어난다.'

고객들은 자신들의 요구를 충족할 수 있는 잠재력을 가진 제품과 서비스를 선택한다. 그들은 누가 이 제품과 서비스를 출시했는지 확인할 수도 없으며, 실제로 관심조차 없다. 비록 그 회사가 세계적으로 우수한 몇몇 제품들을 생산한다 해도, 그 회사 제품이라는 이유로 형편없는 제품이나 서비스를 무조건 선택하지는 않는다. 애플의 맥 유저들도 마이크로소프트의 오피스 제품군을 좋아하지만, 이들이 절대로 윈도우 체계로 넘어가지는 않는 것과 같은 이치다.

따라서 우리는 앞으로 '경쟁'의 정의를 새롭게 받아들여야 한다.

'경쟁'을 기업 간의 전쟁 정도로 생각하지 말고, **'고객 접점의 현장에서 개인 고객들 간에 발생하는 무언가로 이해하는 사고'**로 받아들이는 것이다.

기존 경영진들이 경쟁의 새로운 의미를 의식하든 못하든 이런 흐름은 그들의 미션, 전략, 문화, 조직 및 의사결정의 많은 부분을 흔들어 버린다. 이후에 다시 설명하겠지만, 사업을 이끌어가는 경영자들은 조직의 복잡성을 관리하려 노력하기보다는, 고객 접점에서 가치가 극대화될 수 있는 방법에 더 집중해야 한다. 조직 내 위계 구조를 자극하기보다는, 고객들과 직접적으로 만나는 사람들의 통찰력을 존중해야 하는 것이다.

무엇보다 기업은 자원과 능력을 최적화하는 데 집중하기보다는 고객 접점에서 제대로 된 가치를 제공하기 위해 무엇이 필요한지 확인하는 데 초점을 맞춰 구조를 설계하고 동기부여의 방법을 찾아야 한다.

'위계 구조형 조직'에서
'고객가치 창조형 조직구조'로의 변화

비록 제품들은 고객 접점에서 경쟁하고 있지만, 기업의 경쟁력을 강화하기 위한 노력은 고객 접점에서만 일어나지는 않는다. 기업들은 새로운 제품을 출시하기 위해 엄청난 자원과 역량을 집중적으로 쏟아내야 한다. 이를 위해 결과적으로 기업은 복잡한 조직이 될 수밖에 없다. 이런 조직을 성공적으로 이끌어온 전통적인 방식은 경험이 많고 현명한 리더들이 현장에서 실마리를 찾아 분석한 뒤 자문을 받고, 이 결과물을 하위 구성원들에게 명령하면, 이 명령을 받은 사람들은 또 그 아래 구성원들에게 전달하는 방식으로 조직 모델의 위계를 만드는 것이었다. 이것이 바로 모든 기업이 고객 접점에 도달하기까지 수많은 단계의 구조를 갖는 이유다. 예를 들어 고객 최접점이 팬틴 샴푸라면, 팬틴 샴푸라는 제품의 상부는 헤어케어 부문이고, 그 위는 뷰티케어 사업부, 그 위는 P&G라는 회사가 있다. 물론, 국가별 문화 차이에 따라 이런 계층 구조가 작동하는 방식은 다르지만, 전통적으로 기업의 성공은 최상위 계층의 사람들로부터 내려온 판단의 질(質)에 의해 결정된다는 것이 업계의 불문율이다. 그래서 정상에 있는 사람들은 현재 전투가 어떻게 흘러가는지, 어느 쪽에 추가 병력을 보내야 하는지, 어떤 무기를 들고 싸우고 있는지를 가장 잘 볼 수 있다는 식으로 논리가 흘러간다.

그러나 기업이 아닌 제품 간의 경쟁이 치열한 비즈니스 환경에서는 CEO의 의사결정과 고객이 자사 제품을 구매할지 여부 사이의 인과관계가 훨씬 더 불투명해지고 있다. 고객의 의사결정에 의한 개별적 결과를 경영진이 예측하고, 통제하기가 어려워졌기 때문이다.

이런 환경은 누가 가치 있음과 없음을 결정하고, 해당 사업 외 나머지 조직 전체가 어떤 제품과 서비스에 집중할지를 결정하는 기업 내부 권력의 역동을 변화시켰다.

어떤 제품이나 서비스의 가치를 판단하는 주체가 공급자가 아닌 구매 결정권이 있는 고객이라면, 고객들과 직접적으로 대면하는 일선의 현장 담당자들은 고객이 무엇을 중요하게 생각하는지 결정하는 데 가장 큰 영향을 주는 사람들이다. 그리고 회사의 수익을 창출하고, 고객의 요구를 충족시키는 이들을 돕는 일은 나머지 회사의 구성원들에게 달려있다.

사실상, 조직의 하위 담당자들은 상위계층에 있는 사람들의 고객이기도 하다. 다른 일반 고객들처럼, 하위의 고객 접점 직원들은 이들 상위 계층 구조로부터 이들에게 들어가는 비용보다 더 많은 가치를 제공받길 기대한다.

팬틴을 예로 들어보자. 팬틴의 헤어케어 부문은 경쟁력 있는 모발 연구개발을 통해 다른 6개 메이저 브랜드들과 경쟁할 수 있도록 팬틴 브랜드에 실질적 경쟁 가치를 제공해주어야 한다. 이후의 각 조직 내 단계들에도 동일한 규칙이 적용된다. 헤어케어 부문이 현장 담당자들이 부담하는 비용보다 더 많은 가치를 팬틴 브랜드에 제공해야 하는 것처럼, 뷰티케어 사업부는 헤어케어 부문이 목표를 달성할 수 있도록 지원해야 한다. 아마도 헤어케어 부문이 독자적으로는 발전시키기 어려운, 뷰티 사업 전반을 통해 확보한 총 130억 달러 규모의 고객에 대한 독점적 이해로 가치 향상을 지원할 수 있을 것이다.

또한 P&G는 이러한 가치 향상을 위해 뷰티케어 사업부를 지원해야 한다. 회사 차원으로 집행되는 광고비 총액을 고려한다면, P&G는 뷰티케어 사업부가 샴푸 광고를 저렴하게 계약할 수 있도록 시너지를 발휘할 수 있을 것이다.

만약 이들 중 특정 위계 단계가 자사의 제품이 고객 접점의 전투에서 승리하기 위한 가치를 창출해내고 있지 못하다면, 그 위계 단계는 최악의 경우 자사 제품의 경쟁력을 떨어트리고 있다고 생각해야 한다. P&G의 뷰티케어 사업부가 헤어케어 부문을 지원하는 데 드는 비용보다 팬틴을 더 많이 도울 수 없다면, P&G는 뷰티케어 사업부를 폐지할 것인지(이때의 판단 기준은 하위계층 내의 다른 사업부들에게 어떤 가치를 제공하고 있는지도 중요하다), 아니면 다른 사업부로 헤어케어 사업부를 이동시킬지, 그도 안 된다면 다른 소유자에게 헤어케어 부문을 매각할지 결정해야 한다. 그 어떤 기업도 비용 이상의 충분한 가치를 창출하지 못하는 상위계층에 한 손이 묶인 채로는 최전방 고객 접점에서 경쟁할 수 없기 때문이다.

활용 비용보다 높은 수준의 존재가치 제공

상위계층 조직이 하위계층에 제공해야 하는 가치는 매우 중요하다. 그 이유는 상위에 한 단계의 계층을 보유할 때마다 불가피하게 다음 두 가지 비용이 자동적으로 추가되기 때문이다. 첫째, 조정 비용이 발생된다. 고객 접점에서 뛰고 있는 구성원들은 상위 단계의 확인 없이 스스로 중요 결정을 내릴 수 없다. 이는 잠재적으로 업무의 지연을 의미하며, 사업 내에서도 최적의 의사결정을 방해한다. 물론 충분히 다각화된 기업들이라면 이런 현상이 나타나지 않을지도 모른다.

둘째, 계층조직이 한 단계 추가되면 관리자와 임원의 직접비용, 지원 부서원들, 그들의 추가 비용 계정들, 사무실 공간 및 IT 서비스 등 많은 부가 비용들이 추가된다. 그리고 이 모든 비용은 고객 접점의 영업이익으로 충당된다.

그렇다면 상위계층들은 조직 내에서 그들의 확고한 존재 가치를 얻기 위해 무엇을 해야 할까? 대규모 기업들은 상위 조직이 하위 조직에 특정 서비스를 제공하는 경우가 많은데, 주로 상위 조직의 운영 규모와 범위를 활용하거나 신용기반을 통한 누적된 투자확보 등이 대표적인 예이다.

• 운영 규모와 범위의 경제적 활용

운영 규모의 활용은 특히 제조와 유통 부문에서 가장 분명하게 나타난다. 예를 들어 스낵을 생산하는 프리토레이는 유통과정에 이미 레이의 감자칩과 도리토스 옥수수칩 브랜드를 다수의 매장에 납품하고 있기 때문에 스마트푸드 팝콘과 그랜마스 쿠키를 효율적인 비용으로 각 점포에 직접 운송하고 있다. (프리토레이는 미국 5대 과자 브랜드 중 4개를 소유하고 있으며, 나머지 하나는 다른 일반 과자들과는 차별화된 견고한 스택형(굴뚝형) 디자인 덕분에 아주 저렴한 비용으로 창고 유통이 가능하다)

또한 보잉사는 연구개발 분야에서 개발 비용을 분담할 수 있는 대규모 군용 항공기 사업도 하고 있기 때문에 비용 효율성이 높은 새로운 민간 항공기 개발 서비스를 민간 항공기 사업에 제공할 수 있다. (대부분의 보잉 민간 항공기에는 이런 개발 비용을 분담할 수 있는 군납 변형 모델이 존재한다)

• 축적된 지식 및 누적된 투자의 전문적 활용

화장품 회사인 로레알이 브랜드 측면에서 에이지 퍼펙트

코스메틱 라인을 출시하고자 한다면 자사의 신뢰도 높은 뷰티 브랜드인 로레알 파리와 20년 전에 출시되어 50개 이상의 하위 브랜드를 보유한 에이지 퍼펙트 등을 활용할 수 있다. 로레알은 에이지 퍼펙트 코스메틱의 규모뿐만 아니라, 자사가 보유한 로레알 파리와 에이지 퍼펙트 브랜드의 신뢰성을 활용해 고객의 마음을 사로잡을 수 있는 차별화된 가치를 제공할 것이다. 또한 로레알은 새로운 에이지 퍼펙트 코스메틱 제품을 출시하기 위해, 다른 사업들에서 축적된 전문지식과 누적된 투자 결과를 활용할 수 있다. 이와 유사한 방식으로 P&G는 타이드, 팜퍼스, 올웨이, 차민, 팬틴, 캐스케이드, 던, 스위퍼 등과 같은 브랜드들의 축적된 노하우를 이용해 다양한 '향기' 관련 제품에서 전문성을 발휘할 수 있다.

이처럼 위에 제시한 사례들은 운영 규모와 누적된 투자를 활용해 고객 접점에서 비용 대비 효과성이 높은 서비스를 제공한다. 이 외에도 채용, 교육과 육성, 대관업무, 규제 대응 등 수많은 다른 사례들이 존재한다. 무엇보다 **각 상위계층이 어떤 부가가치를 하위계층에 제공하든, 그 창출 가치는 그 계층의 유지를 위해 추가로 투입된 필수 비용보다 반드시 커야 한다.**

구매고객과는 또 다른 내부고객의 진정한 가치

이런 상황은 우리에게 두 가지 과제를 던져준다. 첫째, 상위계층의 리더들은 하위계층의 구성원들을 단순 직원이 아닌 고객으로 대해야 한다. 이들의 삶을 공감하고, 그들의 입장에서 업무를 이해해야 한다. 이는 너무나 당연한 이야기지만, 여러분이 상위계층으로 올라갈수록 얼마나 황당한 임원들이 되어가는지 알게 되면 뼛속까지 새겨놓아야 할 일임을 명심하게 될 것이다. 예를 들어, 2000년대 중반 저자는 한 메이저 자동차 OEM 회사와 함께 일한 적이 있다. 6개월 후, 이 회사가 모든 중역에게 새로 출시된 자사의 자동차를 사무실 지하의 개별 주차공간에 자동 배송해준다는 사실이 밝혀졌다. 모든 차량은 배송일에 맞춰 완벽히 청소되고, 서비스 점검이 완료된 상태에서 필요시 연료까지도 가득 주입된 채로 배송된다. 결과적으로, 이 회사의 고위 임원들은 고객이 차량을 구매하려고 돈을 모으고, 서비스를 받고, 차량을 운행하는 과정에서 체험하게 될 모든 경험을 생생하게 느껴볼 기회를 갖지 못한다. 이와 같은 사고방식은 반드시 변해야 하며, 그 변화는 당연히 위에서부터 시작되어야 한다.

경영진들이 이런 서비스를 받고 있음에도 중간 관리자들에게 감사의 마음을 전혀 표현하지 않는데, 도대체 어떤 중간 관리자가 고객 접점의 직원들을 '고객'으로 생각하겠는가? 이 문제에 대한 해결책으로 저자는 이 회사의 CEO를 포함한 모든 임원이 자사 및 경쟁사, 고객을 직접 방문하여 현장 접점에 익숙해지도록 제도화했다.

현명한 CEO들은 이런 행동을 본능적으로 실행한다. A.G. 라플리는 CEO 재임 기간 내내 해외를 방문할 때마다 그 지역의 주재원들에게 현지 소비자의 가정을 방문하고, 현지 소매점 매장을 방문할 것을 지시했다. 그가 중국 서부 어느 시골 강변을 방문해 그곳에서 빨래를 하던 마을 여인들과 이야기를 나눈 일은 전설이 되었다. 이런 행동의 메시지는 분명했다.

"글로벌 사업을 책임진 CEO가 고객의 가정을 방문하고, 매장 점검을 빠짐없이 다닐 정도로 바쁘지 않은데, 당신은 지금 무얼 하고 있는가?"

각 하부 계층 단계에 속한 리더들이 고객이 필요로 하는 것이 무엇인지 잘 이해하고 있다면 이제는 그 조직을 책임지고 있는 경영진은 다음의 두 번째 과제를 시작할 수 있다.

핵심 역량 제고를 위한 논리 초안 작성

이제 경영진들은 두 번째 과제를 수행하기 위해 이런 고민을 해야 한다.

'기업은 포트폴리오 상의 하위 단계에 있는 사업들의 순가치를 향상시키고, 또 그 사업들이 다음 하위 단계의 가치를 향상할 수 있도록 지원할 수 있을까?'

구체적으로 질문해 보자. 'P&G는 어떤 방법으로 세탁 및 홈 케어, 유아 및 여성케어, 뷰티, 그루밍, 헬스케어, 패밀리케어 사업부에 순가치를 향상시킬 수 있을까?, 또 펩시코는 프리토레이, 퀘이커 푸드, 펩시코 음료의 순가치의 향상을 어떤 방법으로 보장할 수 있을까? 마이크로소프트는 생산성 및 비즈니스 프로세스, 지능형 클라우드 및 기타 개인 컴퓨팅사업부들의 순가치를 어떤 방법으로 향상시킬 수 있을까?'

이 질문에 답하기 위해서는 '어떤 역량과 자원을 확보할 것인지'와 '사업의 어떤 부분들이 이에 속하는지'를 동시에 생각해야 한다. 이것은 전형적인 닭과 달걀의 딜레마이다.

여러분은 포트폴리오상의 가치를 성장시키려는 구성원들이 스스로 가치를 말하기 전까지는, 결코 가치 제고를 위한 그들의 역량을 구축할 수 없다. 반대로, 각 사업 포트폴리오에 순가치를 추가하는 것이 가능하다는 것을 알기 전까지는 어떤 포트폴리오 구성원을 보유해야 하는지도 알 수 없다. 결국 경영진은 포트폴리오 구성과 부가가치 생성을 위한 논리의 조합에 대해 여러 번 돌려가며 생각해 볼 필요가 있다. 이를 위해서는 무엇이 필요한지 좀 더 살펴보자.

충분히 다각화된 기업들은 이미 포트폴리오를 갖추고 있기 때문에, 현상 유지 편향(Status Quo Bias)에서 시작하는 것이 실질적인 출발점이 된다. 회사를 총괄하는 위계 단계에서는 그 하위 단계의 가치를 제고할 논리 초안을 만들 필요가 있다. 이 초안은 전통적인 사업 또는 제품의 전략과 유사하며, '어디서 경기를 할 것이고, 어떻게 이길 것인지'에 대한 질문들로 구성되어 있다. 전자의 질문은 '어떤 역량 영역에 투자할지'를 선택하는 데 초점이 맞춰져 있고, 후자의 질문은 '순이익을 더 올리기 위해 어떤 역량이 필요하며 이 역량을 제고하기 위해서 기업 규모나 누적된 투자를 어떻게 활용할 것인지'에 초점이 맞춰진다.

이와 같은 다음 단계 도약을 위해 필요한 논리를 가지고, 각 위계 수준을 책임지고 있는 리더들은 다음 하위 단계의 가치 향상 논리에 대한 동일한 질문을 해야 한다. 그리고 이 질문들은 다음 단계, 또 다음 단계로 나아가 최종 고객 접점 조직까지 연결되어야 한다.

최고 단계에서 고객 접점 단계까지 이와 같은 일의 반복은 4개의 중간 산출물들을 만들어낸다. 이 산출물들은 다음 순환에서 조정될 수 있다. 그리고 일반적으로 포트폴리오 전반에 일관성을 확보하기 위해 2~3회의 반복 순환 작업이 필요하다. 4개의 중간 산출물은 다음과 같다.

산출물 1. 최종 고객 접점에서 고객에 대응하기 위한 핵심 역량

먼저 고객의 최접점에서 사업의 발전을 위해 어떤 역량에 투자해야 하고, 그 역량을 어느 정도 수준까지 향상시켜야 하는지를 명확히 하는 것으로 시작해 보자.

여러 제품군에 걸쳐 다양한 사업을 지원하는 사업부 차원의 공통 배송기능에 투자해야 할까? 아니면 한 사업에서 여러 제품을 동시에 지원하는 공동 R&D 센터에 투자해야 할까? 이런 역량과 자원 확보에는 어느 정도의 비용이 소요될까?

A.G. 라플리는 2000년 중반 P&G의 CEO가 된 직후에 이와 같은 작업을 수행했다. 2001년 초, 그는 P&G의 사업 포트폴리오를 지탱하는 핵심 역량(그들은 이를 '건물을 지탱하는 철근'이라고 칭했다)은 무엇인지 결정하기 위해 외부 워크숍을 소집했다. 이때 100여 개 이상의 아이디어들이 상정되었고, 이는 3개로 압축되었다가 다시 아이디어의

순환과정을 통해 최종적으로 다음 5개로 결정되었다.

① 다기능 통합 고객관리팀을 통해 제공되는 중요한 제품 포트폴리오를 통한 시장진입(Go-to-market)역량
② 고객 설득과 의미부여가 가능한 혁신 창출 역량
③ 독특한 통찰력을 제공하는 깊이 있는 고객 이해 역량
④ 신뢰도 높고 압도적인 힘을 발휘할 브랜드 구축 역량
⑤ 위의 모든 것들을 효과적인 비용으로 가능하게 하는 실행 역량

산출물 2. 포기해야 할 고객과 제품, 그리고 서비스

조직의 일원으로서 크게 기여하지 못하는 단계가 특정 사업의 고객 접점에 존재한다면, 경쟁력과 수익성을 저해하기 전에 사업 포트폴리오에서 제거되어야 한다. 비록 집을 청소하는 과정이 장기 프로젝트가 될 수도 있겠지만, 별도의 비용이 발생할 수 있으니 빠른 시일 내에 결정하는 것이 회사와 사업부 모두에게 이익이 된다.

P&G에서 핵심 사업의 든든한 '철근'을 찾는 과정은 비용을 충당할 수 없는 사업부들을 폐지하는 15년의 대장정으로 요약될 수 있다. 이는 수십억 달러 매출과 연관된 고심의 과정이었다. 식품 사업부(지프 땅콩버터, 크리스코 오일, 프링글스 포테이토 칩, 폴거스 커피)는 대부분의 제품

이 시장 우위를 갖고 있었음에도, 이익 창출을 위한 지속적 혁신능력이 부족하여 매각되었다. 또한 제약 사업부와 애완동물 관리 및 전문 살롱 사업은 P&G가 전문성과 시너지를 갖고 있는 식품, 의약품, 거대 유통 채널과 매우 상이하다는 이유로 매각되었고, 색조화장품, 고급향수, 모발 염색제 등의 미용사업부는 기술적 혁신의 부족으로 매각되었다. 이로써 전체 사업 포트폴리오 중에서 총 100여 개 이상의 브랜드가 매각되었는데, 이들은 P&G가 혁신과 브랜드 역량을 감내할 수 없었기 때문이었다. 2016년까지 나머지 70개 브랜드는 위에서 도출한 P&G의 핵심 역량을 모두 수행할 수 있는 10개 범주(각 범주 당 20개 브랜드가 넘지 않음)로 재구성되었다.

산출물 3. 추가해야 할 고객과 제품, 그리고 서비스

기존 사업 포트폴리오 내에서나 현재 포트폴리오에는 포함되어 있지 않지만, 특정 사업이 회사에 지속적인 이익을 만들어낼 수 있다면, 이들 중 하나를 사업 포트폴리오 확장을 위한 투자 신호로 받아들여야 한다. 이 때문에 P&G는 기념비적인 혁신 작전에 돌입했고, 이를 위해 약 300억 달러의 투자가 필요했다. 회사는 이 핵심 역량을 통해 각 사업부의 역량을 크게 향상시켰다. P&G는 이미 성공적이었던 헤어케어 부문의 성장을 위해 클레어롤(Clairol)을 인수했고, 개인 건강 관리 사업을 강화하기 위해 머크 소비자 건강 부문을 인수했다. 기존 P&G의 고유 채널(의사 및 병원 대상 채널) 관리를 위해 전문 영업 인력이 필요했던 제약 사업부와는 달리, 소비자 건강 부문은 P&G의 핵심 시장 진입(GTM) 전략에 완벽하게 맞아떨어졌다. 또한 P&G는 질레트(Gillette)의 인수를 통해, 신규사업이 기존 자사의 핵심 역량들과 시너지를 만들어내기 위한 털 고르기 단계에 들어서게 된다. 이로 인해 질레트의 구강관리사업은 자사 내 이미 존재하던 구강관리사업(크레스트와 스코프)의 체력을 강화하는 부가적 효과도 유발하게 되었다.

산출물 4. 제거해야 할 사업단위 계층

앞서 언급한 바와 같이, 기업 내 특정 계층이 사업 내 하위 계층에 향상 가치를 제공하지 못한다면, 최종 고객 접점의 경쟁력을 저해하고 있다는 관점에서 제거되어야 한다. 특히 이때에는 '균형감이나 조화'라는 단어는 머릿속에서 과감히 지워버려야 한다.

만약 A라는 사업부가 그 하위 사업 계층에 부가가치를 제공하지 못한다고 하더라도, 그 하위의 다른 고객 접점에서 서비스를 제공하고 있는 B와 C가 해체되어야 하는 것은 아니다. P&G의 이러한 제거 사례는 지역 총괄 사장들의 담당 지역 구조 변경 사례에서 찾아볼 수 있다.

1998년 P&G는 대대적인 개편 이후, 6개의 지역 총괄 사장(예를 들어 북미 또는 서유럽)이 지역 내 모든 조직의 시장진입(GTM) 활동을 책임졌었다. 그러나 그로 인해 지역 총괄 사장과 글로벌 부문 사장들이 해당 지역의 고객팀과 연계하여 목표를 달성하는 데 시간과 노력 모두에 중복 비용이 발생했다. 그러자 P&G는 2019년, 총 매출 규모의 80%, 이익의 90%를 차지하는 상위 10개국에 대해서는 글로벌 부문 사장들이 GTM을 직접 담당하도록 변경했다. 나머지 매출 비중이 적은 수많은 국가들은 이전에 지역 총괄 사장들이 했던 것처럼 글로벌 지역을 총괄하는 한 명의 임원이 담당하는 것으로 그룹화했다.

위에서 설명한 프로세스는 추가적인 작업이 함께 병행되어야 한다. 복잡한 것을 신속하게 수행하기 위해 규모의 확대나 다각화가 반드시 필요한 것은 아니다. 2개의 사업부가 있고, 각각 2개씩의 사업 부문을 운영하고 있으며, 서로 다른 범주로 적당히 다각화된 기업 하나가 존재한다고 가정해 보자. 다시 말해, 총 14개의 서로 다른 내부 고객(2개의 사업부, 4개의 사업 부문, 8개의 제품 범주)을 위한 순부가가치를 창출하는 전략적 선택이 필요하다. 상대적으로 위계 구조가 단순하지만 범위가 넓으며, 위계 단계가 한 단계 빠져 있는 사업부가 있다고 하더라도, 여전히 12개의 서로 다른 내부고객을 보유하게 된다. 바로 여기서 조직은 급격하게 복잡해진다.

대부분의 기업은 최종 고객 접점에서 전략을 수립하지 못하기 때문에, 비용 및 의사결정 차원에서 기업 구조가 팽창하는 경향이 있다. 따라서 일선 고객 접점에 맞춰 비용을 절감하고, 빠른 의사결정을 위해 위계 단계를 축소하거나 분권화를 추진하는 것이 경영의 핵심적인 모티브가 된다. 만약 이런 행동을 스스로 충실히 실행하지 못한다면, 이를 강요할 수 있는 실행력 강한 헤지펀드들을 이용하면 된다.

조직 위계 단계의 축소를 두려워할 필요는 없다. 당연히 단계의 축소는 조직을 방치하는 것보다 좋은 결정이다. 하지만, 단지 기업의 팽창을 막기 위해 가능성 있는 전략을 축소하는 것은 창의성, 에너지 역동, 상상력을 만들 수 있는 많은 가치를 그대로 방치한 채 회의장을 떠나는 것과 같다. 적극적으로 일선 고객 접점에서부터 회사의 전략을 구축한다면, 경쟁자들에게는 불가능했던 사업 기회를 만들어 낼 수 있을 것이다.

2장.
주주(Stakeholders) :
고객이 소외된 회사의 주식은 늘 하락장이다

"주주의 가치를 진정으로 제고하고 싶다면,

고객을 주주보다 우선시하라."

현대 자본주의는 크게 두 개의 시대로 구분할 수 있다. 경영자본주의(managerial capitalism)와 주주가치자본주의(shareholder value capitalism)이다. 첫 번째 경영자본주는 1932년에 시작되었고, '기업이 전문성을 갖춘 경영능력을 보유해야 한다'는, 당시로서는 급진적인 개념으로 정의된다. 두 번째 주주가치자본주의는 1976년에 시작되었는데, 이것의 핵심 전제는 '모든 기업의 목적은 주주의 부의 극대화에 있다'는 것이다. 기업들이 목표를 추구하고 달성하면, 주주들과 사회 모두에게 이익이 된다는 생각이다. 이 두 시대의 시작은 영향력 있는 학술 연구 저작물에 의해 예고되었다.

1932년 아돌프 베를(Adolf A. Berle)과 가디너 민즈

(Gardiner C. Means)는 '경영진이 기업의 소유권과 분리되어야 한다'는 주장을 펼친 전설적인 논문인 <근대법인과 사유재산(The Modern Corporation and Private Property)>을 발표한다. 이후 경영계는 더 이상 록펠러, 멜론, 카네기, 모건 등과 같은 CEO들에 의해 지배되지 않을 것이며, 기업들은 새로운 유형의 전문 CEO의 도움을 통해 운영될 것이라고 주장했다. 베를과 민즈는 이런 변화는 두려워할 것이 아니라, 경제의 확장을 가져올 '용감한 시대의 일부'로 받아들여야 한다고 말했다(실제로는 대공황 때문에 그와 같은 새 시대가 열리기까지 몇 년이 더 걸렸다).

그들의 혁신적인 생각은 발 빠르게 확산되었다. 오너 CEO들이 존재했지만, 전문 경영자들이 서서히 그들을 밀어내 좋은 사무실을 차지하기 시작했다. 기업가들이 새로운 회사를 창업하는 것은 반가운 일이었지만, 그 회사가 어느 정도 상당한 규모에 이르면, 더 신뢰감 있고 변덕스럽지 않은 전문 경영자들에게 경영을 넘기는 것은 현명하게 여겨져 더욱 환영받는 일이 되었다.

하지만 1976년에 이르러 경영자본주의는 엄청난 비난에 봉착하게 된다. 마이클 젠슨(Michael C. Jensen)과 윌리엄 머클링(William H. Meckling)은 재무경제학 저널에 <기업의 이론 : 경영 행동, 대리 비용 및 소유구조(Theory of the Firm : Managerial Behavior, Agency Costs and

Ownership Structure)>라는 논문을 게재한다. 역대 경영학 학술논문 중 가장 많이 인용된 이 논문은 '주주들의 경제적 가치가 아닌, 자신들의 경제적 가치 향상에만 집중하는 전문 경영인들 때문에 소유주들이 괄시를 받고 있다'고 주장했다. 젠슨과 머클링은 이런 현상이 주주들에게 악영향을 주며, 경제적으로는 큰 손실이라고 말했다. 이들은 전문 경영인들이 자신들의 안전한 둥지를 틀기 위해 기업 및 사회의 자원을 낭비하고 있다고 주장했다.

이 두 사람의 비판은 자본주의의 새로운 철학을 이끌어냈고, 이를 통해 CEO들은 '주주 가치 극대화'에 대한 충성 맹세가 필요함을 신속히 깨닫게 된다. 이사회는 주식 기반 보상을 통해서 최고 경영진의 이익과 주주의 이익의 균형을 맞추는 것으로 자신들의 역할을 정의했다. 이제 주주는 더 이상 천대받는 입장이 아닌 '왕'이 되었다.

그렇다면 주주들은 일련의 과정을 통해 경영계의 중심부에서 경영자들을 밀어낸 이후, 삶의 질이 좋아졌을까? 답부터 이야기하자면 전혀 그렇지 않다.

1977년부터 2020년까지 S&P 500 주주들이 받은 연간 배당금 7.6%는 그 이전 시기에 받은 7.8%와 거의 비슷한 수준이다. 이를 근거로 앞서 설명한 급진적인 변화로 주주들의 삶이 눈에 띄게 좋아졌다고 보기는 어렵다. 이런 발견은 매우 자극적인 행동 변화를 요구한다. 그리고 이런 의문이 생긴다.

'주주에게만 관심을 갖고 주주의 가치 제고에 집중하는 것이 기업의 수익을 만드는 최고의 방법일까?'

이 질문은 우리가 도대체 누구를 핵심 이해관계자로 설정해야 하는지에 대한 다른 관점을 제시한다. 그리고 이 관점은 '고객'에게 향한다. **주주의 가치를 실질적으로 극대화하기 위한다면, 고객의 가치를 주주의 가치보다 우선시해야 한다.** 다시 말하면, 그다지 놀라운 일도 아니지만, 피터 드러커의 **"기업의 가장 중요한 목적은 고객을 확보하고 유지하는 것이다"**라는 말은 단 한 번도 틀린 적이 없다. 이 장에서 다시 설명하겠지만 이익에만 집중하는 편협한 시각은 항상 이익을 잃어버리는 결과를 만든다. 먼저 주주의 가치만을 우선시할 때 생기는 문제부터 살펴보자.

주주 가치의 극대화에 숨겨진 치명적 오류

'주주 가치의 극대화'라는 개념은 그 단어에 내포된 우아함 때문에 항상 매력적인 개념이었지만, 실제로 이를 실현하는 경영진들에게는 까다로운 것이었다. 이 어려움은 주주 가치를 실현하는 방식 때문이다.

주주는 기업의 자산과 수익의 잉여금에 대한 청구권을 갖는다. 이는 직원, 공급자, 세금 징수 주체인 정부, 부채 보유자, 우선 주주(존재하는 경우) 등 모든 청구인에게 지급을 완료한 후 남는 잉여금을 주주가 받게 됨을 의미한다. 따라서 주식의 가치는 모든 미래 현금흐름에서 이런 지급 금액을 뺀 '할인된 가치'이다.

미래를 예측할 수 없기에, 잠재적으로 주주들은 기업의 현금흐름이 어떻게 흘러갈지 반드시 예측해야만 한다. 만약 회사의 주식 수익의 할인된 미래 가치가 현재 가치보다 적을 것으로 예측하는 주주들은 주식을 매도할 것이고, 할인된 미래 가치가 현재 가격을 초과할 것으로 예상하는 잠재적 주주들은 당연히 주식을 매수할 것이다. 이는 주주의 가치가 현재와 거의 무관함을 의미한다. 실제로, 현재 수익은 보통 주가의 가치보다는 적은 비중을 차지하고 있다.

지난 10년간 S&P 500의 연간 평균 주가수익 배수는 22배였으며, 이는 경상이익이 주가의 5% 미만을 차지한다는 점을 의미한다. 의심할 여지 없이, 한 기업의 미래 실적에 대한 기대가 낙관적이라면 주주의 가치는 높아진다.

2021년 3월 테슬라의 주식은 135배가 조금 넘는 주가수익비율(PER)로 거래되었는데, 이것은 사람들이 이 회사의 수익이 계속해서 증가할 것이라고 믿었기 때문이다. 비슷한 시기에 다른 미국 자동차 브랜드들의 평균 주가수익비율은 16에 불과했는데, 이는 투자자들이 그들의 장기 미래에 대해 비관적임을 의미한다.

기업의 경영자들에게 이 사실이 주는 함의는 명확하다. **주주 가치를 제고하는 유일하고 확실한 방법은 회사의 미래 성과에 대한 기대 수준을 현재의 기대 수준보다 올리는 것**이다. 불행히도 경영진들은 무한정 이 수준을 올릴 수는 없다. 주주들은 실적이 좋으면 흥분한 나머지 경영자들이 도저히 충족시킬 수 없을 정도로 미래 기대치를 올려버릴 것이다. 실제로 주주들이 낙관적인 미래 전망에 대해 더 잘 반응하고, 부정적인 전망에 대해서는 지나칠 정도로 낙담한다는 사실은 자주 연구되어 왔다. 이것이 바로 주식시장 내의 기업들의 수익보다 주가가 훨씬 더 큰 변동성을 보이는 이유이다. 지난 20여 년 동안 S&P 500의 주가수익비율은 123배(2009년 5월)에서 5배(2017년 12월) 사이에서 움직이다가, 2021년 가을에는 39배까지 다시 상승했다.

대부분의 경영진은 이를 잘 이해하고 있다. 주주 가치 창출과 파괴는 주기적으로 반복되며, 이를 자신들이 통제할 수 없다는 사실도 알게 되었다. 경영진들은 주주 가치를 단기에 끌어올릴 수는 있지만, 적절한 시기에 다시 하락할 것임을 알고 있다. 따라서 대부분의 경영진들은 불가피한 환경에서 오는 폭락을 맛보기 전에 손을 털고 나오기를 바라며, 단기 전략에만 집중하게 된다. 또한 후임자들에게 예정된 하락을 피하지 못한 책임을 전가하고 싶어 한다. 또는 더 오랜 시간 동안 점진적으로 주주 가치를 올릴 수 있도록 기대치를 하향 관리할 것이다. 결국 경영자들은 자신이 참여한 경기에서 이길 수 없기에, CEO는 이 경기를 그들이 이길 수 있는 방식으로 전환해주어야 한다.

이것이 바로 '주주 가치 극대화'라는 목표를 달성하기 위해 성과에 따른 보상으로 접근하는 방법이 결국은 주주들에게 부정적인 결과를 만들어내는 이유이다. 목표를 달성해야만 하는 경영자들은 결국 자신도 어쩔 수 없다는 사실을 인식하게 된다. 유능한 경영자는 시장점유율과 매출을 늘리고 이익률을 상승시키며, 자본을 더 효과적으로 사용하겠지만, 아무리 우수한 경영자라도 노력하면 할수록 기대는 현실과 벗어나 있기에 주주의 가치를 올리는 것에는 한계가 있다는 난관에 봉착한다. CEO가 주주 가치 향상을 위해 더 심한 압박을 받을수록, CEO는 주주에게 내상을 입히는 쪽으로 행동하고 싶은 유혹에 빠지게 된다.

주주 가치에서 고객 최우선가치로의 이동

결국 기업의 수익을 올리기 위한 최적화된 공식은 **고객의 가치를 위해 의사결정을 하는 것이며, 항상 고객만족에 집중하는 것**이다. 물론, 기업들이 고객을 만족시키는 과정에는 여러 제약점이 있다. 만약 가격에만 큰 가치를 두고 고객을 가격만으로 만족시키려 한다면, 그 기업은 빠르게 파산할 것이다. 이보다 기업은 주주들이 투자한 자본에 대하여 허용 가능한 수준에서 리스크 감수를 반영한 수익을 창출하면서 고객만족도를 극대화하려고 노력해야 한다.

존슨앤드존슨 사례를 한 번 생각해 보자. 이 회사는 세계에서 가장 유려한 목적 진술문인 '신조(Credo)'를 보유하고 있다. 다음은 그 압축 버전이다.

"우리는 우리의 첫 번째 책임이 의사, 간호사, 환자, 부모 그리고 우리 제품과 서비스를 사용하는 모든 사람에 있다고 믿습니다. … 우리는 직원, 전 세계에서 우리와 함께 일하는 남성 및 여성에 대한 책임이 있습니다. … 우리는 우리가 살고 일하는 공동체와 세계 공동체에 대한 책임이 있습니다. … 우리의 최종 책임은 주주들에게 있습니다. … 이러한 원칙에 따라 운영될 때 주주는 공정한 수익을 실현할 것입니다."

이 '신조'는 '고객이 먼저이고, 주주가 마지막'이라는 서열 관계를 직설적으로 설명하고 있다. 존슨앤드존슨은 고객 만족도가 1위일 때 주주들도 좋아질 것이라는 자신감을 갖고 있는 것이다. 지금까지 이런 믿음에 충실하게 베팅했던 기업들은 놀라운 성과를 거두고 있다.

1982년 시카고 지역의 7명의 소비자가 독극물이 포함된 타이레놀 캡슐을 복용한 후 사망한 사건이 있었다. 이 사건에 대한 존슨앤드존슨의 전 CEO 제임스 버크(James Burke)의 대처를 예로 들어보자.

존슨앤드존슨의 대응은 기업의 이익과는 무관하게 기업이 '옳은 일'을 한 전형적인 사례로 꼽힌다. 사망자는 시카고 지역에만 국한되어 발생했으나, 버크는 정부가 특별한 요청을 하지 않았음에도 미국 전역의 모든 타이레놀 캡슐에 대한 리콜을 발표했다. 이는 전체 총수익의 5분의 1에 해당하는 엄청난 금액이었다. 리콜 이후 당연히 매출액과 시장점유율은 급락했다. 평론가들은 상장기업의 CEO가 이윤에 대한 욕망을 포기한 것에 대해 놀라움을 표하며, 버크의 모범적인 도덕적 태도에 찬사를 보냈다. 그러나 '신조'를 살펴보면 존슨앤드존슨의 대응은 그리 놀랄 일이 아니다. 버크의 결정은 그의 개인적 도덕성보다는 존슨앤드존슨 내부에 명확하게 정의된 목표에 더 가깝기 때문이다. 그는 의심의 여지 없이 CEO로서 그저 기업의 '신조'를 따랐을 뿐이다. 고객이 1순위, 주주가 4순위에 있었고, 그는 이 기준에 따라 행동했던 것이다.

분기별 예상 수익률을 최우선 순위로 고려하지 않은 탓에 실제로 회사는 정확하게 바닥을 찍었다. 하지만 장기적으로 볼 때 이 결정은 존슨앤드존슨에 전혀 손해를 끼치지 않았다. 이 회사가 '고객 안전이 가장 우선'이라는 것을 입증하고, 세계 최초로 시판 건강 제품에 대한 변조 방지 포장기술을 선보인 이후 타이레놀에 대한 고객 충성도는 놀랍도록 치솟았다.

2021년 3월 기준으로 존슨앤드존슨의 시가총액은 4,180억 달러로 세계 10위권이다. 결과적으로 존슨앤드존슨은 장기적 관점에서 주주들에게 '신조'에 명시된 '공정한 수익' 이상을 제공했다. 물론 다른 기업들도 주주를 1순위로 생각하지는 않는다는 관점에서 선전을 했다. 2020년 말까지 시가총액 세계 15위였던 최대 소비재 기업 P&G 또한 오래전부터 고객을 세상의 중심에 두었다. 1986년에 작성된 P&G의 목적, 가치, 원칙에 대한 진술문은 존슨앤드존슨과 매우 유사한 계층 구조를 보인다.

"우리는 전 세계 소비자들의 삶을 향상시키는 우수한 품질과 가치를 가진 브랜드 제품과 서비스를 제공합니다. 그 결과, 소비자들은 우리의 구성원들, 주주들, 나아가 우리가 일하며 살고 있는 지역사회 전체가 번영할 수 있는 압도적인 매출, 이익 그리고 가치 창조를 통해 보답할 것입니다."

이 문장에서도 주주 가치의 증대는 고객만족에 초점을 맞추었을 때의 부가적인 산출물 중 하나일 뿐, 최우선 순위는 아니다.

그렇다고 해서 주주 가치에 중점을 두고 목표를 추구한 회사들의 실적이 전부 다 좋지 않았다는 의미는 아니다. 예를 들어 제너럴 일렉트릭(GE)과 코카콜라(Coca-Cola)는 각각 잭 웰치(Jack Welch)와 로버트 고이즈에타(Robert(e) Goizueta)가 CEO로 재임하는 동안, 다른 S&P 500 내 기업들보다도 빠르게 주주 가치를 향상시켰다. (이 두 사람은 대표적인 주주 가치 운동의 표지모델과도 같은 CEO들이다) 총 주주수익률로 비교해 보면, 잭 웰치가 재임하던 중 GE는 12.3%, 동일기간 S&P 500은 15%였다. 고이즈에타의 재임 중 코카콜라의 총주주수익률은 15%, 동일기간의 S&P 500 내 기업들은 10.8%였다.

영광의 시대가 지나간 오늘날에도 이들 두 회사는 여전히 시가총액 기준으로 세계 150대 기업에 속한다. 그러나 이 두 회사는 명확한 용어의 '신조'로 '제발 우리 버스 뒷자리에 함께 타고 신나게 달려 보자'고 외쳤던 회사들보다 높은 주주 가치를 창출해 내지는 못했다.

경영 불변의 원칙 : "고객만족 중심의 운영에 집중하라"

그렇다면 주주 가치 극대화에만 집중하지 않는 기업들이 이렇듯 인상적인 수익을 만들어내는 이유는 무엇일까? 이 회사의 CEO들은 주주의 기대를 관리하는 것보다 실제 사업에 집중하는 것이 더 유익하다고 생각하기 때문이다.

2009년 폴 폴먼(Paul Polman)은 유니레버의 CEO로 취임하면서 주주들에게 논란의 여지가 많은 다소 거친 말투의 메시지를 전달했다. 그는 이전의 유니레버는 장기적인 관점에서 소비자들에게 서비스를 제공하기 위한 투자가 부족했다고 말했다. 회사는 고객의 관점에서 혁신하고, 고객을 위한 브랜드를 구축하는 데 충분한 투자를 하지 않았다는 것이다. 이에 폴먼은 단기적인 주식시장 상황보다는 장기적 관점에서 혁신과 브랜드를 우선시하려 했다. 뿐만 아니라, 고객들의 요구가 더 높아질 것이라는 판단 속에서, 유니레버를 지속가능성을 보유한 선두주자로 만들고자 했다. 만약 그의 메시지를 좋아하지 않는 주주라면, 가차 없이 유니레버의 주식을 팔았을 것이다.

많은 전문가들은 폴먼의 메시지에 부정적인 감정을 받은 주주들이 보유주식을 매도해, 유니레버의 주식은 폭락하고 회사가 힘들어질 것으로 걱정했다. 하지만 실제는 그렇지 않았다. 주식은 소폭만 하락했다. 다만 기존 주주들은 장기적인 관점에서 고객과 지속가능성을 고민하는 주주들로 교체되었다. 폴먼은 주주가 자신이 생각하는 최고의 가치가 아니라고 말했음에도, 재임한 10년 동안 거대한 경영자로 변신하여 주가를 266%나 올려놓았다.

'보상(Compensation)'도 또 하나의 핵심적인 차이를 만들어낸다. 기업이 주주 가치 제고에만 연연하지 않을 때, 이사회는 경영자들이 단기실적에만 초점을 맞추거나 사임 시 받게 될 주식 기반 보상에만 관심을 집중하지 않도록 차단할 수 있다. **단기적인 보상은 CEO들이 '진정한 의미의 전진(real progress)'을 묵묵히 이행하기보다는, 단기적인 관리만을 수행하도록 만든다.** 그리고 사임 직전 시점의 주가 기준으로 설정된 보상은, CEO들이 기업을 오직 결승점까지만 관리하도록 만든다.

경영은 일종의 릴레이 경기와 같다. 바통을 넘겨준 이후 레이스에서 회사가 쓰러진다고 해도, 그것은 다른 사람의 문제일 뿐이다. 예를 들어, 잭 웰치가 4억 1,700만 달러의 보수를 받고 은퇴하기 1년 전인 2000년 8월에 GE의 주식은 약 60달러로 정점을 찍었다. 하지만 그가 은퇴한 후 1년이 조금 지나지 않은 2002년 말에 GE 주식은 25달러까지 떨어졌다. 2021년 기준으로, 숨 막히는 부채부담을 관리하는 과정에서 GE의 주가는 10~13달러대에 머물고 있다.

반면, P&G에서의 A.G. 라플리에 대한 보상 구조는 이 회사가 고객만족을 극대화하는 문화임을 잘 보여준다. 그가 받은 보상의 90%는 스톡옵션과 제한부 주식(restricted stock)이었다. 요즘의 CEO들에게는 그리 낯선 일은 아니지만, 당시 그의 옵션에는 상대적으로 긴 권한 확정 기간 (3년)과 2년의 보유 기간이 설정되어 있었다. 라플리는 또한 설정된 기간의 두 배가 넘는 기간 동안 옵션을 보유하고, 매도 역시 정해진 매각 프로그램 기준을 준수할 것을 선택했다. 이런 제한된 인센티브 보상 조건 내에서, 그는 실제로 퇴직 이전이나 심지어 퇴직 시에도 귀속된 주식이 하나도 없었다. 귀속이 유보된 기간은 퇴직 1년 후부터 시작되어 10년 동안 지속되었다.

라플리가 퇴직 시점에만 주주의 기대에 대한 대응의 정점을 찍고, 그 이후에는 내리막길을 걸었다면, 자신에게 돌아갈 보상액도 줄어들었을 것이다. 결국 그는 자신의 인센티브를 위해서라도 재직 중에 장기적인 비전을 통해 사업을 단단하게 구축했고, 훌륭한 후계자를 양성했으며, P&G를 완벽한 상태로 만든 후 임기를 마무리했다.

일반적으로 많은 경영자들은 후임자들의 실수에 부당하게 노출될 것을 우려해, 라플리와 같은 보상 설계를 피하고 싶어 한다. 이 부분에서 바로 **'문화'**가 개입되어야 한다. P&G의 보상 체계는 보상이 주식 기반이고 단기 지향적인 '자신을 모든 구성원보다 우선시하는(every man for himself)' 문화에서는 참으로 불공정한 것처럼 보인다. 이런 문화에서는 장기적 관점의 보상을 구축하기 어려워지고, 문화는 불가피하게 '자신을 모든 구성원보다 우선시하는' 상황으로 남게 된다. 하지만 고객을 위한 봉사가 기반인 기업 문화에서는 라플리와 같은 보상 체계는 큰 의미가 있다. 그리고 이런 체계 수립도 그다지 어렵지 않다. 장기적으로 봤을 때는 더욱 의미 있고, 가치 지향적인 행동들을 수행할 수 있게 된다.

라플리의 경우를 다시 보자. 그가 은퇴한 후 후임 CEO의 실적은 그다지 좋지 않았다. 이사회의 요청에 따라 라플리는 CEO로 다시 복귀했고, 몇 년 후 회사를 유능한 CEO인 데이비드 테일러(David Taylor)에게 다시 넘겨줄 때까지 회사를 원상복구시킬 수 있었다.

비록 주주 가치 극대화가 최우선의 목표이고, 기업 문화가 올바로 구축되어 있으며, 주가 기반 보상의 취득 기간이 충분히 길더라도, 주주 가치 극대화가 주는 경고의 사이렌 소리는 항상 존재하게 마련이다. 라플리는 P&G에서 고위 임원들에 대한 보상을 3년 동안의 주가 상승과 배당금(주식에 재투자 된 경우)으로 정의되는 총주주수익률(TSR)에 연동시키는 보상 체계를 적용받았다. 한 경쟁사의 제도를 벤치마킹한 이 제도하에서는 회사의 총주주이익률이 상위 50% 이상이면 임원들은 보너스를 받게 된다.

하지만 라플리는 특정 연도에 총주주수익률 실적이 높다면, 그다음 해에는 부진한 실적으로 이어지는 경우가 많

다는 사실을 확인했다. 총주주수익률이 높았던 다음 해에
는 주주들의 기대치 상승이 실현 불가능할 정도로 높아졌
기 때문이다. 결국 그는 주주 가치의 증가는 실제 경영성과
보다는 회사의 미래를 예측하는 주주들의 풍부한 상상력
과 더 많은 관련이 있음을 깨닫게 되었다. 이를 통해, 라플
리는 보너스 구조를 총주주수익률에서 운영 총주주수익률
(operating TSR)로 전환한다. 운영 총주주수익률은 매출
증가, 이익 마진 개선, 자본 효율성 증가 등의 3가지 실제
운영성과 측정결과의 조합을 기반으로 구성된다. 그의 소
신은 P&G가 고객을 만족시키면, 운영 총주주수익률은 증
가하고, 주가는 장기적으로 자연스럽게 상승한다는 것이었
다. 게다가 운영 총주주수익률은 시장기반 총주주수익률과
달리, P&G 내의 사업을 총괄하는 경영자가 충분히 노력하
면 만족스러운 결과를 만들어낼 수 있는 수치이다.

물론 고객만족을 최우선으로 생각하는 기업 모두가
P&G나 존슨앤드존슨의 전철을 밟을 수는 없다. 하지만 더
많은 기업이 고객을 최우선으로 생각한다면, 기업 의사결
정의 질이 향상될 것이라고 확신한다. 기업이 고객을 진정
성 있게 대한다면, 주주들은 억지로 끌려가기보다는 효과
적인 운영과 제대로 된 제품과 서비스에 감동해서 자연스
럽게 따라올 것이다. 이런 접근이 비용적 요소를 외면한다

는 뜻은 아니다. 오히려 이익에 대한 동기는 절대로 사라지지 않는다. 당연한 이야기지만 기업의 경영진들은 주주만큼이나 이익을 좋아한다. 회사가 더 많은 이익을 낼수록, 더 많은 금전적 혜택이 경영자들에게 돌아가기 때문이다.

다시 말해, 건전한 주가는 여러분들이 설정한 다른 목표들에 자연스럽게 동반 설정되는 제약조건이다. 하지만 이를 가장 중요한 목표로 설정해버리면, 운영주도의 장기적 이익을 기대주도의 단기적 이익과 교환해버리고 싶은 욕망이 생겨난다. 경영자들이 전자(前者)에 집중하도록 하려면, 우리는 기업의 목적을 재창조해야 한다.

> * 이번 장은 <하버드 비즈니스 리뷰>(2010년 1~2월호)에 저자가 기고한 '고객 자본주의 시대(The Age of Customer Capitalism)'의 내용을 수정 및 보완한 것이다.

3장.
고객(Customer) :
스벅에서 에어팟을 낀 카공족의
루틴이 되는, 그 엄청난 특혜

"익숙한 해결책은 항상 완벽한 해결책을 이긴다."

2016년 5월, 페이스북의 카테고리를 주도하고 있던 사진 공유 앱인 인스타그램의 디자인 담당 임원은 "지금부터는 새로운 카메라를 제안한다."고 선언했다. 이로 인해 4억 명 이상의 기존사용자들에게 익숙했던 복고풍 카메라 모양은 단조로우면서도, 모던한 디자인으로 변경됐다. 갈수록 더 치열해지는 스냅챗과의 경쟁 속에서 이 임원은 디자인 변경의 논리를 다음과 같이 설명했다.

"아이콘이 웹 생태계를 반영하지 못하는 느낌이 들기 시작했고, 인스타그램은 그것을 개선할 수 있다고 생각한다."

그렇다면 이런 디자인 변경에 대해 마케팅 업계의 바이블인 애드위크(AdWeek)는 어떤 평가를 내렸을까? 안타깝게도 혹평 수준이다.

'인스타그램의 새로운 로고는 거의 모조품 수준이다. 다시 바꿔주세요. 제발.'

GQ 잡지의 '아무도 원하지 않는 로고, 인스타그램에 적용되다'라는 기사에서도 참담한 평을 들을 수 있다. GQ의 디자인 분야 기고자는 새로운 로고 아이콘을 가리켜 '솔직히 끔찍하다', '너무 못생겼다', '이것은 쓰레기다!'와 같은 최악의 평가를 내리며, 다음과 같이 요약했다.

"인스타그램은 기존 로고를 통해 브랜드 통일성을 구축하고, 고객들이 클릭해야 할 곳을 익숙하도록 만드는 데 몇 년의 시간을 투자했다. 그리고 지금 그 성과를 이어가는 대신, 네모난 스타버스트(Starburst) 사탕 모양의 홈 스크린 아이콘을 위해 그동안 이룬 모든 것들을 변기에 버린 후 물을 내려버렸다."

페이스북은 이와 같은 브랜드 수정이나 재출시 상황에서 혹독한 반응을 경험한 최초의 회사도, 마지막 회사도 아니다. 펩시콜라는 악명 높은 뉴 코크(New Coke)의 대실패와 합성 인공감미료인 아스파탐(aspartame)이 첨가되지 않은 다이어트 펩시(Diet Pepsi)에서도 비슷한 경험을 했다. 이는 심각한 회사의 손실로 이어졌다.

바로 여기에 매우 흥미로운 의문이 제기된다.

'도대체 왜 잘 나가는 회사들은 늘 이런 급진적인 리브랜딩 유혹에 굴복하는 것일까?'

예상되는 경쟁의 재난 속에서 다소 무리한 전략을 채택하고 싶어 하는 유혹을 이해 못 하는 건 아니다. 하지만 인스타그램, 펩시 그리고 코카콜라의 실수는 전혀 문제의 심연을 들여다보지 못했다는 데 있다. (젊은 유저들 사이에서 시장점유율이 높았던 스냅챗은 이들에게 익숙한 유령 모양의 아이콘을 꾸준히 고수해왔다는 점에 주목할 필요가 있다.)

저자는 거대 기업들이 저지르는 이런 어이없는 실수는 '경쟁우위의 본질에 대한 몇 가지 심각한 오해' 때문이라고 생각한다.

최근 기업들이 전략이랍시고 내놓는 입장들을 보면 사업의 급격한 변화 속도를 따라가는 것만이 지속 가능한 경쟁우위의 원천이라고 생각하는 것 같다(물론 앱 생태계가 현실을 가장 명확히 반영하긴 한다). 이런 세계관 속에서 기업들은 발 빠르고 까다로운 소비자들의 폭발적 선택에 실시간으로 대응하기 위해 고군분투 중이다. 이들은 소비자들의 시선의 흐름을 좇아, 사업모델, 소통전략을 지속적으로 업데이트하고 조정하고 있다. 이처럼 고객 충성도를 유지하고, 새로운 고객을 신규 유치하려면 '적절성(relevant) 과 우수성'에 집중해야 한다.

이런 관점에서 인스타그램은 나름대로 그들에게 요구하고 있는 것을 정확하게 잘 수행했다. **'능동적인 변화 (changing proactively)'**가 바로 그것이다. 이는 정말로 핵심을 찌르는 생각이지만, 그럼에도 많은 반박 증거들이 나오고 있다.

사우스웨스트항공, 뱅가드 및 이케아를 생각해 보라. 이들은 모두 이제는 고전이 된 마이클 포터(Michael Porter)의 1996년 〈하버드 비즈니스 리뷰〉 '전략이란 무엇인가? (What Is Strategy?)'에 실린 25년이나 된 경쟁우위의 예시들이다. 4반세기가 지난 지금까지도 이들 회사는 거의 변하지 않는 전략과 브랜드를 추구하며, 여전히 각 사업의 정상에 위치해 있다. 신흥기업들에 의해 일부 비틀거리고 무너질 수도 있겠지만, 구글, 페이스북, 아마존이 보여주고 있는 그들의 경쟁적 지위는 결코 금방 사라져버릴 것 같지는 않다. 무려 75년이나 된 타이드(Tide)나 60년이 된 헤드앤숄더스(Head & Shoulders)의 브랜드 관리자들은 반세기가 넘는 그들의 우월적 지위가 이제는 존재하지 않는다거나 앞으로는 지속 가능하지 않을 수도 있다는 사실을 듣게 된다면 경악을 할 것이다.

바로 이 지점에서 저자는 고객에 대한 매우 중요한 사실

하나를 알게 되었다. **'우리에게 익숙한 해결책은 항상 위대한 해결책을 이긴다'**는 것이다.

이번 장에서 저자는 인스타그램과 같은 실수 사례, 타이드와 같은 성공 사례를 모두 설명할 수 있는 이론을 제시하기 위해, 현대 행동연구를 활용할 것이다. 이 주장의 핵심은 **'지속적인 성과는 고객에게 완벽한 선택권을 제공할 때 얻게 되는 것이 아니라, 고객에게 쉬운 선택권을 제공할 때 달성된다'**는 것이다. 따라서 가치 제안(value proposition)은 초기에 고객을 끌어들이는 것이 아니라, 고객을 지속적으로 방문하게 하는 것이어야 한다. 이 대안적 세계관에서 고객의 충성도를 유지하는 방법은 가장 최적의 상태를 유지하기 위해 지속적으로 변화하는 고객의 요구에 끊임없이 대응하는 것이 결코 아니다. 오히려 고객이 골치 아픈 선택을 하지 않도록 도와주어야 한다. 이를 위해, 여러분들은 저자가 **'누적 우위(cumulative advantage)'**라고 부르는 것을 창조해내야만 한다.

지금부터는 우리가 쇼핑할 때 우리의 뇌는 실제로 무슨 일을 하는지 탐색하면서 누적 우위에 관해 고민해 보자.

구매 행위는 무의식적 습관의 창조물

'경쟁우위'에 대한 일반적인 통념은 '성공적인 기업들이 소비자를 대상으로 포지션을 정하고, 더 나은 서비스를 제공할 수 있도록 활동을 조정하는 것'을 의미한다. 이때의 목표는 기업이 제공하는 가치를 고객의 요구와 일치시켜 고객의 반복적 구매를 유발시키는 것이다. 늘 진화하는 독창성으로 경쟁자들의 칼끝을 막아내, 지속적인 경쟁우위를 확보하는 것이 기업이 지향하는 바이다.

기업들이 바라는 정의로운 구매는 늘 '소비자가 항상 신중하고, 심지어 합리적인 의사결정을 내린다'는 가정을 내포하고 있다. 제품 및 서비스를 구매하는 이유는 감정적일 수 있지만 늘 '의식적인 논리(conscious logic)'에서 비롯된다고 믿는다. 따라서 소비자를 향한 바람직한 전략은 그 논리를 파악하고, 이에 대응하는 것이었다. 하지만 구매 의사결정이 소비자들의 의식적인 선택에서 비롯된다는 생각은, 행동심리학의 많은 연구에 의해 정면으로 공격받고 있다.

우리의 뇌는 '분석 기계'라기 보다는 '틈을 메우는 기계'라는 사실이 발견되었다. 뇌는 이 세상에 존재하는 온갖 시끄럽고 불완전한 정보들을 가져와서 과거의 경험을 바탕으로 잃어버린 조각들을 신속하게 채운다. 생각, 의견, 선호도 같이 우리의 마음에 신속하게 생겨나지만, 성찰 없이 행동할 수 있을 정도로 강한 '직관(intuition)'이 이런 과정의 핵심 산출물이다. 하지만 인간의 직관적 판단을 결정하는 것은 단순히 무언가를 채우는 것으로 끝나지 않는다. 직관적 판단은 과정 자체의 속도와 용이성에 크게 영향을 받는데, 심리학자들은 이것을 '처리 유창성(processing fluency)'이라고 정의한다. '단지 옳다고 느껴져서' 의사를 결정한다면, 그 의사결정 과정은 유창성이 있다고 할 수 있다.

처리 유창성은 그 자체가 경험의 산물이며, 체험의 횟수가 많을수록 기하급수적으로 증가한다. 특정 대상을 인식하고 식별하는 정도는, 해당 대상에 대한 과거의 노출 정도에 따라 증가하는데, 이처럼 특정 객체가 반복적으로 제시되면, 그 객체를 인식하기 위해 필수적이지 않은 기능을 하는 뉴런의 반응은 약화된다. 그리고 신경망은 객체 식별과정을 더욱더 효율적으로 운영한다. 따라서 반복적인 자극은 인지 식별의 임곗값을 낮추어 대상을 더 빠르고 정확하게 판독하도록 한다. 여기서 주목해야 할 것은, 소비자들은 새롭고 낯선 자극보다 효율적으로 판별할 수 있는 익숙한 것을 더 선호하는 경향이 있다는 것이다.

요약하자면, 인간의 두뇌 작용에 대한 연구는 우리의 마음이 의식적으로 어떤 고민을 해야 하는 특정 대상들보다 '자동성(automaticity)'을 더 선호한다고 주장한다. 우리에게 선택권이 주어진다면, 동일한 일의 반복을 더 선호한다는 것이다. 만약 우리의 마음속에 '타이드 세제가 옷이 깨끗하게 세탁되고, 온·오프라인 매장에서 쉽게 살 수 있다'는 생각이 굳어지면, 쇼핑할 때 가장 쉽고 친숙한 방법은 타이드를 재구매하는 것이다. 따라서 시장을 리드하는 제품을 선택하는 핵심적인 이유는 단순하게도 **'가장 쉽게 선택할 수 있기'** 때문이다. 어떤 유통 채널을 이용하든, 가장 눈에 띄는 제품이 선택되는 것이다. 슈퍼마켓, 마트, 약국 등에서도 선도적인 제품이 진열장의 가장 앞부분을 차지하고 있다. 여러분이 새로운 제품을 발견하더라도 이전에 구매했던 바로 그 선반에서 선택할 가능성이 높다. 이런 행동을 반복하는 것이 더 편할 뿐만 아니라, 다른 제품이라도 늘 선택하던 브랜드의 제품을 살 때 믿음이 가기 때문이다.

이런 행동은 여러분이 선택하지 않은 제품 대비 선택한 제품의 용이성의 격차를 점점 더 넓히게 되고, 이 용이성의 격차는 구매 및 사용을 반복할 때마다 확대된다. 이런 논리는 전통적인 시장뿐만 아니라, 새로운 시장환경에서도 유효하다.

여러분이 웹브라우저에 페이스북 페이지를 메인 페이지로 설정한다면, 그 효과는 대형마트에서 타이드 세제 제품이 산더미처럼 쌓여 있는 거대한 벽을 보는 것만큼이나 강력한 효과를 발휘한다. 가장 크고, 가장 쉬운 브랜드를 구매하는 행동은 여러분이 매번 그 제품이나 서비스를 선택하고 이용할 때마다 그 제품의 경쟁우위를 축적하게 만든다. 이것이 바로 앞서 언급한 '누적 우위'이다. 의식적인 재평가 과정 없는 이런 '누적 우위'가 계속되면 거침없는 결과가 나오게 된다.

35년 전, 타이드 세제는 미국 내 세제 시장에서 유니레버의 서프(Surf) 세제보다 33% 대 28% 수준의 약간 높은 우위를 보이는 정도였다. 그때부터 소비자들에게는 조금씩, 하지만 강하게(slowly but surely) 타이드를 더 선호하는 습관이 만들어지기 시작했다. 매년 이 습관의 격차는 증가했고, 이로 인해 점유율 격차는 더 벌어졌다. 결국 2008년 유니레버는 세제사업을 접고, 해당 브랜드를 당시 PB 상표 세제 제조업체에 매각했다.

현재 타이드는 세제 시장에서 40% 이상의 압도적인 시장점유율을 보이고 있다. 나머지 경쟁사들 중 가장 큰 브랜드가 10% 미만의 점유율을 보이고 있을 정도니 타이드가 세제 시장에 얼마나 강력한 힘을 발휘하고 있는지 짐작할 수 있다.

이처럼 작은 소규모 브랜드가 거대 브랜드를 제치고 살아남을 수 있었던 원동력은 무엇일까?

비(非)충성 고객들의 삐뚤어진 초긍정 마인드

고객은 많은 마케팅 담당자들이 짐작하는 것보다 훨씬 더 변덕스럽다. 충성도 높은 고객들이 많을 것이라 예상되는 브랜드가 종종 가장 낮은 고객 충성도 점수를 받기도 한다. 따라서 소비자가 '습관의 노예'라는 측면에서 봤을 때, '합리적이거나 감정적인 욕구를 충족시킨다는 가정하에서 의식적으로 특정 브랜드에 애착을 갖는 사람들이 충성고객이다'라는 주장은 수용하기 어렵다. 예를 들어, 콜게이트(Colgate)와 크레스트(Crest)는 미국 시장을 선도하는 치약 브랜드로, 두 제품 모두 고객 충성도는 50%이다(선호하는 브랜드가 연간 치약 구매의 50%를 차지함).

반면, 메인(Maine)주를 기반으로 하는 톰스 치약은 틈새 시장의 '자연주의' 브랜드를 지향하며, 대략 1%의 시장점유율과 열정적인 마니아적 팬 수준의 고객을 소유하고 있다. 누구든 같은 비율로 1% 정도의 고객들이 톰스 치약 구매를 반복할 것으로 예측할 것이다. 하지만 1%의 톰스 치약의 고객들은 대형 브랜드의 절반 수준인 25%만 브랜드 충성도를 보였다.

그렇다면 톰스 치약과 같은 비주류 브랜드들이 자멸하지 않고 살아남는 이유는 무엇일까? 그 대답은 아마도 역으로 생각해 보면 알 수 있다. 대형 브랜드의 충성도가 50%에 달할 때 고객들은 소규모 브랜드의 사업을 유지시키기 위해 이들의 제품을 종종 구매한다. 하지만 여전히 소규모 브랜드들은 친숙함이라는 장벽을 극복할 수 없다. 또한 완전히 새로운 브랜드들이 카테고리에 들어가 시장의 리더가 되기도 하지만 기성 비주류 브랜드가 성공적으로 브랜드 리더십을 발휘하는 사례는 매우 드물다.

제품 위에 단단한 신뢰의 층을 쌓는 누적 우위

이런 저자의 주장은 소비자의 선택이 의식적이지 않거나 제품의 가치 제안이 품질과 무관하다는 것을 의미하지는 않는다. 오히려 가장 초기에는 '제품을 구매할 이유'가 있어야 한다. 때로는 첨단기술이나 새로운 규제가 획기적 비용 절감, 신기능, 새로운 솔루션 등을 내세우며, 기업들이 새로운 제품에 대해 고민하게 만든다. 따라서 싸움의 장소(where-to-play)와 승리할 수 있는 방법(how-to-win)의 선택은 여전히 전략에 있어 필수적인 요소이다. 고객을 설득하기 위해 치열하게 싸우고 있는 경쟁자들보다 월등한 가치 제안(Value Proposition)을 제시하지 못한다면, 어떤 회사든 승기를 잡기는 어려울 것이다.

기업들이 초기 경쟁우위를 계속 이어가고자 한다면 자신의 제안(Proposition)을 고객이 '선택'하기보다는 '습관'으로 만드는 데 투자해야 한다. 따라서 '**누적 우위(cumula-**

tive advantage)'란 고객이 회사가 제공하는 제품과 서비스에 본능적으로 편안한 선택을 하도록 만들어 초기 경쟁 우위의 층 위에 단단한 하나의 층을 더 쌓는 '추가적 우위의 층'이라고 정의할 수 있다.

당연한 결과로, 누적 우위를 구축하는 데 실패한 기업은 성공한 경쟁자들에게 추월당할 가능성이 높다. 마이스페이스(MySpace)의 실패 사례는 본질적으로 경쟁우위의 지속적인 유지가 불가능하다는 증거로 자주 인용된다. 하지만 저자는 다른 해석을 해보려 한다.

2003년 8월에 시작된 마이스페이스는 2년 만에 미국 최고의 소셜네트워크 서비스가 되었으며, 2006년에는 구글을 제치고 미국 내에서 가장 많은 방문자가 유입된 사이트가 되었다. 그럼에도 불구하고, 불과 2년 뒤 마이스페이스는 페이스북에 추월되었고, 결국은 무너지고 말았다. 마이스페이스는 뉴스코프(NewsCorp)에 2005년에 매각되었던 금액인 5억 8,000만 달러의 극히 일부인 3,500만 달러에 매각되었다.

마이스페이스가 실패한 이유는 무엇일까? 마이스페이스는 누적된 우위를 확보하고, 유지하려는 노력조차 하지 않았기 때문이다. 우선, 마이스페이스는 사용자가 자신의 페르소나 스타일을 표현하는 별도 웹페이지를 만들어, 방문자들 각자에게 서로 다른 모습으로 보이도록 만들었다. 또한, 무척 거슬리는 방식으로 광고를 배치하고, 외설적인 서비스 광고를 포함시켜 규제 당국의 공분을 샀다. 뉴스코프가 마이스페이스를 인수했을 때에도 광고 밀도를 더욱 높여 사이트는 점점 더 번잡스러워졌다. 블룸버그 비즈니스위크가 지적한 대로, 마이스페이스는 인스턴트 메시지 서비스, 구인광고, 비디오 플레이어, 음악 플레이어, 가상 노래방 기계, 셀프 광고 플랫폼, 프로필 편집 도구, 보안 시스템, 개인 정보 보호 필터, 도서 목록 등의 어지러울 정도로 많은 기능을 제공했다.

결국 마이스페이스는 고객들에게 편안함을 주고, 본능적인 선택을 하도록 유도하는 대신, 서비스 사용 중에 균형감을 잃도록 만들었고, (의식적으로는 걱정하지는 않았겠지만) 다음에 또 뭐가 나올지 우려스러울 정도로 난잡한 기능을 선보였다. 마이스페이스의 이런 사례는 페이스북과 상당히 비교된다.

페이스북은 서비스 시작 첫날부터 누적 우위를 구축했다. 처음부터 마이스페이스에는 없는 매력적인 기능을 탑재한 멋진 가치 제안이었다. 무엇보다 주목할 만한 성공의 핵심 요인은 외관과 느낌의 일관성을 꾸준히 유지했다는 점이다. 이제는 아주 유명해진 PC용 서비스에서 모바일 서비스로 확장될 때에도, 페이스북은 사용자의 모바일 경험이 기존 데스크톱의 경험과 일치되도록 유지했다. 즉, 새로운 서비스의 도입이 고객들의 편안함과 친숙함을 위협하지 않도록 한 것이다. 신뢰와 친숙한 경험을 제공함으로써, 페이스북은 세계에서 가장 중독성이 강한 SNS가 되기 위한 누적 우위의 이점을 철저하게 강화했다. 그랬기에 자회사인 인스타그램의 아이콘 변경 결정은 더욱 당혹스러울 수밖에 없는 것이다.

누적 우위를 쟁취하기 위한 필수 조건들

마이스페이스와 페이스북의 사례는 지속 가능한 우위는 가능하지만, 보장될 수는 없다는 사실을 잘 보여준다. 그렇다면 또 다른 마이스페이스 같은 기업이 있다면 어떻게 누적 우위의 보호막을 형성함으로써 경쟁우위를 확장할 수 있을까? 이제부터 그 4가지 기본 법칙을 설명하려 한다.

법칙 1. 초기에 기선 제압하라

이 아이디어가 전혀 새로운 것은 아니다. 전략과 관련된 최고의 초기 저작물들에 공통적으로 언급되며, 보스턴컨설팅그룹의 설립자인 브루스 헨더슨(Bruce Henderson)의 저술에서도 확인할 수 있다. 헨더슨은 특히 누적 생산량이 비용에 미치는 긍정적 효과에 대해 초점을 맞췄다. 즉, 이제는 유명해진 '경험 곡선(Experience Curve)'은 어떤 제품을 생산했던 경험이 증가할수록 그 제조업체의 비용관리가 더 효율적이 된다는 것을 의미한다. 헨더슨은 본인이 제안한 용어를 사용하여 '경험 곡선의 초기에 공격적으로 가격을 책정해야 하며, 더 낮은 비용과 상대적으로 더 높은 이익배분 및 수익성을 제공할 수 있는 충분한 시장점유율을 확보해야 한다'고 주장했다. 그의 주장의 함의는 명확하다. **'초기에 공유된 우위는 매우 중요하다.'**는 것이다.

전통적으로 마케팅 담당자들은 초기 기선제압의 중요성을 오랜 경험으로 잘 이해하고 있었다. 빠르게 성장했던 세탁기 시장을 선점하기 위해 특별히 출시되었던 타이드 (Tide)는 P&G 내에서 가장 인정받고, 성공적이며, 수익성 높은 브랜드 중 하나이다.

1946년 타이드가 처음 출시되었을 때, 이 제품은 카테고리 내에서 가장 많은 광고를 했다. 또한 회사는 소비자들의 습관을 형성하기 위해, 미국 내에서 판매되는 모든 세탁기에 '무료 타이드 선물세트'가 포함되도록 철저하게 관리했다. 타이드는 신속하게 초기 경쟁에서 우위를 확보했고, 이후 한 번도 그 자리를 넘겨주지 않았다.

무료 신제품 샘플은 마케터들에게 늘 인기 있는 전략이었다. 공격적인 가격 정책도 마찬가지로 인기가 있었다. 삼성은 통신사들이 서비스 계약 시점에 무료로 제공할 수 있는 매우 저렴한 안드로이드 기반의 휴대폰을 제공함으로써 전 세계 스마트폰 시장점유율의 선두주자로 부상했다.

인터넷 업계에서도 무료 서비스 제공은 고객의 습관을 확립하기 위한 핵심 전술이었다. 사실상, 이베이, 구글, 트위터, 인스타그램, 우버, 에어비앤비와 같은 거의 모든 대규모 인터넷 서비스들은 사용자가 사용 습관을 만들고, 이를 강화할 수 있도록 무료 서비스를 제공한 후, 해당 사용자들을 위해 비용을 지불할 의사가 있는 공급자나 광고주들에게 판매했다.

법칙 2. 습관을 설계하라

지금까지 살펴본 것과 같이, 가장 바람직한 결과는 여러분들의 가치 제안에 고객들이 자동적으로 응답하는 것이다. 이를 적극적으로 설계해야 하며, 전적으로 운에만 맡겨서는 안 된다. 우리는 페이스북이 어떻게 지속성을 유지하면서 유저들의 습관 형성을 설계하고, 이를 통해 어떻게 이익을 창출했는지 목격했다. 이런 설계를 통해 페이스북은 자신의 플랫폼을 우리가 '습관'이라고 부르는 것 이상으로 만들었다. 업데이트된 게시물을 확인하는 일은 10억 명의 사람들에게 하나의 '중독'이 되었다. 페이스북은 점점 더 확장되는 네트워크의 효과로 수익을 얻었다. 하지만 더욱 놀라운 것은 페이스북에서 탈퇴하는 것이 매우 강력한 중독에서 벗어나는 것만큼 어렵다는 점이다. 이것이 바로 '진정한 우위'이다.

스마트폰의 선구자인 블랙베리(BlackBerry)는 아마도 '중독'을 위해 의식적인 설계를 활용한 가장 좋은 사례라고 할 수 있다. 설립자인 마이크 라자리디스(Mike Lazaridis)는 케이스(홀스터)에서 진동을 느껴 블랙베리를 꺼내고, 메시지를 확인한 후 작은 쿼티 키보드에 엄지손가락으로 응답을 입력하는, 하나의 작은 순환을 만들기 위해서 이 장치를 최대한 중독성 있게 만들어냈다. 결국 그의 계획은 성공했고, 이 장치의 이름이었던 '블랙베리'라는 별명을 얻게 되었다. 이 습관의 힘은 너무도 커서, 블랙베리가 아이폰과 같은 인터넷 앱 기반 터치스크린 스마트폰으로 전환된 후에도, 여전히 블랙베리 골수 유저들은 새로운 습관에 적응하기를 완강히 거부했다. 이들은 다음 세대의 경영진들에게 이전 세대의 기기 모양을 꼭 닮은 '클래식'이라는 익숙한 이름의 모델의 출시를 요구하는 지경에 이른다.

텍사스 대학의 심리학자인 아트 마크먼(Art Markman)이 지적한 것처럼, 습관을 설계하려면 특정 규칙을 준수해야 한다. 우선 구매자가 제품을 신속하게 찾을 수 있도록 멀리서도 찾기 쉽게 디자인을 일관되게 유지해야 한다. 타이드 세제의 밝은 오렌지색과 도리토스 로고와 같은 독특한 색상과 모양이 대표적인 예이다.

사용 욕구를 자극하기 위해 고객들의 환경에 적합한 제품을 만들어야 한다. P&G가 페브리즈(Febreze)를 처음 출시했을 때, 소비자들은 페브리즈의 작동 방식은 선호했지만, 자주 사용하지는 않았다. 나중에 밝혀진 이유 중 하나는 용기가 유리 세정제 병 모양이어서 고객들에게 은연중에 싱크대 아래에 깊이 보관해야 한다는 신호를 보낸 것으로 확인되었다. 결국 병 모양 디자인은 눈에 잘 띄는 카운터나 진열장 등에 보관할 수 있도록 재설계 되었고, 이로 인해 구매 및 사용이 늘어났다.

하지만 페브리즈와는 달리 기업들의 디자인 변경은 많은 경우에 고객의 습관을 강화하기보다는 파괴하는 결과를 만들어내기도 한다. 제품의 단순 변화만으로는 시장 재진입이 어렵기 때문이다.

앞으로 기업들은 습관을 강화하고, 재구매를 촉진할 또 다른 변화를 모색해야 한다. 사람들이 자주 사용하는 제품을 편하게 재주문하는 방법을 고안해서, 고객의 습관을 개발하고, 유통과정에 반영되도록 돕고 있는 아마존의 대시 버튼(Dash Button)은 모범적인 사례라 할 수 있다.

법칙 3. 브랜드 내부로부터 혁신하라

이미 언급한 바와 같이, 기업들은 위험을 무릅쓰고 '재출시', '리패키징', '리플랫폼' 등을 위한 혁신에 몰입한다. 이런 노력은 고객들이 습관을 변화시켜야만 만족스러운 결과를 달성할 수 있다. 기업이 제품을 트렌드에 맞춰 리뉴얼하더라도, 새로운 기술이나 새로운 서비스에서는 기존의 누적 우위를 유지할 수 있는 방식으로 도입되어야 한다. 누적 우위를 가장 성공적으로 구축한 기업들도, 때로는 이 규칙을 망각한다. 예를 들어, 75년 동안 거대한 혁신을 통해 타이드 세제의 누적 우위를 유지해 온 P&G는 이 과정에서 몇 가지 고통스러운 교훈을 겪어야 했다.

타이드 출시 이후 가장 큰 혁신은 액체 세제의 개발이었다. P&G의 첫 번째 대응 방식은 1975년에 '에라(Era)'라는 새로운 브랜드를 출시한 것이다. '에라' 세제는 누적된 우위가 없었기 때문에, 소비자들이 가루세제를 서서히 액체 세제로 대체하고 있었음에도 선도적인 브랜드 위치를 차지하지 못했다. P&G는 타이드가 세제 제품군 내에서 1위 브랜드로서 소비자들에게 강력한 친밀감과 누적 우위를 보유하고 있다는 것을 잠시 잊은 듯했다. 이들은 이 실수를 만회하기 위해 1984년, 친숙한 포장과 브랜드 일관성을 가진 '리퀴드 타이드(Liquid Tide)'를 출시하기로 결정한다. 상대적으로 늦은 출시였지만, 리퀴드 타이드는 시장을 지배하는 액체 세제가 되었다. 이 경험 이후 P&G는 더 많은 혁신 제품들이 타이드 브랜드와 일체성을 갖도록 주의를 기울였다.

그 후 세제에 표백제를 포함하는 기술이 나오자, 이를 '타이드 플러스 블리치(Tide plus Bleach)'라고 명명했다. 획기적인 찬물 세탁 가능 기술이 '타이드 콜드 워터(Tide Cold water)' 제품에 적용되었고, 세 가지 액체가 하나의 팩에 포함된 형태는 '타이드 팟(Tide Pods)으로 출시되었다. 어떤 브랜딩도 이보다 더 간단하거나 명확할 수는 없을 것이다. 단지 소비자들이 선호하는 타이드가, 표백제가 섞이거나 찬물에서도 잘 녹고, 캡슐 모양을 띄고 있을 뿐이다. P&G는 이런 편안함과 친숙함을 통해서, 브랜드의 누적 효용을 강화했다. 신규 제품들은 모두 선명한 오렌지색과 황소 눈이 새겨진 로고로 대표되는 타이드의 전통적인 외관 포장을 유지했다. 한때 '타이드 콜드 워터' 출시를 위해 파란색 포장으로 그 모양이 변경된 적이 있었지만, 소비자 반응이 냉담하자, 디자인은 빠르게 원상태로 복귀되었다.

물론 때로는 연결성과 효용성을 유지하기 위해 변화가 필요할 때도 있다. 이런 상황에서 현명한 기업들은 고객들이 오래 유지해왔던 습관에서 새로운 습관으로 보다 편안하게 전환하도록 지원한다. 넷플릭스(Netflix)는 고객에게 우편으로 DVD를 배송하는 서비스로 사업을 시작했다. 만약 변화를 거부하고, DVD 배송업의 연속성만을 극대화하려고 시도했다면 오늘날 우리는 넷플릭스를 즐길 수 없었을 것이다.

비록 그 혁신이 새로운 일련의 활동을 포함하는 완전히 다른 디지털 엔터테인먼트 플랫폼을 시장에 제시했음에도 불구하고, 넷플릭스는 '변함없음'을 강조하면서 고객이 원하는 방법을 찾았다. 그것은 고객들이 집을 떠나지 않고도 최신 엔터테인먼트 콘텐츠에 접근하도록 돕는, 겉보기에는 DVD 배달 서비스와 비슷한 느낌을 주는 '구독' 서비스이다. 따라서 고객들은 기존 습관들을 최대한 유지하면서도, 변화를 위해 필요한 욕구들을 하나둘씩 채울 수 있었다.

고객들에게는 완전히 '새로운 것'보다는 '개선된 것'이 더 편안하게 느껴지고, 저항감도 적다. 하지만 이런 개선은 브랜드 관리자들이나 광고 에이전시에게는 놀라울 정도로 '새롭게' 느껴진다.

법칙 4. 의사소통을 단순하게 유지하라

행동경제학의 창시자인 대니얼 카너먼(Daniel Kahneman)은 잠재적 의식이 작용하는 습관적인 의사결정을 '빠르게 생각하기(thinking fast)'로, 의식적인 의사결정을 '느리게 생각하기(thinking slow)'로 정의했다.

마케터들과 광고주들은 주로 느린 생각 모드로 사는 것처럼 보인다. 잠재적인 의식을 바탕으로 의사결정을 내리기보다는, 의식적인 사고로 소비자들의 마음을 읽기 때문이다. 그들이 새로운 제품이나 서비스의 다양한 기능과, 이를 철저하게 분석한 점을 함께 묶어서 강조하는 마케팅을 하거나 광고를 제작하면, 그들의 천재성은 업계로부터 찬사를 받는다. 하지만 실제로 매우 기억에 남는 광고는 고객들이 의식적으로 생각을 하게 하기보다는 습관을 바꾸도록 만드는 힘이 있다.

광고 시청자들이 그리 깊게 주의를 집중하지 않는 경우, 기교가 넘치는 소통은 오히려 역효과를 낼 수 있다. 갤럭시 모델로 스마트폰 시장을 선도하고 있는 삼성의 반복적인 광고 하나를 예로 들어보자. 이 광고는 일반적인 모양의 스마트폰에 대한 연속적인 문구를 보여주는 것으로 시작해서, a) 방수 기능을 강조하고, b) 아이들이 실수로 난처한 문자를 발송하는 것을 예방하는 기능이 있으며, c) 배터리를 쉽게 교체할 수 있는 장점을 설명한다. 그리고 이 갤럭시 모델은 이전에 출시되었던 3개의 휴대폰들과 외형은 비슷하지만, 이들의 모든 단점을 극복한 모델이라는 점을 자신감 있게 언급한다.

의식을 집중하면서 느리게 생각하는 시청자들은 이 광고를 보고 갤럭시 제품이 다른 휴대폰과 무언가 다른 기능을 지녀 우월하다고 설득될 수도 있다. 하지만 장담컨대 '빠르게 생각하기'를 하는 시청자들은 무의식적으로 광고 안의 갤럭시 모델을 다음 세 가지 단점들과 연결시킬 것이다. '누수 가능성, 난처한 문자 발송 위험성, 배터리 교체 문제가 있을 수 있는 제품은 구매해서는 안 된다'는 것이다. 이 광고는 심지어 고객들에게 방수 기능에 대한 메시지를 계속 던져왔던 아이폰과 같은 경쟁 제품을 구매하도록 잘못 유도할 수도 있다.

　우리는 '인간의 마음은 게으르다'는 사실을 항상 기억해야 한다. 우리의 마음은 이 정도 수준의 복잡성을 가진 메시지를 받아들일 정도로 충분히 주의를 집중하고 싶어 하지 않는다. 단순하게 갤럭시의 방수 기능을 보여줬으면 더 강력했을 것이고, 고객이 갤럭시를 구매하는 것을 보여주면서 판매원이 완벽한 방수 기능을 갖고 있다고 설명하는 것을 듣게 하는 편이 더 좋았을 것이다. 후자의 경우는 '빠르게 생각하기'를 하는 고객들에게 광고주가 이 광고를 통해 의도한 행동을 정확히 전달하기에 충분하다. 만약 이런 두 가지 전략만 내세웠어도 소비자들은 바로 대리점에 가서 삼성 갤럭시 모델을 구매했을 것이다. 물론, 이들 중 어떤 것도 광고 카피의 우수성에 초점을 맞춘 광고 마케팅 전문가들이 수여하는 상을 수상할 수는 없겠지만 말이다.

많은 마케팅 전략가들은 의식적인 소비자들의 이성적 또는 감정적인 초기 선택을 통제해야만 경쟁우위에 설 수 있다고 확신하는 것 같다. 이들은 의사결정 과정을 잠재의식이 지배한다는 사실을 잊어버렸거나 이해하지 못한 것이 틀림없다.

'빠르게 생각하기'를 하는 사람들에게는 접근하기 쉽고, 편안함을 주는 구매습관을 강화해주는 제품과 서비스가, 비록 혁신적일지라도 찾기 어렵고 새로운 고객 습관을 형성해야만 하는 익숙하지 않은 서비스보다 매력적으로 다가온다. 따라서 기존에 확보했던 고객가치 제안과 브랜드를 지속적으로 강화하고 싶다면, 빠지기 쉬운 함정을 늘 주의해야 한다. 규모가 큰 기업이든, 시장 내 틈새시장을 노리는 기업이든, 아니면 새로운 시장에 새로 진입한 기업이든, 어떤 기업이라도 위에서 설명한 누적된 경쟁우위 관련 4가지 법칙들을 이해하고 실천할 때, 탁월한 고객가치 제안을 제공하는 초기의 우월적 위치를 유지할 수 있게 될 것이다.

* 이번 장은 <하버드 비즈니스 리뷰> (2017년 1~2월호)에 A.G. 라플리와 저자가 공동 기고한 '고객 충성도는 과대평가되었다(Customer Loyalty Is Overrated,)'의 내용을 수정 및 보완한 것이다.

Part 2.
선택
(Making Choice)

4장.
전략(Strategy) :
숫자 싸움의 족쇄가 된
엑셀 파일을 파기하라

"전략에서 정말로 중요한 것은 '무엇이 진실인가?'가
아니라 '무엇이 진실이 되어야 하는가?'이다."

전략기획 담당자들은 보통 자신들의 냉철함과 엄격함에
자부심을 느끼고 있다. 이들은 전략은 정확한 숫자들과 광
범위한 분석을 통해 수립되며, 인간의 편향이나 판단, 의견
들에 오염되어서는 안 된다고 믿는다. 분석을 위한 엑셀 시
트의 용량이 커지면 커질수록, 조직은 그 진행 과정에 대단
한 자신감을 갖게 된다. 대부분의 분석 과정에서, 이 모든
숫자는 과학적으로 여겨지고, 현대 사회에서 '과학적'이라
는 말은 '좋은 것'이라는 단어와 동의어로 간주된다.

그렇다면 왜 대기업이든 중견기업이든 회사의 운영 담당
자들은 숫자의 분석에는 그토록 큰 자부심을 느끼면서, 연
간 전략계획에는 두려움을 느끼는 것일까? 그리고 도대체
왜 그렇게 많은 엑셀 시트들은 작성하는 데 많은 시간이 소

비됨에도 회사의 운영 방향에는 거의 영향을 주지 못하는 것일까? 전략 담당자들과 이야기를 나눠보면, 다음과 같은 사실에 더 깊은 좌절감을 느끼게 된다.

"전략 계획의 수립 과정은 새로운 전략을 만들어내지 못하고 있다. 그 대신 현상 유지 편향을 영원히 강화하고 있을 뿐이다."

이런 상황을 극복하기 위한 일반적인 반응 중에 하나는, 명확하게 반과학적이 되어보는 것이다. 조직 내에 만연한 '숫자 싸움'의 족쇄를 벗어 던지고, '상자 밖 생각'을 촉진하기 위해 오프라인 '아이디어 이벤트'나 '즉흥 토론(jam sessions)'에 기대보는 것이다. 하지만 이런 프로세스들은 비록 급진적이며, 새로운 아이디어를 만들어낼 수는 있겠지만, 생산적 행동을 만들어내는 전략적 선택으로 전환되지는 못한다. 한 담당자가 한 다음의 말이 이런 생각을 대표한다. **"우리가 그런 아이디어들을 상자 밖으로 꺼내지 않는 데에는 이유가 있다."**

이런 안타까운 교착상태에서 벗어나기 위해서는 성공적인 전략을 수립하는 방식에 대한 생각을 이렇게 바꿔야 한다.

전략에서 중요한 점은
'무엇이 진실인가?'가 아니라
'무엇이 진실이 되어야 하는가?'이다.

과학의 용어로 설명하자면, 성공적인 전략을 수립하는 것은 참신한 인과관계에 대한 가설을 만들어 검증하는 것과, 이런 가설들이 작동하기 위해 어떤 변화가 필요한지에 대한 분석 등을 포함한다. 그리고 이런 새로운 가설의 구조적 발전과정은 데이터의 분석만큼이나 과학적인 과정이다.

이번 장에서 저자는 전략가들이 주로 선택하는 잘 설명된 가설이나 전략적 가능성의 집합을 형성하는 과정과 연결된 **전략 수립의 7단계 접근법**을 설명할 것이다. 이 접근법을 통해 각각의 가능성들이 지지를 받기 위해 현실적 상황 속에서 '진실'이어야 하는 것들을 검토한다. 그래야만 전략은 '무엇이 진실이 되어야만 하는가?'라는 질문이 실현 가능성이 있는지를 결정하기 위한 분석의 힘을 발휘할 수 있게 된다.

<전략 수립의 7단계 접근법>

1단계. 이슈에서 '선택'으로의 이동

기존의 전략 수립은 이익 감소나 시장점유율 하락과 같은 문제 이슈에 초점을 맞추는 경향이 있었다. 이럴 경우 조직은 적용 가능한 해결책을 탐색하고 점검하기보다는, 문제와 관련된 데이터를 찾는 함정에 빠지게 된다. 전략가들이 이런 함정에서 빠져나오기 위해 적용하는 간단한 방법은 문제를 해결할 수 있는 두 가지 상호 배타적 옵션(mutually exclusive options)을 설정해 그중 한 가지를 선택해 보도록 요구하는 것이다.

문제를 일단 '선택'으로 구조화하면, 어떤 선택을 하든 그 선택으로 정리된 문제는 묘사나 분석 수준이 아니라, '내가 다음에 해야 할 일'에 초점이 맞춰진다. 따라서 이런 가능성 기반 접근법(possibilities-based approach)은 '조직은 선택을 해야 하고, 그 선택은 반드시 결과를 만들어내야 한다'는 인식에서 시작된다. 최고 경영진들에게 이 시점은 전략 수립 과정을 시작하는, 잘 알려진 말로 표현해 보자면, '루비콘강'을 건너는 시점이 된다.

1990년대 후반, P&G가 세계적인 뷰티케어 기업으로 성장하기 위해 노력할 시점에, 회사는 큰 이슈에 봉착해 있었다. 그것은 바로 뷰티케어 분야에서 규모도 크고, 수익성도 높아 신뢰할 수 있는 브랜드가 부족하다는 것이었다. 이미 소비자층이 고령화되어 있던 작은 규모의 저가 브랜드였던 오일 오브 올레이(Oil of Olay) 브랜드가 전부였다. P&G

는 루비콘강을 건너, 오일 오브 올레이를 두 가지 가능성으로 설정했다.

① 로레알, 클라란스, 라프레리와 같은 경쟁자들의 브랜드 가치 수준으로 향상시킨다.
② 기존의 스킨케어 브랜드를 인수하기 위해 수십억 달러를 투자한다.

이런 설정 프레임은 담당자들이 현재 조직이 처한 위험의 크기를 내면화하는 데 큰 도움이 되었다. 이를 통해, P&G는 '문제에 대해 고민만 하는 수준'에서 '진지한 선택을 마주하는 수준'으로 진화할 수 있었다.

2단계. 전략적 가능성 도출

'선택이 필요하다'는 사실을 인식한 후에야 그들은 비로소 고려해야 할 모든 가능성에 눈을 돌릴 수 있게 된다. 이들 중에는 이미 알고 있던 선택들의 특정 버전일 수도 있다. 예를 들어, P&G는 오일 오브 올레이 브랜드를 현재의 가격대 시상에서 더 크게 육성하거나, 고급 시장으로 브랜드 가치를 올리거나, 그도 아니면 니베아(Nivea)를 소유하고 있던 독일 회사를 인수하거나, 클리니크(Clinique) 브랜드를 에스티로더(Estée Lauder)의 손에서 빼앗아올 수 있게 된다. 초기 선택들 이외에도 더 많은 가능성이 존재할 수도 있다. 예를 들면, P&G는 당시 잘 나가던 화장품 브랜드인 커버걸(Cover Girl)을 스킨케어 브랜드로 확장해서, 그 플랫폼을 통해 글로벌 브랜드를 구축할 수도 있었다.

전략적 가능성, 특히 완전하게 새로운 가능성을 구축해내는 것은 비즈니스 환경에서 궁극적인 창조 행위라고 할 수 있다. 뷰티업계 내에 있었던 어느 누구도 P&G가 올레이(Olay) 브랜드를 완전하게 재창조하고, 선도적인 명성을 보유했던 기존 브랜드들과의 경쟁에서 과감하게 정면 돌파할 것이라고 상상하지 못했을 것이다. 그런 창의적인 선택을 만들어내기 위해서는 무엇이 가능성을 만들어내는지에 대한 명확한 아이디어가 필요하다. 또한 상상력을 기반으로 일하지만 충분한 근거도 제시할 수 있는 팀을 가져야 하며 토론을 운영하는 강력한 프로세스도 가지고 있어야 한다.

희망하는 결과물을 도출할 가능성(possibility)은 본질적으로 한 기업이 염원하는 바람직한 결말을 의미한다. 이런 각각의 결말들은 회사가 어떤 시장에서 싸우고, 어떻게 그 전장에서 이길 수 있는지를 보여준다. 그 가능성은 내부적으로는 일관된 논리를 갖지만, 그 시점에서 바로 증명할 필요는 없다. 우리가 그 가능성이 유효하다고 상상하는 한, 성공의 마지노선은 통과한 셈이다. 확실한 증거가 필요하지 않은 이야기로 하나의 가능성의 특징을 잡아내면, 구성원들은 실행은 가능하지만, 아직 구체적으로 존재하지는 않는 것에 대해 논의하는 데 큰 도움이 된다.

아마도 성공 가능성에 대한 데이터를 제공하는 것보다, 그 가능성이 어떤 의미가 있는지 논의하는 것이 훨씬 더 쉬울 것이다. 대부분 가장 높은 수준의 가능성만 그려보고 싶은 유혹이 있다. 사업의 성공을 위해 구성원들은 '글로벌로 전진하자!'와 같은 모토나 '업계 1위 진입'과 같은 목표를 세우겠지만, 이는 전략적인 가능성을 포함하고 있지 않다.

저자는 이보다 팀이 달성하거나 활용하려는 자신의 경쟁우위들(advantages), 이 우위가 적용되는 범위(scope), 가치사슬 내 전반에 걸쳐 수행돼야 하는 핵심활동들(key activities)을 구체화해 보는 것을 추천한다. 이런 과정이 없다면 가능성에 내재되어 있는 논리를 풀고, 그 가능성을 이후의 검증과정에 적용하는 것이 불가능해진다.

담당자들은 자주 "얼마나 많은 숫자의 가능성들을 도출해내야 할까요?"라고 저자에게 질문한다. 그 대답은 맥락에 따라서 다르다. 어떤 산업은 행복한 결말을 전혀 제공하지 않는다. 이들에게는 좋은 대안들이 그리 많지 않다. 그 외의 기업들, 특히 많은 고객층을 보유하고 있는 기업들은 많은 잠재적 방향성들을 가지고 있다. 이 과정에서 대부분의 담당 팀들이 3~5개의 가능성을 깊이 있게 고민한다는 사실을 발견했다. 따라서 저자는 이 질문의 한 측면인 '담당 팀별로 반드시 두 개 이상의 가능성을 만들어내야만 한다'는 원칙을 매우 단호하게 고수한다. 단 하나의 가능성만을 분석하는 것은 최적의 행동을 도출하는 데 전혀 도움이 되지 않기 때문이다.

만약 본인들이 만들어낸 가능성이 하나도 없다면, 그들은 그 어떤 선택도 고민하거나 분석해서 직면하지 않았기 때문에, 진정한 전략 수립 프로세스를 시작하지 못하게 된다.

저자는 또한 현상이나 현재까지의 사업의 궤적들까지도 가능성에 포함해서 검토되어야 한다고 주장한다. 그래야만 현재 상태가 독자적으로 실행되려면 무엇이 필요한지 실무 팀 관점에서 검토하게 된다. 이를 통해 '최악의 경우, 지금까지 하던 대로 그대로 계속한다'라는 공통의 암묵적인 가정을 제거할 수 있게 된다.

현상 유지는 종종 쇠퇴의 길이 되기도 한다. 이것을 가능성에 포함시켜, 담당 팀은 현상에 대한 깊이 있는 조사와 잠재된 문제에 대한 의심의 과정을 거칠 수 있게 된다.

P&G의 실무팀은 현상 유지 외에도 다섯 가지 전략적 가능성을 제시했다.

[가능성1] 오일 오브 올레이 브랜드를 버리고, 글로벌 스킨케어 브랜드를 인수한다.

[가능성2] 오일 오브 올레이를 보급형 대중 시장 브랜드로 변화시키고, 자사 내 연구개발 기능을 활용해, 주름 개선 효과를 강화함으로써 노년층 소비자들에게 어필하는 전략을 구사한다.

[가능성 3] 오일 오브 올레이를 고급 브랜드로 진화시켜, 고급 브랜드 전문 유통 채널인 백화점과 뷰티숍에 입점시킨다.

[가능성 4] 오일 오브 올레이를 35~50세 사이의 여성들에게 어필할 수 있는 명성과 브랜드로 재창조하되, '명품'의 경험을 체감할 수 있도록 전통적인 소매파트너사들 안에 있는 전시 코너에서 판매한다.

[가능성 5] 커버걸 브랜드를 스킨케어로 확장한다.

지금부터는 전략적 가능성을 도출하기 위한 인원 구성 및 조직의 규칙을 살펴보겠다.

* 전략적 가능성 도출을 위한 인원 구성

전략적 가능성을 그려보는 임무를 맡은 구성원들은 반드시 다양한 전문성과 배경, 경험을 갖춘 사람들이어야 한다. 그렇지 않으면, 창조적인 가능성을 만들어내고, 각각의 가능성에 충분한 디테일의 살을 붙이는 작업이 어려워지기 때문이다. 저자는 가능한 옵션을 미리 생각하지 않은, 따라서 각 안(案)에 감정적으로 구속되지 않는 개인들을 포함시키는 것이 유용하다고 믿는다. 이를 위해 보통 회사 내 주니어 임원들을 참석시키는 것이 좋다. 또한 회사 외부의 인원들, 특히 우리 사업과 무관한 사람들이 가장 독창적인 아이디어를 내는 경우가 많다. 마지막으로, 여기에는 지원부서 구성원뿐만 아니라, 운영부서 실무진들도 포함시키는 것이 중요하다. 이를 통해 실무적인 지혜들을 모을 수 있고, 궁극적으로 최종 선택된 전략에 대한 배경 지식을 확보할 수 있다.

최적 인원의 규모는 조직과 문화에 따라 달라질 수 있다. 예를 들어, 포용적인 문화를 가진 기업은 대규모 그룹을 구성하되, 특정 가능성에 대해 논의할 수 있는 소그룹으로 구조화해 보는 것도 좋다. 8~10명 이상이 참여하는 그룹은 자체 검열 현상이 발생하는 경향이 있기 때문이다.

가장 연장자가 리더 역할을 하는 것은 그리 좋은 방법이 아니다. 평소와는 다르게 이번 논의해서는 상사 역할을 하지 않겠다는 의지를 다른 구성원들에게 확신시키기가 쉽지 않기 때문이다. 대신 명확한 선입견을 갖고 있지 않다고 여겨지는 내부의 주니어 구성원이 그 역할을 수행하는 것을 추천한다. 또한 우리 회사에 어느 정도 경험과 배경 지식이 있는 외부 퍼실리테이터를 활용해도 좋다.

* 전략적 가능성 도출 회의의 규칙

참여자들은 첫 번째 단계인 '가능성의 창조' 단계 이후 진행되는 '검증과 선택'의 단계로부터 엄격히 분리돼야 한다. 비판적 마인드를 가진 참석자들은 당연히 그 가능성이 효과가 없는 이유를 길게 나열하면서 새로운 아이디어를 제시할 것이다. 따라서 이 과정에서 리더 역할을 하는 사람은 각 가능성에 대한 검토과정이 이후 단계에 충분하게 이어질 것이라는 점을 끊임없이 상기시켜주어야 한다. 이번 단계에서는 일단 판단을 유보하자. 그럼에도 만약 누군가가 계속해서 비판을 한다면, 리더 역할을 하는 멤버는 그 비판자의 의견을 기본 조건으로 재구성해 다음 단계에 논의할 수 있도록 토론 안건에 포함해야 한다.

예를 들어, "고객들이 차등적인 가격을 절대로 수용하지 않을 것이다."라는 비판은 "이 가능성의 경우 고객이 차등적인 가격을 수용해야만 한다."라는 조건으로 재구성될 수 있다. 만약 이렇게 된다면 모든 가능성이 열리게 된다. 그러나 특정 참가자가 중요하다고 생각하는 의견을 무시한다면, 그 참가자는 논의의 프로세스에서 한 발짝 발을 빼게 될 것이다.

일반적으로 사람들은 단 한 번의 외부 브레인스토밍 회의를 통해 모든 전략적 가능성을 만들어내고 싶어 한다. 이런 외부 세션은 '마음의 습관'에서 벗어날 수 있는 특별한 장소에서 진행될 때 매우 효과적이다. 하지만 저자는 논의하는 팀들이 어느 정도 시간을 갖고 가능성의 생성 프로세스를 확산시킬 때 창의적으로 사고하며, 제대로 된 아이디어를 만들어내는 것을 목격해왔다. 모든 구성원에게 30~50분 동안 개인당 3~5개(또는 그 이상)의 가능성을 묘사하는 스케치를 해 보도록 하는 방식이 가장 효과적이었다. 가능성 묘사 스케치는 상세할 필요는 없다. 정말로 단순한 스케치 수준이어야 한다. 이 과정 후 전체 그룹(또는 소그룹)은 초기 가능성에 살을 입히는 과정을 진행한다.

가능성을 만들어내는 단계에서는 당연히 창의성이 중요하다. 그리고 많은 기법이 창의성 확장을 도와줄 수 있다. 저자는 다음의 3가지 탐색 질문이 특히 유용하다는 것을 발견했다.

첫째, **인사이드아웃 질문(Inside-out questions)**이다. 이는 회사의 자산과 역량에서 시작해 외부로 추론하는 것을 의미한다. "시장 일부에서 평가받을 수 있고 구매자 가치와 비용 사이에 우위를 점할 수 있는 우리 회사의 장점은 무엇인가?"와 같은 질문이다.

둘째, **아웃사이드인 질문(Outside-in questions)**이다.

이는 시장 내의 열린 부분을 찾는 질문이기도 하다. "아직 충족되지 못한 고객의 요구는 무엇이며, 고객들이 잘 표현하지 못하는 요구는 무엇인가? 또한 경쟁자들은 어떤 격차를 만들었는가?"와 같은 질문이다.

셋째, **파아웃사이드인 질문(Far-outside-in questions)**이다. 이는 유추적 추론(analogical reasoning)을 활용하는 질문이다. "업계에서 구글, 애플, 또는 월마트가 되려면 무엇이 필요한가?"와 같은 질문을 말한다.

그리고 다음 제시된 두 가지 기준이 충족되었음이 확인되면, 다음 단계로 나아갈 수 있는 충분한 가능성이 압축됐다는 것을 의미한다.

첫째, 현상 유지(the status quo)가 겉보기에는 그다지 매우 뛰어난 아이디어처럼 보이지 않는 경우이다. 이런 상황이라면 참여자들은 추가적인 가능성이 기존 질서에 의문을 갖게 할 만큼 충분한 호기심을 촉발시켰다고 믿어도 된다.

둘째, 적어도 제시된 가능성들 중 하나는 논의 그룹 전체를 불편한 마음이 들도록 만든 경우이다. 이런 상황이라면 현재 설정된 가능성이 실행 가능한 것인지 혹은 안전한 것인지를 질문해 볼 수 있을 정도로 충분히 현재의 상황과 차별화된 것임을 의미한다. 만약 이 둘 중 하나 혹은 둘 다 확인이 되지 않는다면, 추가적인 가능성을 좀 더 고민해 봐야 할 시점이라고 생각하면 된다.

P&G의 사례에서 불편한 가능성은 위에서 설명했던 네 번째 선택 옵션이었다. 그 옵션은 아직은 미약한 보급형 브랜드이지만, 이를 고급 백화점 제품과 경쟁할 수 있는 바람직한 플레이어로 변화시킨 후에 대규모 소매업체들이 열광적으로 지지할 수 있을 정도의 완전히 새로운 명품 제품군으로 성장시키는 것이었다.

3단계. 성공 가능성의 조건 구체화

이 단계의 목적은 최선의 선택을 하기 위해 각각의 가능성에 있어 '무엇이 사실이어야 하는지(what must be true)'를 구체화하는 것이다. 명심해야 할 것은 이 단계는 '무엇이 사실인지(what is true)'를 논쟁하는 단계가 아니라는 것이다. 다양한 가능성 뒤에 숨겨진 논리의 건전성을 탐색 및 평가하거나, 이후 나올 수 있는 논리를 지지 혹은 반박할 수 있는 근거들을 미리 고려해 보기 위한 의도가 아니다. 이 시점에서 증거를 검토하게 되면 전체 프로세스를 망치는 결과를 만든다. 이와 같은 단계 구분의 중요성은 아무리 강조해도 지나치지 않다. 가능성에 대한 논의가 '무엇이 사실인가'에 집중되면, 그 가능성에 대해 가장 회의적인 사람은 논쟁에서 빨리 벗어나기 위해 그 가능성을 집중적으로 공격한다. 그리고 그 가능성을 제안한 사람은 아이디어의 생존을 위해 논쟁을 회피하면서 감정적으로 옹호하게 된다. 그러면 결국 논의는 급박하게 돌아가고, 더 극단적인 말들이 오고 가다 구성원의 관계는 긴장 상태에 이르게 되어 이들 각각의 논리는 상대방에게 전혀 수용되지 않게 된다.

그 대신 **"무엇이 사실이어야 하는가"**에 집중해서 대화를 나누면, 제시된 특정 가능성에 회의적인 멤버들도 "내가 이 가능성에 확신을 갖기 위해서는 소비자들이 이런 유형의 제안을 받아들일 것이라는 예측에 대한 근거가 필요합니다."라고 말하게 될 것이다. 이런 반응은 "이 가능성은 절대로 시장에서 먹히지 않습니다."라는 답변과는 매우 다른 유형의 반응이다. 즉, 가능성을 제안한 자는 그 아이디어에 회의적인 회의론자들의 의구심을 이해하고, 이를 극복하기 위해 노력한다. 또한 회의적인 멤버들도 전면적인 비난보다는 자신의 회의적 의견에 대한 정확한 근거를 제시하려 할 것이다.

저자는 매력적인 특정 가능성이 반드시 충족돼야 하는 조건을 제시하는 프로세스를 개발한 적이 있다. (아래 별도로 제시된 '전략적 선택의 유효성 평가'를 참조 바란다) 이 조건은 산업, 고객가치, 사업모델, 경쟁자 등과 관련된 7가지 범주로 구분된다. 관리자들은 2단계 토론으로 넘어가기 전에, 현재 고려하고 있는 전략적 가능성을 명확히 설명하는 것부터 시작해야 한다.

전략적 선택의 유효성 평가

모든 가능성을 열거했다면, 각각의 가능성이 성공적으로 실현되기 위해 무엇이 사실이어야 하는지를 구체화하는 단계가 필요하다. 아래 그림은 필요한 조건을 표시하기 위한 구조를 제시하며, 실제로는 여러분들의 선택을 역설계하게 된다. P&G가 브랜드 이름을 바꾸고 제품의 포지션을 재설계한 오일 오브 올레이 브랜드를 이 구조에 적용한 사례도 다음에 제시된다.

* 프레임워크

이 옵션을 성공적으로 추진하려면 우리에게 어떤 조건이 이미 존재하며, 앞으로 어떤 조건이 만들어질 수 있다고 믿어야 할까?

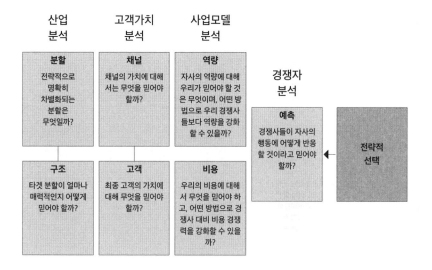

　　로저 마틴의 14가지 경영 키워드

* 올레이(Olay)의 '명품화' 옵션

당시 P&G가 고려했던 옵션은 '노화의 7가지 징후와 싸우겠다'는 약속과 함께 젊은 고객을 대상으로 올레이 브랜드를 재포지셔닝 하는 것이었다. 이 옵션에는 거대 유통업체의 제품들처럼 명품화 세그먼트(고급 제품을 기꺼이 구매하는 고객)를 만들기 위해 유통회사들과 파트너십을 구축하는 것들도 포함되었다. P&G는 이 옵션의 성공을 위해서는 다음과 같은 조건들이 이미 존재하거나 새로 만들어져야 한다고 결정했다.

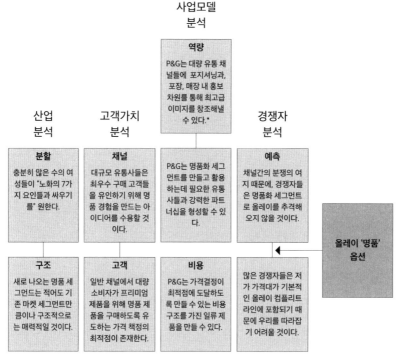

* 장애 조건: P&G 내 구성원들은 실현가능성이 낮다고 생각했다.

가능성 실현을 위한 조건 목록 만들기

전략적 가능성이 명확히 확인되었다면 이제부터는 목록을 만들어야 한다. 이 단계의 목적은 참여 중인 모든 구성원과 함께 가능성을 실현하기 위한 조건들을 열거해 보는 것이다. 이 조건들은 조건문이 아니라, 선언문으로 표현해야 한다. 예를 들어 '유통 협력사들이 우리를 지원할 것이다'라고 적어야지, '유통 협력사들이 우리와 협력한다는 조건에서는…'이라고 적어서는 안 된다. 이런 기술방식은 가능성에 대한 긍정적인 이미지를 그려보는 데 도움이 되고, 이 조건이 실제로 실현된다면 그 가능성은 논의의 장에 채택될 것이다.

또한 현재 논의되고 있는 가능성의 제안자가 대화를 지배하지 않도록 해야만 한다. 그러기 위해선 제시된 모든 조건을 목록에 열거해 보는 것이 좋다. 이 옵션의 가능성을 제안한 사람은 자신이 그와 같이 확신하는 이유를 제대로 설명해야 한다. 이 과정에서 조건의 사실 여부에 대해서는 질문을 받지 않는 것이 좋다.

논의 중인 각 구성원이 목록에 조건을 추가할 기회가 있을 때, 퍼실리테이터는 목록을 큰 소리로 읽고, 그룹 전체에게 "이 모든 조건이 사실이라면, 이 선택을 옹호하고 지지하시겠습니까?"라고 물어본다. 모두가 그렇다고 대답한다면, 이제는 다음 단계로 넘어갈 시점이다. 만약 어떤 멤버가 "아니요."라고 대답했다면, 나머지 구성원들은 "그렇다면 어떤 추가적인 조건이 필요한가요?"라고 물어야 한다. 이런 질문 조율은 모든 구성원이 긍정적인 답변을 할 때까지 계속되어야 한다.

다시 한번 강조하지만, 이 단계에서 각 조건이 사실인지 아닌지에 대한 의견 표명은 엄격하게 금지되어야 한다. 이 과정의 핵심은 모든 구성원이 고민 중인 각각의 가능성에 대해 논리적이면서도 감정적으로 동의할 수 있도록 '무엇이 사실이 될 필요가 있는가? (What would have to be true?)'에 대한 대답을 찾는 것이다. 현재 우리 조직이 실제로 이행 중인 전략도 이런 방식으로 다루어 보는 것이 중요하다.

저자는 현상 유지 옵션에 대한 수년 전의 한 토론이 기억에 남는다. 토론 종료 시점에 그 회사 사장은 자리에서 갑자기 일어나 미팅룸에서 뛰쳐나갔다. 그리고 10분 후 돌아왔을 때, 참석자들 모두 무슨 일인지 물었다. 그는 토론과정에 참여하면서 현재 상황이 얼마나 논리적으로 취약했는지 인식했다고 밝혔다. 그가 갑자기 달려나간 이유는 현상유지 관점에서 진행하던 수백만 달러의 프로젝트를 취소하기 위해서였다. 바로 그날이 프로젝트 결정의 마감일이었기 때문이다.

필수 조건을 위한 목록 정리하기

이전까지의 진행 과정은 일반적으로 다량의 숲을 한꺼번에 쏴 대는 행동이었으며, 생성된 목록은 '꼭 필요한 것'부터 '있으면 좋은 것'들까지 다양했다.

조건 목록이 완성됐다면, 이제 전체 참석자들은 잠시 휴식을 취한 후, "이 하나의 조건을 제외한 모든 조건이 사실이라면, 이 가능성을 제외할 것인가요? 아니면 여전히 실행 가능한 것으로 보시나요?"라고 질문하면서 항목을 검토해야 한다. 답이 '꼭 필요한 것'이라면 그 조건은 필수적으로 유지되어야 한다. 만약 그 조건이 '있으면 좋은 것'이라면 그 조건을 제거해도 된다.

이 단계의 목표는 생성한 조건 목록들이 실제로 구속력이 있는 목록인지 확인하기 위함이다. 이를 위해, 일단 검토를 완료한 후 "이 모든 조건이 사실이라면 이 선택을 옹호하고 지지할 것인가요?"라고 질문해야 한다. 만약 한 명이라도 지지를 거부한다면, 구성원들은 1단계 토론으로 돌아가서 처음부터 누락 되었거나 실수로 제거된 필요조건을 확인해서 다시 추가해야 한다.

토론 그룹은 모든 가능성을 열거하고 각 필수 조건들이 목록에 반영되었는지 확인한 후, 도출된 옵션을 최종 선택의 승인을 해줄 경영진들에게, 혹은 그 승인과정에 걸림돌이 될 수 있는 다른 사람들에게 전달해야 한다. 그리고 멤버들은 각각의 가능성에 대해, 논의 시 참여자들에게 했던 것과 동일한 질문을 해야 한다. "이런 조건들이 사실로 판명된다면, 여러분은 이 가능성을 선택하겠습니까? 그렇지 않다면 어떤 추가 조건을 포함하겠습니까?"라는 질문이다.

각 가능성에 대한 조건들이 최종 선택을 하기 전 분석을 위한 발언권을 가진 모든 사람의 눈에 잘 띄도록 하는 것이 이 과정의 핵심 목표이다.

4단계. 가능성 선택 시 넘어야 할 장애물 확인

이제는 도출된 조건에 비판적인 시각을 던질 타이밍이다. 이 단계의 핵심적인 기능은 '과연 어떤 것이 실현될 가능성이 가장 낮은지를 평가하는 것'이다. 이런 작업을 통해 가능성을 선택할 때 넘어야 할 장애물들을 정의해 볼 수 있다.

참여한 구성원들에게 특정 조건을 무조건 실행할 수 있는 보장권이 있다는 상상을 해 보라고 요청을 하자. 그리고 그 보장권을 어떤 조건에 적용하겠는지 묻는 것이다. 이 질문에 대한 답을 추론해 보자면, 그들이 위의 질문을 통해 선택한 조건은 현재 고려 중인 가능성을 선택하는 데 가장 큰 장애물일 것이다. 이 단계에서 나온 산출물은 각 가능성별 장애물들을 순서대로 정리한 목록이 된다. 그리고 이들 중 2~3가지는 참여자들이 가장 우려하는 목록이 될 것이다. 특정 조건의 순서에서 순위의 의견이 일치하지 않으면,

동일한 순위를 매겨도 무관하다.

이때는 주어진 조건의 실현 여부에 대해 가장 회의적인 참여자들에게 더 세밀한 주의를 기울이는 것이 좋다. 그 사람은 옵션을 선택하고 추구하는 과정에서는 다소 거슬리는 장애물이 될 수 있지만, 문제의 여지가 있을 가능성을 확인하기 위해서는 매우 귀중한 장애물이 된다. 참여자들은 자신의 고민을 숨기기보다는 적극적으로 제기할 수 있도록 독려 되어야 한다. 단 한 사람이라도 주어진 상황을 우려한다면, 그 조건을 목록에 포함시켜야 하기 때문이다. 또한 모든 참가자가 제시한 회의적 시각들이 논의과정에서 열거되고 신중하게 고려된 이후라면, 그들은 논의과정과 결과에 대해 자신감을 갖게 될 것이다.

P&G의 뷰티케어 팀이 올레이 매스티지(Olay Mass-tige)의 가능성을 위해 제시한 9가지 조건들을 검토할 때, 참여자들은 6가지 조건은 충족될 것이라고 확신했다.

① 잠재고객 분류가 타깃팅 할 가치가 있을 정도로 중요했다.
② 그 분류는 적어도 현재 고객 대상 시장만큼이나 구조적으로 충분히 매력적이었다.
③ P&G는 주요 중저가 명품 업체들보다 다소 낮은 가격의 비용으로 제품을 생산할 수 있는 역량이 있었다.

④ 유통회사들이 원한다면 그들과 파트너십을 구축할 수 있는 역량을 보유한 상태였다.
⑤ 명품 경쟁자들은 이 전략을 따라 할 수 없었다.
⑥ 일반 대중을 타깃으로 하는 경쟁자들도 이 전략을 쉽게 카피할 수 없는 상황이었다.

하지만 다음의 3가지 조건들은 논의 참여자들을 걱정하도록 만들었다.

⑦ 기존 물량 위주 채널 고객들은 새로 설정된 상대적으로 높은 가격을 수용해야 한다.
⑧ 기존 물량 위주 채널 경쟁자들은 새로운 명품 세그먼트를 경쟁적으로 만들 것이다.
⑨ P&G가 명품과 유사한 브랜드 포지셔닝, 제품 포장, 점포 내 판매촉진 등의 요소를 하나로 묶어 낼 수 있어야 한다.

5단계. 장애 조건에 대한 검증 설계

예측 가능한 주요 장애 조건들을 구분하고 목록화한 후, 참석자들은 해당 조건들이 실현 가능성이 있는지 확인하기 위한 검증을 해야 한다. 이 검증을 위해서는 고객을 대상으로 설문조사를 실시하거나, 특정 공급업체와 면담을 진행하는 방법 등이 포함될 수 있다. 수천 개의 숫자를 처리하거나, 전혀 정량적 요소가 없는 작업을 진행할 수도 있다. 어떤 방법을 선택하든, 가장 중요한 핵심은 모든 참여자가 그 검증과정이 유효하다고 믿으며, 지금 논의하고 있는 가능성을 폐기하거나, 반대로 확실히 수용할 근거를 충분히 확보하는 것이다.

주어진 조건에 대해 가장 회의적이었던 구성원은 그 조건에 대한 검증을 설계하고, 적용하는 데 주도적 역할을 해야 한다. 아마도 이 구성원이 증명을 위한 가장 높은 수준의 기준을 갖고 있을 가능성이 높기 때문이다. 가장 회의적인 사람이 만족한다면, 모든 구성원이 만족할 가능성이 높다. 물론, 이 회의적인 구성원들이 절대 달성할 수 없는 높은 기준을 설정해버리는 건 아닌지 걱정할 수도 있다. 하지만, 실무에서는 다음 두 가지 이유로 그런 일은 절대 일어나지 않는다.

첫째, 일반적으로 사람들은 자신들의 의견이 충분히 받아들여지지 못한다고 느낄 때, 극단적으로 회의적인 시각을 보인다. 일반적인 수용과정에서 이런 걱정들은 가능한 신속하게 밀어내야 하는 장애물이다. 위에서 설명한 가능성 기반 접근법은 이런 우려를 가진 사람들이 제대로 느낌을 공유하고, 자신의 의견을 펼치도록 보장한다.

둘째, 상호 간에 확증된 파괴의 망령 때문이다. 예를 들어보자. 저자는 A의 가능성은 의심하고 있지만, B의 가능성은 무척 선호한다. 반면에 여러분은 A의 가능성에 대해서는 의심을 거의 하지 않지만, B의 가능성에는 심각한 망설임을 가지고 있다. 저자는 A의 가능성에 대한 장애 조건을 설정할 때, 여러분들은 B의 가능성에 대한 장애 조건 검증을 할 것이라는 것을 인식하면서 설정하게 된다. 만약 저자가 너무 높은 수준의 기준을 설정한다면, 여러분도 분명히 그렇게 할 것이다. 그러므로 공정하고 납득할 수 있게 설정하는 것이 가장 현명한 접근법이다.

6단계. 가능성 기반 접근법으로 검증 수행

이 단계는 저자가 일반적으로 '게으른 사람의 선택 접근법(the lazy person's approach to choice)'이라고 부르는 방법론이 필요하다. 검증과정은 일반적으로 전체 프로세스에서 가장 많은 비용과 시간이 소요되지만, 이 접근법을 적용하면 상당한 자원을 절약할 수 있다. 이 방법론을 통해 논의된 목록들은 확실성을 기준으로 낮은 순부터 검증할 것을 추천한다. 즉, 참여자들이 유지될 가능성이 가장 낮다고 생각하는 항목부터 검증하는 것이다. 참여자들의 의문을 제기하는 부분이 옳다면, 추가적인 검증 없이도 해당되는 가능성을 제거할 수 있다. 해당 조건이 검증을 통과하면, 다음으로 가능성이 낮은 조건이 검증된다. 일반적으로

이 단계에 여러분들은 우선순위를 미세조정하고 검증을 함께 수행할 수 있는 외부의 전략팀(예를 들어, 컨설턴트, 기능조직이나 지역조직의 전문가들)을 초대할 수 있다. 이런 인원들은 오직 검증 수행에만 집중하게 해야 한다. 이들에게 이전에 작업했던 해당 조건의 재검토를 요구해서는 안된다. 실제로 가능성 기반 접근법의 백미는 적절한 비용과 시간 투자로 외부의 자원을 활용할 수 있다는 점이기 때문이다.

가능성 기반 접근법은 전략 컨설턴트가 표준적인 분석을 병행하며 수행하는 일반적인 프로세스와 크게 다르다. 일반적인 컨설팅에서는 수많은 분석(따라서 비용이 많이 드는) 과정을 거치지만, 이 분석의 대부분은 의사결정에 필수적이지 않거나 심지어 유용하지 않은 점도 있다. 또한 고민의 너비만 고려한 나머지 고민의 폭은 종종 간과되기도 한다. 분석의 폭이 1Km인데, 분석의 깊이는 1cm인 경우가 많은 것이다. 올바른 선택을 만들기 위해서는 1cm의 너비와 1Km 깊이의 분석이 필요하다. 즉, 참여자들이 옵션을 선택하는 것을 방해하는 우려 사항에 집중해서, 그들의 증거 기준에 부합할 정도만 철저하게 탐색 되어야 한다.

가능성 기반 접근법은 이것을 가능하게 해준다. P&G의 뷰티케어팀에게 올레이 명품의 가능성을 탐색할 때 가장 도전적인 조건은 '가격'이었다. 이들은 조건의 검증과정을 통해 과학적이면서도 가설기반의 접근법을 잘 활용하는 능력을 보여주었다. 올레이의 연구개발 매니저인 조 리스트로(Joe Listro)는 진행 과정을 다음과 같이 설명한다.

"우리는 신규 올레이 제품을 12.99달러와 18.99달러의 프리미엄 가격대로 검증을 시작했고, 매우 다른 결과를 도출했습니다. 12.99달러에 구매 의사를 밝힌 고객들은 대부분 대량구매 고객들이었습니다. 하지만 그 가격대가 좋다고 응답한 백화점 구매고객은 거의 없었습니다. 이에 기초해서, 우리는 각 채널 내 응답 고객 수를 재조정해서 다시 검증했습니다. 그 결과, 15.99달러에서 구매 의도는 급격하게 떨어졌고, 18.99달러에서 다시 올라갔습니다. 결국, 12.99달러는 호응이 좋았고, 15.99달러는 달가워하지 않았지만, 18.99달러는 최고의 반응을 보였습니다."

연구팀은 18.99달러라는 지점에서 고객들이 명품 백화점과 전문판매점에서 할인점, 약국, 편의점으로 건너가 올레이 제품을 구매하고 있다는 사실을 알게 되었다. 이처럼 가격은 아주 명확하게 올바른 메시지를 보낸다. 백화점 구매고객들에게 18.99달러는 그 제품이 높은 가치가 있으며, 신뢰할 수 있는 수준의 가격이었다. 대량 구매고객들에게는 프리미엄 가격을 통해 이 제품이 이 선반에 있는 다른 어떤 제품보다 좋은 제품이라는 신호를 보냈다. 이와는 대조적으로 15.99달러 지대는 말 그대로 불모지였다. 대량 구매자들에게는 차별화 요소가 없었고, 프레스티지 고객들에게는 충분히 만족스럽지 않은 가격대였다. 연구팀이 여러 가격대에서 집중적인 검증을 하는 데 이렇듯 주의를 기울이지 않았다면 이런 결과는 결코 도출되지 못했을 것이다.

검증과정에서 모든 불확실성을 완벽히 제거할 수 없다는 점을 이해하는 것도 중요하다. 가장 좋은 성과가 예측되는 가능성이라도 약간의 위험요소를 가지고 있을 수 있다. 이것이 바로 현상에 대해 검증 가능한 조건을 설정하는 것이 중요한 이유이다. 검증팀은 그 이후에 현상으로부터 모든 리스크를 완벽하게 분리해낼 수 없다는 것을 알게 된다. 검증팀은 가장 성과가 높을 수 있는 가능성을 존재하지도 않은 '리스크 제로'의 가능성과 비교하는 오류를 범할 수 있었다. 그 대신에, 가장 유망한 가능성의 리스크를 현재 상태에 존재하는 리스크들과 비교할 수 있었고, 그런 맥락에서 올바른 의사결정에 도달할 수 있게 된다.

7단계. 최종적 전략 선택

전통적인 전략선택의 과정에서 최종적으로 전략을 선택하는 일은 참 어렵고 험난한 과정이다. 일반적으로 의사결정자들은 외부의 시장 분석이 담긴 바인더를 전략적 선택의 옵션으로 활용한다. 전략을 선택할 때 리스크가 높고 내부 구성원들의 개별 의견들이 합리적으로 모아지지 않기 때문에, 전략선택 회의는 강한 선입견을 가진 경영진들 간의 협상으로 끝나버리는 경우가 많다. 그리고 회의가 끝난 직후부터 그 결정에 회의적이었던 사람들은 그 결정을 깎아내리기 시작한다. 하지만 가능성 기반 접근법을 사용하게 되면 선택 단계가 매우 단순해진다. 참여자들은 지금까지의 분석적 검증 결과를 리뷰하고, 소수의 중요 장애 요인들에 직면한 가능성을 선택하기만 하면 된다. 물론 이 간단한 선택 과정에 실망하는 구성원도 있을 수 있다. 하지만 가능성 기반 접근법을 통해서 선택된 전략은 놀라울 정도로 대담하다. 올레이의 사례를 생각해 보자.

P&G는 결국 올레이 토탈 이펙트(Olay Total Effects)라는 고급 제품을 18.99달러에 출시하기로 결정했다. 한때는 '노부인들만을 위한 오일'로 취급받던 브랜드가 백화점 브랜드에 근접한 가격대의 명품으로 진화한 것이다. 이와 같은 명품 전략은 예상을 뛰어넘는 성공을 거두었다. 일반 대중을 소비자로 하는 소매 유통회사들은 이 제품을 선호했고, 신규 고객들도 스토어에서 새로운 가격대로 제품을 구매하는 것이 목격되었다. 미용 잡지 편집자들과 피부과 의사들도 가격이 적정하고 효과적인 제품 라인업을 가진 브랜드라며 진정한 가치를 인정해주었다.

토탈 이펙트에서 시작한 P&G의 올레이 브랜드는 10년도 채 지나지 않아 리제너티스트, 디피니티, 프로엑스로 이어지는 일련의 '부티크' 제품군을 출시해, 연간 25억 달러의 매출을 기록했다. 결과적으로 더 많은 프레스티지 고객들이 몰려들었고, 결국 제품가격은 50달러에 도달하게 된다.

여기에 요약된 가능성 기반 접근법은 깔끔하게 정리되어 있어 어렵지 않은 것처럼 보인다. 하지만 많은 담당자들은 대부분 최종적으로 가장 가능성 있는 전략을 선택하는 데 상당한 어려움을 겪는다. 왜 그럴까? 이는 메커니즘이 난해해서가 아니라, 이 접근법을 수행하기 위해서는 다음 3가지의 근본적인 사고방식의 변화가 필요하기 때문이다.

첫째, 초기 단계에서 '우리는 무엇을 해야 할까?(what should we do?)'라고 질문하는 대신에 '우리는 무엇을 할 수 있는가?(what might we do?)'라고 질문해야 한다. 담당자들, 특히 자신이 결정능력이 있다고 자부하는 사람들은 자연스럽게 전자의 질문에 몰두하고, 후자의 질문을 다룰 때는 안절부절못한다.

둘째, 진행의 중간단계에서 담당자들은 '나는 무엇을 믿고 있는가?(What do I believe?)'라는 질문에서 '나는 무엇을 믿어야 할까?(What would I have to believe?)'라는 질문으로 전환해야 한다. 이를 위해서는 담당자들에게 비록 자신이 좋아하지 않는 것이라도 좋은 아이디어라면 각각의 가능성을 상상해 보기를 권한다. 물론 이런 사고방식을 모든 사람이 보유하고 있지는 않다. 하지만 이 사고방식은 가능성을 제대로 검증하기 위해 꼭 필요하다.

마지막으로, 가능성 기반 접근 방식은 핵심적인 조건과 검증을 선택하는 일에 참여자 전원이 집중하면서 경영자들이 '정답이 무엇일까?'라는 질문에서 벗어나는 대신에 **'올바른 질문은 무엇일까? 좋은 결정을 내리기 위해서 구체적으로 무엇을 알아야 할까?'**에 집중할 수 있도록 돕는다. 저자의 경험에 의하면, 대부분의 경영자들은 질문하기(특히 타인의 관점에 대해 질문하기)보다는 자신의 견해를 옹호하는 데 더 능숙하다. 하지만 가능성 기반 접근 방식은 전체 팀의 질문능력에 의존하고 있으며, 이 질문능력을 더 촉진시킨다. 과학적이기를 지향하는 어떤 프로세스에서도 진정한 질문은 그 중심에 위치하고 있어야 한다.

> * 이번 장은 <하버드 비즈니스 리뷰>(2012년 9~10월호)에 A.G. 라플리와 저자를 포함한 4명이 공동 기고한 '과학으로서 전략에 예술을 도입하기(Bringing Science to the Art of Strategy)'의 내용을 수정 및 보완한 것이다.

5장.
데이터(Data) :
관능적인 메타포 시대의 세레나데를 부르며

"위대한 선택을 가능하게 하는 것은
데이터가 아닌 상상력이다."

경영 실무자들과 연구자들은 '경영학은 과학이며, 경영 의사결정은 면밀한 데이터 분석을 기반으로 이뤄져야 한다'는 믿음을 갖고 있다. 빅데이터가 폭발적으로 증가하면서 '경영은 과학이다'라는 믿음은 더욱더 강해졌다. 글로벌 회계 법인 EY(Ernst & Young Global Limited)의 최근 설문조사에 따르면 경영진의 81%가 "모든 의사결정의 중심에는 빅데이터가 있다."고 답했다고 한다. 이는 EY가 "빅데이터는 '감'에 의존한 의사결정을 대체할 수 있다."고 자신 있게 주장하는 계기를 만들어줬다. 경영자들은 이러한 주장이 매력적이라고 생각한다. 이들 중 다수는 응용과학 분야 출신이며, MBA 학위를 갖고 있을 가능성이 높다. 미국의 경영학자 프레드릭 윈슬로 테일러(Frederick Winslow

Taylor)가 '과학적 경영'을 도입했던 20세기 초에 시작된 바로 그 학위이다. 이로 인해 경영계에는 MBA 졸업생들이 넘쳐나기 시작했는데, 미국에서만 연간 15만 명의 졸업생이 배출된다.

MBA는 지난 60년 동안 경영학을 자연과학으로 바꾸기 위해 노력해 왔다. 이러한 노력은 상당 부분 1959년 포드와 카네기 재단이 내놓은 미국 경영학 교육 현황 보고서로부터 촉발된다. 경제학자 출신으로 구성된 이 보고서 작성자들은 MBA 과정이 자격이 부족한 학생들로 채워졌으며, 경영학 교수들이 다른 사회과학 분야들에서는 수용된 자연과학의 엄밀한 연구방법론을 거부했다고 주장한다. 요컨대, 경영 교육은 충분히 과학적이지 않았다는 것이다. 포드 재단이 학술지 창간을 지원하고, 하버드경영대학원과 카네기 공대(Carnegie Institute of Technology)(카네기멜런대의 전신), 콜롬비아대, 시카고대의 박사과정 프로그램의 설립 자금을 댄 것도 이러한 약점을 보완하기 위해서였다.

그렇다면 여기서 잠시 고민을 해 보자. 경영학이 과학이라는 것은 과연 사실일까? 또한 데이터 분석과 지적 엄격성을 동일시하는 행동이 올바른 것일까? 앞으로 설명하겠지만, 만약 위의 질문에 대한 답이 둘 다 '아니오'라고 한다면 경영자들은 어떻게 의사결정을 내려야 할까? 저자는 **데**

이터분석에는 좀 덜 의존하고, 상상력과 실험, 의사소통에 좀 더 의존하는 전략 수립과 혁신을 위한 대안적인 접근 방법을 제시해 보려 한다. 그러기에 앞서 먼저 과학이 어디서, 또는 누구로부터 시작됐는지 생각해 보자.

과연 비즈니스는 과학인가?

우리가 과학이라고 생각하는 개념은 아리스토텔레스로부터 시작됐다. 그는 플라톤의 제자로 인과관계와 이를 증명하는 방법론에 대해 처음으로 글을 썼다. 이 글이 '실증(demonstration)' 또는 '증거(proof)'를 과학의 목적이자 '진리'의 궁극적인 기준으로 만들었다. 이처럼, 아리스토텔레스는 과학적인 탐구에 대한 접근방식의 창시자였다. 그리고 갈릴레오와 베이컨, 데카르트, 뉴턴 등이 2000년 후에 이 방식을 '과학적 방법론(the Scientific Method)'으로 공식화했다.

과학이 사회에 미친 영향은 아무리 강조해도 지나치지 않다. 아리스토텔레스의 방법론에 뿌리를 둔 계몽주의 시대의 과학적 발견은 이후 산업혁명과 전 세계적인 경제 발전으로 이어졌다. 과학은 문제를 해결하고, 세상을 더 나은 곳으로 만들었다. 우리가 아인슈타인과 같은 위대한 과학자를 현대판 성인(聖人)으로 생각하는 것은 그리 놀라운 일이 아니다. 과학적 방법을 다른 형태의 탐구에 대한 기준으로 보게 된 것과 '사회학 연구'가 아닌 '사회과학 연구'로 부르는 현실과도 맥을 같이 한다.

하지만 아리스토텔레스는 우리가 과학적 방법을 너무 과도하게 적용하는 것은 아닌지 우려하고 있을지도 모른다. 그는 자신의 접근 방법을 정의할 때, 이를 어디에 사용해야 하는지에 대한 명확한 범위를 설정했다. 그건 '다른 방식으로는 설명할 수 없는' 자연 현상을 이해할 때였다. '왜 태양은 매일 떠오르고, 월식은 어떤 과정을 거쳐 일어나며, 왜 물체는 항상 땅으로 떨어지는 것일까?' 이런 것들은 인간의 통제 범위를 넘어서는 것이며, 과학은 이러한 일들이 왜 일어나는지에 대한 연구의 과정이자 결과이다.

아리스토텔레스는 절대로 모든 일이 필연적이라고 주장하지는 않았다. 오히려 그는 인간의 자유 의지와 미래를 근본적으로 바꿀 수 있는 선택의 힘을 믿었다. 다시 말하자면, 인간은 수동적으로 존재하기보다는 자신이 존재하고 싶은 세상을 위해 많은 것을 스스로 선택한다. 이러한 인간의 선택에 따라 세상의 많은 것들은 변할 수 있다. 그는 "우리가 결정하고, 그 결정에 대해 의문을 제기하는 행동은 우리에게 대안적인 가능성을 제시한다. (중략) 우리의 모든 행동은 우발성을 가지고 있다. 그 어떤 무엇도 필요에 의해 결정되지는 않는다."고 말한다. 그는 이런 가능성의 영역이 **과학적인 분석에 의해서가 아니라 인간의 '발명과 설득'에**

의해 변한다고 믿었다.

저자는 이 말이 경영전략과 혁신에 관한 의사결정을 할 때 특히 적합하다고 생각한다. 과거의 역사를 분석하는 것만으로는 미래의 계획을 세우거나 변화를 유발할 수 없기 때문이다. **고객의 행동은 과거 행동에 기반한 분석만으로 출시된 제품을 통해서는 절대로 변하지 않는다.** 하지만 그런 고객의 습관과 경험을 변화시키는 것이 경영혁신이 수행해야 할 일이다.

스티브 잡스(Steve Jobs)나 스티브 워즈니악(Steve Wozniak) 같은 컴퓨터 분야의 선구자들은 인간이 상호작용하고 사업을 수행하는 방식을 혁신적으로 바꾼 새로운 제품을 만들었다. 그보다 훨씬 이전에 생산된 철도, 자동차, 전화 등의 제품들도 모두 과거의 데이터 분석으로는 전혀 예측할 수 없었던 거대한 인간행동 및 사회적 변화를 유발했다. 분명한 것은 이런 혁신가들의 창조물에 과학적 발견들이 포함되기는 하지만, 그들의 진정한 천재성은 이전에 전혀 존재하지 않았던 제품이나 프로세스를 상상하는 능력에 있다. **즉, 모든 것을 가능하게 했던 것은 다름 아닌 상상력이다!**

현실 세계는 절대로 피할 수 없는(필연적인) 과학의 법칙에 의해서만 결정되지 않는다. 피할 수 없다고 믿는다면,

진정한 혁신의 가능성을 부정하게 된다. 경영 의사결정에 오직 과학적 방법론만 적용하게 되면 심각한 한계에 이르게 될 것이며, 경영자들은 이런 한계를 명확히 인식해야 한다.

과학으로 접근한 필연성(necessity)
vs. 상상력으로 접근한 가능성(possibility)

모든 상황에는 우리가 변화시킬 수 있는 요소와 변화가 불가능한 요소가 공존한다. 이때 중요한 기술은 이들의 차이점을 발견해내는 것인데, 이를 위해 경영자들은 다음과 같은 질문을 해야 한다.

'현재 우리가 처한 상황이 가능성(더 나은 방향으로 변화시킬 수 있는 요소)에 의해 지배되고 있는가, 아니면 필연성 (변화가 불가능한 요소들)에 의해 지배되고 있는가?'

여러분들이 플라스틱 용기에 담긴 생수 제조 라인을 만들 계획이라고 가정해 보자. 일반적인 표준 방법은 '병의 재료(작은 크기의 두꺼운 플라스틱 튜브)'를 가져와 가열하고, 공기압력을 이용해 병 모양으로 성형한 다음, 굳을 때까지 식힌 후, 마지막에 생수를 채우는 방식이다. 전 세계

수천 개의 생수 제조 라인이 이런 방식으로 구축되어 있다. 이 과정의 개별 단계는 달라질 수 없다. 원재료를 얼마나 가열해야 늘어나는지, 병 모양을 성형하기 위한 적정 공기압은 얼마인지, 성형된 플라스틱 용기를 식히는 데 얼마의 시간이 소요되는지, 용기에 생수를 주입하는 데 얼마의 시간이 걸리는지와 같은 항목은 오직 열역학과 중력의 법칙에 의해 결정되며, 경영자들이 이를 변화시키기는 힘들다. 하지만 경영자들이 변화시킬 수 있는 다른 항목은 꽤 많다. 비록 과학의 법칙들이 개별 단계를 지배하지만, 이 생산 단계를 과거 수십 년 동안 진행된 방식대로만 따라야 할 필요는 없다.

리퀴폼(LiquiForm)이라는 회사는 이런 의문에 대한 답을 실현했다. '공기를 이용해 병 모양을 형성하지 않고, 그 두 단계를 하나로 결합할 수는 없을까?' 결국 이 아이디어는 완전하게 실행 가능한 것으로 판명되었다.

경영자는 모든 의사결정 상황에서 '가능성'과 '필연성'을 구분한 뒤 논리 검증을 해야 한다. 초기 가설에서 특정 요소가 '변화가 불가능한' 필연적인 것이라면, 경영자는 이 자연의 법칙이 시사하는 바에 대해 질문해야 한다. 필연적이라는 근거가 명확하다면, 이에 대한 최선의 방법은 현상 최적화 방법론을 적용하는 것이다. 이때는 과학이 주인공이 되어 최선의 선택을 위한 데이터 및 분석 도구를 활용해야 한다.

이와 유사한 방식으로 경영자는 '가능성'으로 분류된 요소들의 논리를 검증해야 한다. 행동이나 결과가 이전과는 달라질 수도 있다는 가능성을 뒷받침하는 근거가 충분히 강하다면, 이때는 상상력을 최대한 발휘해서 자사의 서비스를 분석해야 한다. 데이터가 존재한다는 사실 자체가 결과가 달라질 수 없다는, 즉 '필연성'의 영역이 아니라는 점을 반드시 기억해야 한다.

데이터는 논리가 아니다. 실제로 기업의 가장 수익성 높은 사업 운영은 대부분 기존의 증거들을 부정할 때 실현된다.

레고(Lego Brand Group)의 사장이었던 외르겐 비크누드스토르프(Jørgen Vig Knudstorp)는 이에 대한 좋은 예를 제시한다. 2008년 그가 CEO였을 때, 일반적으로 여자아이들은 남자아이들에 비해 장난감 블록에 별로 관심이 없었다. 레고 사용자의 85%가 남자아이들이었던 탓에, 여자아이들에게도 레고에 대한 관심을 갖게 만들려는 모든 시도를 해 보았으나 번번이 실패했다. 회사 내 모든 경영진은 '여자아이들이 레고 블록을 가지고 놀 가능성은 원래 낮다'고 믿었다. 경영진들에게 이것은 변화시킬 수 없는

'필연성' 영역이었다. 하지만 크누드스토르프 사장의 생각은 달랐다. 문제의 원인은 레고가 소녀들에게 블록 장난감을 가지고 놀 수 있는 영감을 아직 찾아주지 못했기 때문이라고 생각했다. 그의 이런 직감은 정확하게 맞아떨어졌고, 2012년 레고 프렌즈 시리즈는 초유의 히트를 치게 된다.

위의 레고 사례는 데이터가 하나의 증거에 불과하며, 그 데이터가 무엇을 입증하는 것인지 항상 불명확하다는 사실을 잘 보여준다. 더구나, '특정 데이터가 없다'는 사실 자체가 '가능성' 영역임에 주목해야 한다.

여러분들이 만약 미래의 성과와 행동에 대해 논의하고 있다면, 당연히 사전에 명확한 증거는 존재하지 않는다. 따라서, 진정으로 엄격한 기준에 의해 판단하는 경영자라면, 데이터가 제시하는 것 이면의 '가능성' 영역에서 일어날 수 있는 일들도 고려해야 한다. 이를 위해서는 기존의 '분석'과는 매우 다른 과정인 **상상력 훈련(the exercise of imagination)'**이 반드시 필요하다. 또한 '가능성'과 '필연성'의 구분은 일반적인 사람들이 생각하는 것보다 훨씬 더 유동적이다. 혁신가들은 불가능에 도전하는 것에 익숙하며, 보통 사람들보다 그 한계를 훨씬 잘 뛰어넘는다.

'현상 유지' 관념 깨트리기

새로운 '가능성'에 대한 상상을 위해서는 먼저 '현상 유지(status quo)'라는 관념을 깨는 행동이 필요하다. 이는 늘 유일한 방법처럼 느껴지고, 좀처럼 파괴되기 힘든 관념이다. 저자는 최근에 한 비영리 단체 프로젝트를 진행하는 컨설팅사를 자문하면서, '현상 유지 함정(the status quo trap)'의 좋은 예를 발견했다.

이 비영리 단체는 특정 프로그램의 직접비용은 충분한 지원을 받고 있었지만, 간접비용은 지원이 부족해 고군분투하는 '보릿고개' 위기에 직면해 있었다. 대규모 민간 재단들은 자선단체들이 라틴아메리카에서 진행 중인 여학생 교육프로그램을 사하라 이남의 아프리카까지 확장하는 사업에는 충분한 자금을 지원했다. 하지만 사업 운영을 위한 간접비나 초기 사업 개발 비용을 지원하는 것에는 제약이 많았다. 이런 현상은 일반적인 기부자들이 간접비용에 대해서는 상대적으로 낮은 기준을 임의적으로 설정하기 때문이다. (실제 사업 운영 시 대부분의 프로그램에서 간접비용이 40~60%를 차지할 경우라도, 단지 10~15%만 간접비용으로 인정된다.)

이 단체를 자문하는 컨설팅 회사는 문제를 바라보는 고정관념(Framing)을 그대로 받아들였고, 간접비용에 할당된 비율을 증가시키도록 기부자들을 설득하는 것을 전략과제로 설정했다. 간접비용을 보는 관점을 '기부자들에게서 최종 수혜자들에게 제공되어야 할 혜택의 일부를 빼돌리는 필요악'이라는 이전의 프레임을 그대로 유지한 것이다.

이에 저자는 기부자들에게 간접비용 비율을 올려야 할 필요성에 대해 설득하기보다는 기부자들에게 사업을 위해 지출되는 비용에 대한 항목을 잘 설명하면서 자신들이 가지고 있는 고정관념이 맞는지 확인해 볼 것을 권유했다.

컨설팅사 관계자들은 기부자들의 의견을 청취하는 과정에서 매우 놀라운 사실을 알게 되었다. 기부자들은 비영리단체가 겪는 '보릿고개' 현상을 이미 알고 있었고, 비용 부족 현상을 매우 안타까워하고 있었다. 문제는 기부자들이 이런 간접비용을 수혜 기관이 제대로 관리하고 있는지를 불신하고 있었다는 점이다. 결국 컨설팅사는 기부자들의 의견을 수렴한 뒤, 자신들의 잘못된 프레임에서 벗어날 수 있었고, 해당 조직의 비용관리 역량을 재구축하고 기부자들의 신뢰를 강화할 수 있는 광범위한 프로세스 개선 관점의 솔루션을 제안했다.

이해관계자의 의견을 경청하고 공감하는 것이 공식적인 설문조사나 데이터 분석만큼 체계적이지도, 타당성이 높게 보이지도 않을 수 있다. 하지만 이런 방법은 실제로 인류학자, 민족지학자, 사회학자, 심리학자들을 포함한 많은 사회과학자들에게는 매우 익숙하면서도 깊은 통찰력을 제공하는 검증된 방법이다.

많은 경영자들은 특히, 혁신과 관련된 사고나 고객 중심 접근법을 위해 인간행동을 이해하고자 할 때, 질적 연구방법에 기반한 관찰 연구가 중요하다는 사실을 인식하고 있다. 예를 들어, 레고 사례에서 크누드스토르프 사장이 처음에 했던 질문을 통해 4년간의 민족지학 관점의 연구가 진행되었고, 그 결과 여자아이들이 남자아이들보다 협동 놀이에 더 관심이 많다는 사실을 발견하게 된다. 이런 발견을 통해 레고는 협동을 통해 무언가를 만드는 장난감이 여자아이들에게도 충분히 매력적임을 알 수 있었다.

이처럼 연구방법론 차원에서 민족지학적 연구는 강력한 도구이다. 하지만 이는 새로운 틀을 제시하는 출발점에 불과하다. 여러분들은 최종적으로 지향하는 바에 대해서 실행계획을 수립하는 구성원들도 이 비전에 동참시켜야 한다. 이를 위해서는 지금까지 우리를 가둬왔던 고정관념의 틀을 대체하는 새로운 서사구조(narrative)를 만들어야 한다. 이런 '이야기'를 만드는 과정은 자연과학의 원리와는 다른 원리를 갖고 있다. 자연과학은 세상을 있는 그대로만 설명하지만, 이야기는 아직 존재하지 않는 세상을 설명할 수 있어야 한다.

설득력 있는 서사구조 만들기

믿기 어렵겠지만, 우리에게 과학적 방법론을 제공한 바

로 그 철학자, 아리스토텔레스는 설득력 있는 서사구조(이야기)를 만드는 방법도 제시했다. 그는 자신의 저서 『수사학(The Art of Rhetoric)』에서 설득의 3가지 동인이 포함된 설득 체계를 설명하고 있다.

그 체계는 어렵지 않다. 아리스토텔레스를 알고 있다면 한번쯤 들어본 익숙한 단어들이다.

■ **에토스(Ethos, 화자의 신뢰):** 현 상황을 변화시키고자 하는 의지와 성격. 효과를 위해서는 서사구조(이야기)의 전달자가 신뢰성과 진정성을 보유해야 한다.

■ **로고스(Logos, 논리):** 논거의 논리적 구조. 문제를 가능성으로, 가능성을 아이디어로, 아이디어를 행동으로 전환할 수 있는 정확한 사례를 제공해야 한다.

■ **파토스(Pathos, 감성):** 공감하는 능력. 엄청난 영감을 주는 변화를 만들기 위해서는 서사구조(이야기)의 전달자가 청중을 이해해야 한다.

지금부터 설명하고자 하는 두 개의 대형 보험사 간의 수십억 달러 규모의 합병 작업 사례는 바로 이 에토스, 로고스, 파토스를 활용하는 구체적 예시를 제공한다.

두 대형 보험사는 오랜 기간 동안 경쟁 관계였다. 이 두 회사는 인수합병 작업을 실시했는데, 이 과정에는 당연히 승자와 패자가 있었고, 직원들은 긴장감 속에서 불안해했다. 설상가상으로, 이 두 회사는 현재의 인수합병 이전부터 이미 또 다른 회사와의 인수합병을 통해 성장해왔던 터라 사실상 20~30개의 서로 다른 문화가 혼재된 상태였다. 이런 소규모 집단들은 같은 회사의 이름하에 있다 해도 독립적인 성격을 지녔기 때문에 시너지 효과를 위해 통합하려는 회사의 노력에 저항하곤 한다. 여기에 합병 직후 글로벌 금융위기까지 발생해, 업계는 8% 정도 축소되었고, 합병 기업의 경영진은 축소되는 시장과 부정적인 조직문화라는 이중고에 시달리고 있었다.

합병 후 통합작업을 위한 일반적인 접근방식은 '합리성'과 '축소 지향성'이다. 보통은 두 조직의 현재 비용구조 분석을 통해 '중복' 직원을 해고하고 하나의 축소된 구조로 통합한다. 하지만 이 합병회사의 경영진은 일반적인 관행이 아닌 새로운 조직을 만들고자 했다. 그들은 일반적인 합병보다 더 크고 더 원대한, 무언가를 달성한다는 목표를 분명하게 전달함으로써 이런 '에토스(현 상황을 변화시키고자 하는 의지와 성격)'를 분명히 했다. 하지만 이들에게는 예상과는 다른 미래에 대한 강력하고 설득력 있는 사례인 '로고스(논거의 논리적 구조)'도 필요했다.

경영진은 이를 위해 '생동감 넘치는 도시(a thriving

city)'라는 은유를 활용했다. 마치 하나의 도시처럼 새로운 조직도 계획된 방식이든, 계획에 없던 방식이든 모두가 성장하는 다양한 생태계를 만들어야 했다. 그러면 모든 구성원들이 그 성장의 일부분이 되어 도시에 기여하게 될 것이다. '생동감 넘치는 도시'라는 로고스는 직원들의 상상력을 충분히 사로잡아 업무에 몰입하고, 자신과 조직의 미래 가능성에 집중하도록 만들었다.

또한 구성원들이 이런 새로운 미래를 함께 건설하는 데 헌신할 수 있도록 감정적 연결점을 만드는 '파토스(공감하는 능력)'도 필요했다. 이런 구성원들을 확보하기 위해, 경영진은 소통 방식에 새로운 접근법을 취했다. 일반적으로 경영진들은 합병 후 통합 계획을 발표하기 위해 타운홀 미팅을 하거나, 프레젠테이션 혹은 이메일 형태로 전달한다. 하지만 이 회사의 경영진들은 일련의 '협업 세션'을 마련해 회사의 각 부서들마다 '생동감 있는 도시'에 대한 의견을 나누고, 이를 실현하기 위한 과제를 탐색했으며, 각 업무영역에서 수행할 업무방식을 설계해 보도록 했다.

'생동감 있는 도시 안의 고객 응대 부서는 어떤 모습일까?', '회계담당 부서는 어떤 모습이어야 할까?' 저마다 직원들은 '생동감 있는 도시'에 터를 잡고 자신이 갖춰야 할 역할을 고민하기 시작했다. 경영진이 만든 거대 서사구조를 기반으로 자신들만의 미니 서사구조를 만든 것이다. 이런 접근방식은 보수적인 업계 특성을 가진 대규모 조직에서는 매우 이례적이었으며, 참신하고 재미있는 접근이었기에 많은 용기가 필요했다.

하지만 직원들의 열띤 참여 덕에 이 접근법은 대성공이었다. 6개월 만에 직원몰입도 점수가 48%에서 90%로 상승했다. 이런 결과는 곧바로 회사의 성과로 이어졌다. 업계 전체가 위축되어 있던 상황이었지만, 이 회사의 사업은 8% 성장했으며, 고객만족도 점수는 10점 만점에 6점에서 9점으로 상승했다.

이 사례는 또 하나의 수사학적 도구의 중요성을 보여준다. 그것은 바로 우리의 서사구조(이야기)에 불꽃을 튀게 만드는 강력한 '은유(metaphor)'이다. 잘 만들어진 은유는 설득의 세 가지 요소를 강하게 만든다. 논리적 주장인 로고스를 더욱 강하게 설득해, 청중들이 그 주장에 연결되도록 만들어 파토스를 강화시킨다. 마지막으로, 주장을 보다 설득력 있고 매력적으로 보이게 해, 이를 주도하는 리더의 도덕적 권위와 신뢰감, 즉 에토스가 힘을 얻게 된다.

매력적이며 완벽한 은유(metaphor) 선정하기

좋은 스토리는 강력한 은유에 의해 이끌린다는 점을 우리는 이미 잘 알고 있다. 아리스토텔레스는 "평범한 단어들을 통해서는 단지 이미 알고 있는 것들만 전달할 수 있을 뿐이지만, 은유는 새로운 것을 가장 잘 파악할 수 있도록 해 준다."고 말했다. 실제로 그는 '완벽한 은유법'이 수사학 성공의 열쇠라고 믿었다.

> **"은유의 대가(大家)가 되는 것은 지금까지의 그 어떤 무엇보다도 위대한 일이다. 그것은 바로 ⋯ 천재성의 징표이다."**

이와 같은 비과학적 구조에 대한 명제가 과학적으로 증명되었다는 점은 정말 아이러니하다. 인지과학 연구들을 통해 창의적 종합의 핵심 동력은 '연관 유창성(associative fluency)'이라는 사실이 증명되었다. 이 개념은 일반적으로는 잘 연결되지 않는 두 개념을 연결하고, 이들을 새로운 아이디어로 만들어내는 정신적 능력을 의미한다. 개념이 다양할수록, 창의적 연관성은 더 강해지고 새로운 아이디어의 참신성은 상승하게 된다.

새로운 은유법을 통해, 여러분들은 일반적으로는 잘 연결되지 않는 두 가지를 비교할 수 있다. 예를 들어, 햄릿(Hamlet)이 로젠크란츠(Rosencrantz)에게 "덴마크는 감옥이야."라고 말할 때, 그는 매우 특별한 방식으로 두 가지 요소를 연결시키고 있다. 로젠크란츠는 '덴마크'와 '감옥'

각각의 의미를 모두 다 알고 있다. 하지만 햄릿은 그가 이미 알고 있는 두 단어들의 의미가 아닌 새로운 개념을 그에게 제시한다. 이 세 번째 요소는 특이한 조합에 의해 생성된 새로운 개념 또는 창의적 합성이다.

우리는 자주 서로 관련성이 없어 보이는 개념들을 연결할 때 제품혁신이 일어나는 것을 목격한다. 새뮤얼 콜트(Samuel Colt)는 젊은 시절에 선원으로 일하면서 선박의 바퀴와 클러치의 작용을 통해 회전하거나 회전이 중단되는 방식에 매료된 후, 훗날 너무나도 유명해진 권총의 회전식 탄환실을 개발한다. 한 스위스 엔지니어는 산속을 걷다가 옷에 달라붙는 거칠고 작은 식물 씨앗들의 특이한 접착성을 발견한 후, 나중에 벨크로(Velcro)의 갈고리형 모델을 만드는 데 영감을 받는다.

또한 은유법은 소비자들이 혁신을 이해하고 더 잘 연관시킬 수 있도록 돕기 때문에, 혁신의 채택에도 큰 도움이 된다. 예를 들어, 자동차가 처음 출시되었을 때 '말이 없는 마차'로 묘사되었고, 오토바이는 '모터가 달린 자전거'로 불렸다. 스노보드는 '눈 위에서 타는 스케이트보드'였다. 스마트폰을 유비쿼터스 필수 장비로 만든 진화의 첫 단계는 1999년에 RIM(Research in Motion)에서 출시한 블랙베리 850 모델이었다. 이 제품은 초기 사용자들에게 안정감을 줄 수 있도록 '이메일 송수신이 가능한 호출기' 콘셉트로 판매되었다.

제대로 된 은유 없이 설득력 있는 이야기를 만들어내는 것이 얼마나 어려운지는 세그웨이(Segway)의 실패 사례를 보면 잘 알 수 있다. 스타 발명가인 딘 케이먼(Dean Kamen)에 의해 개발되고, 차세대 걸작으로 홍보된 이 '세그웨이'라는 장비는 수백억 달러의 벤처 자본이 조달되어 제작되었다. 비록 진보된 기술이 적용된 멋진 응용 제품이었지만, 지금은 거의 사용하는 사람이 없다. 높은 가격, 수많은 규제 등 실패를 합리화할 방법은 많지만, 저자는 그 실패의 핵심 원인을 세그웨이가 '이 세상의 어떤 것과도 유사하지 않기 때문'이라고 생각한다. 이 제품은 전진하는 동안 거의 움직이지 않는 작은 바퀴가 달린 받침대 모양을 하고 있다. 사람들은 이 제품을 다른 무엇과도 연관 지을 수가 없었다. 세그웨이는 자동차처럼 앉아서 타지도, 자전거를 탈 때처럼 페달을 밟지도, 오토바이를 탈 때처럼 손잡이를 잡고 조종할 수도 없었다. 세그웨이를 타는 사람을 가장 마지막으로 봤을 때를 기억해 보자. 여러분은 그 사용자가 좀 우스꽝스러울 정도로 괴짜처럼 보인다고 생각했을 것이다. 이처럼 그 무엇과도 비교할 경험이 없었기에, 우리의 마음은 세그웨이를 받아들이지 못했다.

저자는 아리스토텔레스의 논증이 은유 없이는 절대로 만들어질 수 없다는 말을 하려는 것은 아니다. 은유 없이 만들어질 수는 있겠지만, 이는 무척이나 상황을 어렵게 만들 뿐이다. 세그웨이를 파는 것보다는 '말이 없는 마차'를 파는 것이 훨씬 더 쉽기 때문이다.

융합적 사고 능력이 요구되는 최선의 선택

여러분들이 '가능성'의 영역에서 결정의 순간에 직면한 다면, 강력한 은유가 포함된 3~4개의 설득력 있는 서사를 제시한 후, 이 중에서 어떤 것이 가장 적합할지 선택하기 위해서는 일종의 검증과정을 거치는 것이 좋다. 이 검증 프로세스에는 어떤 것들이 포함될까?

'필연성'의 관점에서는, '검증'이란 데이터에 접근해서 신중하게 분석하는 행동을 의미한다. 어떤 경우는 노동 통계국 데이터베이스 내의 특정 도표를 간단하게 조회해 볼 수 있다. 다른 경우에는 설문조사 등을 통해 그 필연성의 정체를 밝히기 위한 노력을 할 수도 있다. 또한 수집된 데이터들이 명제(예를 들어, '소비자는 제품의 다양한 기능보다는 제품의 수명에 더 많은 관심을 보인다')가 참인지 거짓인지를 결정하기 위해 통계적 검증 방법들을 적용해야 할 수도 있다.

하지만 무언가를 존재하도록 만들어야 하는 '가능성'의

세계에는 마땅하게 분석할 데이터가 없다. 즉, 프로토타이핑을 통해서 이용자들에게 이전에 볼 수 없었던 것을 제공한 후, 이들의 반응을 관찰하고 기록함으로써 데이터를 생성해야 한다. 이용자들이 예상했던 대로 답변하지 않는다면, 그 지점에서 프로토타입을 개선할 수 있는 방법에 대한 통찰력을 얻게 될 것이다. 이후 개선된 프로토타입이 제대로 작동한다는 데이터를 확보할 때까지 이 프로세스를 반복한다.

일부 프로토타입 아이디어들은 만족스럽지 못할 수도 있다. 그렇기 때문에 복수의 서사를 제대로 만드는 것이 중요하다. 각각의 서사에 대해 무엇이 사실이어야 하는지에 대한 명확한 견해를 개발해, 이들 모두에게 프로토타이핑을 수행하게 되면, 어떤 서사가 가장 설득력이 있는지에 대해 합의점이 도출될 것이다. 그리고 이런 과정에 참여하는 것만으로도 구성원들은 자신이 선택한 '이야기'를 실행에 옮기는 책임을 감당할 준비를 하게 된다.

데이터에 대한 과학적 분석을 통해 이 세상이 좀 더 나아졌다는 사실만으로, 우리의 모든 경영 의사결정을 이러한 방식으로만 해야 한다고 말할 수 없다. 특정 사물이 이제는 더 이상 과거의 방식으로는 검증할 수 없을 때, 우리는 과학적 방법을 활용하여 그 불변의 세계를 어떤 경쟁자들보다 신속하면서도 철저하게 이해할 수 있으며, 또한 반드시 이해해야만 한다. 이런 맥락에서 정교한 데이터 분석과 빅데이터에 대한 열정은 우리의 중요한 자산임에 틀림없다.

하지만 사물이 실제와 다를 수 있는 맥락에서 과학만 적용하게 되면, 우리는 은연중에 변화가 불가능하다고 스스로 단정 짓게 된다. 그렇게 되면, 더 나은 무언가를 만들어내고자 하는 소수의 사람만이 새로운 분야를 개척할 것이고, 우리는 그조차도 곧 사라질 변칙일 뿐이라고 경시하게 될 것이다. 그리고 뒤늦게, 적군들이 전에는 우리 고객이었던 사람들까지 정복해버렸음을 깨닫게 될 것이다. 이것이 바로 적합한 다른 방법이 있음에도 전체 경영환경에 분석적 방법론만을 적용한 혹독한 대가이다.

* 이번 장은 <하버드 비즈니스 리뷰>(2017년 9~10월호)에 저자와 토니 골스비-스미스(Tony Golsby-Smith)가 공동 기고한 '경영은 과학 이상의 무엇이다(Management Is Much More Than a Science)'의 내용을 수정 및 보완한 것이다.

Part 3.

일의 구조화
(Structuring Work)

6장.
문화(Culture) :
그룹을 파멸시키는 리더의 케케묵은 '쉰념'

"문화는 오직 구성원들의 일하는 방식의 변화를
통해서만 변화된다."

경영에 있어 문화의 역할과 중요성은 세계적으로 가장
위대한 경영학자로 꼽히는 두 사람의 조합에 의해 잘 파
악된다. 바로 피터 드러커(Peter Drucker)와 에드거 샤인
(Edgar Schein)이다.

피터 드러커는 "문화는 어떤 식으로 정의되던, 독특한 형
태로 지속성을 보인다."라고 말했다(그의 '문화는 아침 식
사로 전략을 먹어 버린다'라는 말은 전설이 되었다). MIT
슬론의 에드거 샤인(Edgar Schein) 교수는 "문화가 전략
을 결정하고 제한한다."고 선언했다. 물론 이 말의 함의는
기존 문화를 전제로 하지 않은 어떤 전략도 문화를 바꾸지
못한다면 실패할 것이라는 의미인데, 매우 극단적이면서
도발적인 말이다.

그렇다면 문화란 무엇이며, 왜 그렇게 문화는 전략에 저항하고 제한하는 것일까?

전략만큼 문화에 대한 정의도 많지만, 저자는 문화를 이렇게 정의한다.

'구성원들이 상황과 결정을 어떻게 해석해야 할지 안내하는 임직원들의 마음속에 담긴 규범집'

문화는 구성원들이 '현재 상황이 진행되는 방식', '이 시점에서 내가 해야 할 일이 무엇인지', 그리고 '내가 신경 써야 할 사람이 누구인지'를 이해하도록 도와준다. 문화를 구성하는 규칙은 구성원들이 상황과 결정들, 특히 특수한 상황이나 결정인 경우, 자신들에게 큰 영향을 미치는 극단적인 결과들에 조직이 어떻게 반응하고 이를 설명하는지에 대한 관찰을 통해 발전된다.

기업 문화의 강점은 구성원들의 정신적 규범집(mental rule books)의 유사성에 의해 결정된다. 이런 규범집이 구성원들 개인마다 달라서 주어진 상황이나 결정에 대한 해석이 균일하지 않으면, 그 기업의 문화는 약화되고 분산된다. 반대로, 구성원들이 동일한 규정집을 가지고 있어서 결과적으로 주어진 결정이나 상황을 같은 방식으로 해석하고 반응할 때, 문화는 강력한 힘을 발휘한다. 그리고 이 강력한 문화는 새로운 전략이 구성원들의 행동과 가치의 변화를 요구할 때, 이런 변화를 방해하는 요소가 된다. 모든 구성원들이 본능적으로 이미 존재하는 내면의 규범집에 계속 영향을 받기 때문이다. 예를 들어, 회사가 고객 맞춤형 서비스를 지향하더라도 사내 문화가 표준화된 서비스를 지향한다면, 고객들은 표준화된 서비스를 제공받게 될 것이다.

대부분의 CEO들은 중요한 전략적 방향성의 변화는 필연적으로 일부 문화적 변화를 수반하게 된다는 사실을 이미 잘 인식하고 있다. 하지만 이런 노력들은 문화에 대한 다음에 제시된 핵심적인 진실을 내면화하지 못하기 때문에 대부분 실패한다.

'여러분들이 문화를 변화시킬 수 있는 유일한 방법은 개별 구성원들이 함께 일하는 방식을 변화시키는 것이다.'

다시 말해, 문화라는 것은 기업이 계획적으로 문화를 변화시키고자 전략을 수정하고 개선하는 과정이 아닌, 구성원들의 세부적인 업무방식과 그들만의 작은 행동 방식으로 인해 변화되는 것이다.

이제부터 저자는 얼굴을 맞대고 업무를 구조화하고 준비하는 방식, 누가 나타나서 어떤 방식으로 대화가 진행되는지 등과 관련된 **세부적 개입(micro-interventions)**에 의해서만 문화가 변하는 이유를 설명하려고 한다. 또한 이런 변화가 어떤 모습을 보이는지, 어떤 방법으로 일하는 방식에 근본적인 변화를 가져오는지 제시하려 한다. 결과적으로 이런 변화는 '여기서는 일이 어떻게 수행되는지', '이 상황에서 내가 해야 할 일은 무엇인지'에 대한 규칙을 변화시킬 것이다. 저자는 이런 방식으로 문화 변화를 이끌었던 개인적인 경험을 통해서, '세부적 개입'이 얼마나 강력하게 조직문화를 변화시킬 수 있는지 보여줄 것이다.

조직의 변화를 위해 필수적인 메커니즘의 유연성

조직 행동론 내의 다른 동인들(drivers)과 문화의 역할을 비교하면서 시작해 보자.

조직의 조향 메커니즘문화 변화에 대한 저자의 생각은 거의 30년 전에 〈하버드 비즈니스 리뷰〉에 기고한 글 '기업의 마음 변화(Changing the Mind of the Corporation)'에서 처음 논의한 '조향 메커니즘(steering mechanism)' 개념에 기반하고 있다. 조향 메커니즘의 다음 3가지 범주는 기업의 운영방식과 행동을 구성하고 전파한다.

·**공식적 메커니즘:** 회사가 목표를 달성하기 위해 설계한 조직구조, 시스템, 프로세스가 여기에 해당된다. 이들은 조직에서 일하는 구성원들에게 부여된 의식적인 결정들의 결과물이다. 회사의 보고구조, 보상체계, 예산편성 프로세스

등이 대표적인 예라고 할 수 있다.

·**대인관계 메커니즘** : 이 메커니즘은 구성원들 개인 간에 서로 얼굴을 맞대고 상호작용하는 방식을 형성하고 지배한다. 이는 구성원들의 심리적 기질의 산물로 매우 다양하다. 예를 들면 '구성원들은 갈등을 드러내서 토론하는 것을 선호하는가? 아니면 그것을 무시하는 것을 선호하는가?'와 같은 심리적 기질이 드러난다.

·**문화적 메커니즘** : 앞서 언급한 규칙들은 구성원들이 공유하는 정신적 규범집에 담겨 있으며, 이를 통해서 의사결정을 하고, 상황을 해석하며, 대응 방법을 결정한다. 모든 조직에는 문화적 메커니즘이 존재하지만, 대부분 비계획적으로 형성되며, 일반적으로 문서화되어 있지 않다.

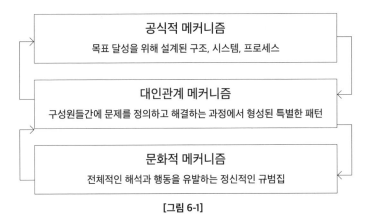

[그림 6-1]

* 경영사상가이자 조직학습 분야의 아버지인 크리스 아그리스(Chris Argyris)의 제자였던, 다이아나 스미스(Diana Smith)가 이 그림에 제시된 조직운영 메커니즘이 어떤 구조로 작동하는지에 대한 저자의 이해에 많은 기여를 하였음을 밝히고 싶다.

위의 [그림 6-1]에서 볼 수 있듯이, 세 가지 메커니즘의 집합이 상호 연결된 시스템을 형성한다. 예를 들어, 독립적인 영업마케팅 조직의 일반적인 보고 구조를 살펴보자.

각 기능 부서들은 개별 수석부사장 또는 총괄부사장에게 보고하고, 이들은 CEO나 COO(최고운영책임자)에게 보고한다. 이런 구조는 종종 영업 담당자들과 마케팅 담당자들 사이의 대인관계 갈등('공식적 메커니즘'에서 '대인관계 메커니즘'으로 진행되는 화살표)을 유발한다.

영업 담당자들은 마케팅 담당자들이 비현실적인 아이디어들만 만들어낸다고 불평하고, 마케팅 담당자들은 영업 담당자들이 팔기 쉬운 제품들만 요구한다고 생각한다. 이런 갈등이 심각해지면, 일반적으로 경영진은 기능조직을 하나의 영업 및 마케팅 조직으로 통합하는 공식적인 해결책('대인관계 메커니즘'에서 '공식적 메커니즘'으로 이어지는 화살표)을 시도할 수 있다. 이를 통해, 공식적 메커니즘은 대인관계 메커니즘에 영향을 미치고, 반대로 대인관계 메커니즘은 공식적 메커니즘에 영향을 주게 된다.

영업 담당자들과 마케팅 담당자들 간의 대인관계 갈등도 문화적 메커니즘에 영향을 준다. 마케팅 담당자가 영업 담당자들에게 아이디어를 들고 오면, 영업부서의 머릿속 규정집에는 이런 기록이 명령어처럼 떠오른다. '마케팅 부서는 제품이 잘 팔릴 수 있을지 예측할 때 현장감이 떨어지므로, 항상 그들의 말에 반박하라' 그리고 새로운 영업사원들이 합류하게 되면, 그들은 선배들로부터 '마케터들을 조심하라'는 조언을 받는다. 이런 문화는 특정 행동들을 강화하기 때문에 양쪽 부서원들 간의 대화는 더욱더 대립적인 '대인관계 메커니즘'으로 되돌아간다.

이렇듯 조직을 움직이는 메커니즘은 [그림 6-1]과 같이 순환이동경로를 가진 공식적, 대인관계, 문화적 메커니즘들의 체계로 작동된다. 시간이 지날수록, 그리고 조직이 커질수록 메커니즘 간의 끊임없는 환류 작용 속에서 조직은 점점 더 경직되고, 변화는 더욱더 어려워진다.

따라서 조직을 변화시키려는 모든 시도에는 '조향 메커니즘'의 변화가 수반되어야 한다. CEO들이 원하는 전략에 조직적 변화가 필요하다면, 조직도나 보상시스템 등과 같은 공식적 메커니즘을 변경하는 것이 출발점이 될 수 있다. 공식적 메커니즘이 가장 통제하기 용이하고, 전략적 방향의 변화는 의사결정권과 책임이 있는 위치에 대한 변화도 필요하기 때문이다. 그리고 이런 새로운 공식적 메커니즘에 맞추려면 구성원들은 큰 짐을 져야 한다. 따라서 CEO들은 회사의 문화에 의해 결정되는 이런 새로운 메커니즘에 대한 태도도 반드시 새로운 공식적 메커니즘과 한 방향으로 정렬되어야 함을 인식해야 한다. 문화는 조직의 변화에 맞춰서 직접적으로 변화될 수 없기 때문이다. 그리고 더욱 심각한 문제는 여기에서부터 시작된다.

구성원들의 변화로 이어지는 문화의 파생적 구조

우리 몸속 뇌의 신경망과 동일하게 문화는 환경(공식적 메커니즘)과 개인의 행동(대인관계 메커니즘) 사이의 상호작용에서 발생한다. 그 때문에 조직문화를 직접적으로 변화시키는 것은 거의 불가능하고, 이런 시도를 하는 CEO들은 대개 일자리를 잃는다.

카밀로 페인(Camillo Pane)이 대표적인 사례이다. 2016년 그가 코티 주식회사(Coty Inc.)의 CEO로 취임했을 때, 페인은 향수와 화장품을 판매하는 대기업 조직에 '스타트업처럼 일하기'와 '도전정신으로 정신 무장하기'를 도입해야 한다고 공개적으로 선언했다. 이런 엄청난 수사 어구에도 불구하고, 페인이 부임한 후 2년 동안 코티의 문화나 성과에는 전혀 변화가 없었다. 그의 허울 좋은 외침은 허망한 울림만 남겼고, 결국 그는 2018년 11월 해고되었다.

문화가 조직의 공식적인 메커니즘의 변화와 연결되기 위해서는 조직 구성원들이 서로 상호작용하는 방식의 변화가 필요하다. 예를 들어, 조직 차원에서 영업과 마케팅을 통합하려 한다면, 그 공식적인 변화는 영업 담당자들과 마케팅 담당자들의 상호작용과 태도, 즉 문화적 메커니즘이 협력적으로 바뀌어야 한다. 그렇지 않은 경우, 서로 간의 불신만 증가시킬 뿐이다. 그리고 결국 대인관계 역학과 기존의 문화적 규범과의 상호 환류 작용이 결합되어 새로운 조직구조는 작동되지 않게 되고, 회사는 변화를 위한 노력을 포기할 수밖에 없게 된다. 대표적인 예는 노키아(Nokia)의 문화 변화 실패 사례이다.

2000년대 초, 노키아는 세계 2위의 경쟁사보다도 두 배 이상의 시장점유율을 가진 월등한 경쟁력을 보유한 휴대폰 공급업체였다. 하지만 이 회사의 제품 블랙베리는 스마트폰의 등장으로 게임의 룰 변화를 경험했다. CEO 요르마 올리라(Jorma Ollila)는 다른 거대 기업들이 시장에 진입하는 경쟁의 폭풍 속에서 살아남기 위해 더 큰 기업가적 가치를 확보해야 한다고 생각했다(그의 예상대로 애플, 구글, 삼성은 확실히 그렇게 했다).

2004년 그의 대응의 핵심은 구조조정이었다. 제대로 된 기업의 구조를 설정하고, 성과가 확실히 보상된다면, 구성원들은 개인의 행동을 변화시켜 새로운 문화가 나타날 것이라고 믿었다. 하지만 노키아의 구성원들은 여전히 과거의 규칙에 따라 행동하고 상호작용했다. 구성원들에게 동일한 문화 규범집을 공유하고 이를 따르도록 지시했던 지역 단위 관리자들이 결과를 책임져야 했기 때문이다. 예를 들어, 관리자들은 성과가 없는 실험이나 도전에 비용을 지출할 경우, 그들의 상사들로부터 엄청난 비난을 받아야 했다. 이런 행태는 실패에 대한 문화적 혐오감을 조성해 위험 감수 행동을 회피하도록 만들었고, 기업가 정신이 충만한 문화를 만드는 데 걸림돌이 되었다. 이런 현상이 조직 내 만연해질 즈음, 엄청난 타격이 밀려들었다. 올리라는 그의 회고록에서 "우리는 (2004년에) 어떤 일이 일어나고 있는지 잘 알고 있었지만, 그것을 행동을 옮기지 못한 것이 최대 실수였습니다."라고 인정했다.

한때 3,000억 달러의 가치를 지녔던 노키아는 2013년 72억 달러에 휴대기기 사업부를 마이크로소프트에 매각했고, 마이크로소프트는 2016년 전(前) 노키아 직원에게 3억 5000만 달러에 회사를 매각했다. 이것이 문화를 더 나은 상태로 만들지 못한 대가였다.

그렇다면 CEO들은 기업 문화를 변화시키기 위해 이제 무엇을 해야 할까?

문화를 간접적으로 변화시키는 방법

노키아의 사례에서 얻을 수 있는 교훈은 **'대인관계 교류가 문화적, 공식적 메커니즘을 움직이는 데 핵심적인 역할을 한다'**는 것이다. 충분한 인원수의 구성원들이 이전과는 다르게 행동하고, 새로운 가치를 내면화할 때에만 문화는 변할 수 있다. 브레인스토밍 세션에서 구성원들이 쉽게 자신의 의견을 피력하게 하기 위해 직사각형 테이블을 원형 테이블로 바꾼 것처럼, 무척 사소해 보이는 작은 요소들이 문화 변화에서 엄청난 효과를 만들어낸다. 특히 일선 고객 접점에서 경쟁하고 있는 젊은 직원들에게는 더 극적인 영향을 준다. 이제 저자가 관여했던 대인관계 행동 변화의 몇 가지 예를 살펴보도록 하자.

*구조 및 준비 : 자료 뭉치를 폐기하라

2000년에 A.G. 라플리가 P&G의 CEO가 되었을 때, 그는 기업의 전략 프로세스 중심으로 성장해온 관료적 문화를 흔들어 버리고 싶었다. 이런 변화는 CEO와 각 사업본부장들이 참여하는 전략회의에서 시작되었고, 이런 변화를 한마디로 잘 요약한 문구는 '신속한 의사결정(get in and get out)'이었다. 회의는 각 사업본부장들이 보고한 문서를 최대한 적게 수정한 상태에서 종료된다면 가장 성공적인 회의로 간주되었다. 이 목표를 달성하기 위해, 각 단위 사업본부장들은 회의 중 제시되는 그 어떤 질문도 방어할 수 있는 수십 장의 파워포인트 자료를 들고 회의에 참석했다. 발표 준비팀의 주요 성공지표는 '올바른 회의 결과를 도출하기 위해 꼭 필요한 장표는 무엇인지'가 아니라, '예상되는 모든 질문에 답변할 수 있는 이슈 시트를 만들어내는 것'이었다. 이를 준비하기 위해서는 수없이 많은 고민을 거친 질문 예측이 필요했고, 해당 준비팀들은 슬라이드 뭉치와 이슈 시트를 만들기 위해 몇 주나 되는 시간을 투자해야 했다. 회의 중에 사업부장들은 두꺼운 자료를 보면서 적절한 이슈 페이지를 길게 끌어 질문에 답변했다. 이 회의는 보통 하루 종일 계속되었다.

저자는 라플리의 요청에 의해 회의 발표자와 참석자 모두와 인터뷰를 진행했는데, 이때 놀라운 사실을 알게 되었다. 발표자와 참석자 중 어느 쪽도 이 회의 운영방식에 만족하지 않았던 것이다. 하지만 각자 상대방은 이런 자료가 필요할 것이라고 착각하고 있었다. 가족 구성원 모두가 텍사스 애빌린에서 저녁 식사를 위해 50마일을 운전해 가기로 동의한 '애빌린 패러독스(the Abilene Paradox)(한 집단 내에서 그 집단의 모든 구성원들이 원하지 않는 방향의 결정임에도 불구하고 모두 함께 자신의 의사와 상반되는 결정을 내리는 데 동의하는 경향_역자 주)'의 거의 교과서적인 예시이다. 즉, 회의가 유쾌하지도, 유용하지도 않다고 생각하면서도, 참석자들은 이와 같은 발표준비 작업이 발표자들에게는 의미 있을 것이라고 믿었고, 발표자들은 검토자들의 의견이 불쾌하고 쓸모없다고 생각했지만, 검토자들에게는 유용한 경험일 것이라고 생각했던 것이다.

저자와 라플리는 이런 쓸모없는 시간 낭비 차원의 회의를 변화시키기로 결정했고, 이를 위해 일단 많은 양의 슬라이드 뭉치를 줄이고, 이슈 시트 발표를 중단시킬 필요가 있었다.

2001년 가을 회의부터 우리는 검토를 위한 자료, 순서, 기간에 대한 어떤 변화도 요구하지 않았다. 단지 자료를 1주일 전에 미리 송부해 달라고 요청했다. 그런 다음, 검토 과정에서 논의하고자 하는 짧은 주제 목록(3개 이하)을 사전에 각 사업부에 확인했다. 토론 방향에 맞춰 새롭게 작성된 두툼한 슬라이드 뭉치를 발표하겠다는 말을 듣고 싶지 않았기에 검토를 위해 추가 자료도 필요 없다고 명시했고, 회의 참석 시 자료를 3페이지 이상 지참하지 않도록 했다.

각 사업부에서는 우리의 의지를 좌절시키려고 최선을 다했다. 몇몇 사업부는 최종 논의자료를 사전에 보여 달라고 애원했다. 또한 많은 사업부 사람들은 우리가 설정한 토론 문제에 대한 완벽한 '해결책'을 제시하기 위해 3페이지 안에 8포인트 글자 크기로 최대한 많은 내용을 채워 넣은 자료를 만들었다. 하지만 우리는 프레젠테이션을 하지 말라고 당부하며 답변에 너무 부담 갖지 않아도 된다고 전했다. 우리가 진정으로 원하는 것은 해당 사업부에 중요한 전략 주제에 대한 활발한 토론이라는 점을 계속해서 강조했다.

수많은 회의는 우리와 회의 주관부서 모두에게 힘든 일

이었다. 그들은 회의를 편안한 방식으로 운영하기 위해 사업부장들과 싸워야 했다.

라플리가 진정으로 원한 것은 새로운 경쟁 방법, 새로운 성장 방법, 근본적인 당사의 위협요인 등에 대한 아이디어를 탐구하는 것이었다. 회사 내 최고 인재들이 기업 내 '연극 공연'에 들러리로 서는 것이 아니라, 함께 허심탄회한 대화를 하길 원한 것이다. 하지만 이런 의도가 각 사업부에 완벽히 전달되기까지는 대략 4년의 시간이 걸렸다. 이런 길고 긴 과정 후에야, 전략 수립 과정에 존재했던 암묵적인 기준과 관행들은 발전적 사고 훈련이 가능한 현재의 방식으로 변할 수 있었다.

* 그룹 : 비평이 아닌 지원하는 동료로 전환하라

스위스 취리히에 본사가 있는 암코르(Amcor)는 세계 5위 규모의 패키징 회사이다. 이 회사는 매년 임원 역량개발 프로그램(EDP)을 통해 글로벌 경영진(이하 GMT: Global Management Team)에 보고하는 12명의 고위 임원 간부를 배치한다. 2020년 저자는 암코르의 전략 창조의 기반이 되는 문화 변혁을 위한 프로젝트의 일부로 임원 역량개발 프로그램을 설계하고 자문하며 담당 팀과 함께 일했다.

임원 역량개발 프로그램의 핵심 요소는 '개인별 전략추진과제(PSI: Personal Strategic Initiative)'이다. 각 참가자들은 6개월간의 프로그램 기간 동안 자신과 GMT 상사가 함께 합의한 현장의 질문, 문제, 이슈에 대해서 고민한다. 프로그램이 종료되면, 개인별 전략추진과제에 관해 수행한 작업을 일련의 실행과제들을 포함해 GMT 멤버들에게 발표해야 한다. 이전 차수 참가자들의 암묵적인 목표는 개인별 전략추진과제를 가능한 완벽하게 발표하는 것이었다. 그리고 발표 참석자인 GMT 멤버들의 역할은 마치 발표의 평가자처럼 비평하는 것이었다. 원천적으로는 전략에 대한 열띤 토론의 장이어야 했지만, 실상은 수행성과 평가의 자리가 되어버렸다.

저자와 주관부서는 변질된 프로그램의 문화를 바꾸기 위해서 3명의 참가자로 구성된 4개의 소그룹을 만들었다. 이 그룹의 목적은 각자 나머지 2명의 동료가 개인별 전략추진과제를 개발하는 것을 서로 돕는 것이다. 참석자들은 아직은 미완의 결과물에 대해 발표하고 토론해 볼 수 기회를 확보했는데, 이는 작지만 강력한 변화의 시초가 되었다. 작업의 완성도와 무관하게 개별 참가자들은 유용한 조언을 받을 수 있는 여유가 생긴 것이다. 그리고 서로를 돕는 구성원들은 검토하고 비평하는 것이 아니라, 어떻게 하면 건설적인 도움을 줄 수 있을지 고민하게 되었다.

GMT 멤버들 앞에서 진행되는 임원 역량개발 프로그램

최종 발표 전 마지막 모임에서 우리는 각 소그룹을 4개에서 6명씩 2개 그룹으로 병합하여 각 참가자들이 다시 하나의 조로 재구성된 3명의 새로운 동료들로부터 도움을 받을 수 있도록 했다. 이때도 어떻게 하면 동료들의 전략 수립을 지원할 수 있는지 다시 한번 강조했다. 마지막 단계에서 저자는 참가자들이 얼마나 잘했는지 평가하는 대신에, '개인별 전략추진과제를 개선하는 방법에 초점을 맞춰 대화하라'는 지침을 GMT 멤버들(기존의 평가자)을 포함한 모든 사람들에게 전달했다. 이런 변화가 근본적인 변화를 촉발시켰다고 보기에는 아직 이르지만, 2021년 프로그램을 성공적으로 잘 마무리한 이 시점에서 저자는 이 상황을 매우 긍정적으로 보고 있다. 프로그램 참가자들과 GMT 멤버들 모두 개인별 전략추진과제 프레젠테이션 및 작업의 품질이 이번에 추가된 동료의 지원 모임들을 통해서 향상되었다고 말했기 때문이다. 또한 토론이 범위와 관점의 차원에서 매우 발전되었음을 인정했다. 결국 진행 과정의 대인관계 메커니즘(interpersonal mechanics)의 변화로 인해 개인별 전략추진과제 발표는 과거의 단순 '평가'과정에서 탈피할 수 있었다.

* 방향성(Frame) : 각자의 통찰력을 공유하라

저자가 자문하고 있던 기업 중 <포춘>지 선정 25대 기업

(Fortune 25 companies)에 속했던 한 회사는 경영진과 이사회 사이의 관계가 최악의 정점을 찍고 있는 것처럼 보였다. 이사회는 경영진들이 낸 모든 아이디어에 대해 까다롭게 질문하면서 상당히 좋은 제안마저 의구심을 표명했다. 이로 인해 경영진들은 늘 조마조마한 상태로 회의에 참석했고, 이를 통해 양측의 기대치는 낮아져서 다음 회의에서도 그다지 뚜렷한 성과 없는 과정을 거치는 악순환이 일어났다. 이를 개선하기 위해 이들은 의제 단축, 질의응답 시간 증가, 포괄적인 주제 선정 등 몇 가지 공식적인 변화를 줘 봤지만, 아무런 소용이 없었다. 이사회 의장은 구성원들에게 보다 긍정적인 회의를 진행할 것을 호소했지만, 이는 그저 그들의 울분을 더 자극했을 뿐이었다.

이들의 문제는 과연 무엇이었을까? 이는 P&G의 경영진들이나 암코르의 임원 역량개발 프로그램 참석자들과 마찬가지로 아이디어와 통찰력을 서로 교환하기보다는, 한쪽이 다른 쪽에 무언가를 팔러 와 있고 상대방은 이를 삐딱한 시선으로 평가하고 점수를 매기는 회의라는 것이었다. 이른바 회의 분위기는 '우리 대 그들 문화(us vs. them culture)' 속 팽팽한 긴장감의 연속이었다.

경영진들은 완벽하고 빈틈없는 프레젠테이션 자료를 만들어 이사회 구성원들로부터 환호를 받기만을 원했다. 반면, 이사회 구성원들은 상대적으로 자신이 잘 모르는 자료 발표를 들으며 나름대로 자신이 도울 수 있는 방법을 필사적으로 찾았지만, 결과적으로 모순점과 불합리성만 찾아내서 트집만 잡는 것으로 비쳤다. 저자는 경영진들에게 이사회에 깊은 인상만 주려는 노력을 줄이는 대신, 이사회 구성원들이 가진 경험과 지식에서 얻은 통찰력을 공유할 수 있는 방법을 찾아보라고 조언했다. 그리고 이사회 구성원들에게는 이 회사가 상당한 기술적 혁신에 직면해 있는 상황이었으므로, 현재 이슈가 되고 있는 혁신에 대한 초기아이디어들을 미리 고민할 시간을 갖도록 독려했다. 그런 다음 CEO는 이사회 구성원들에게 다음과 같이 질문했다.

"여러분들이 갖고 계신 다양한 산업 경험을 기반으로 할 때, 이런 주요 혁신을 성공시키기 위해서, 또한 회사가 제대로 순항하기 위해서 가장 중요한 것은 무엇이라고 생각하십니까? 그리고 회사가 초기 접근단계에서 놓치고 있는 것은 무엇이라고 생각하십니까?"

이런 접근방식을 통해서, 이사회 구성원들은 더 이상 자기 자신도 잘 알지 못하는 사업에 대해서 경영진들의 성과를 판단하는 불편한 위치에 있지 않아도 되었다. 대신 그들이 잘 알고 있는 분야의 통찰력을 자신 있게 기여할 수 있었다. 몇몇 이사진들은 경영진들이 그 가치를 발견하지 못하고, 유용하다고 예상하지 못했던 다른 산업 분야에 깊은 경험과 통찰력을 보유하고 있었기 때문이다.

이후 이사회 구성원들은 경영진들과 더 긍정적인 방식으로 소통에 참여했고, 경영진들의 생각에 깊은 인상을 받았다고 전했다. 상당히 유보적인 태도로 회의에 참석해왔던 (혹시나 자신들의 준비가 미흡한 것처럼 보일까 봐 우려해왔던) 경영진들에게 이런 이사회 구성원들의 반응은 정말로 반색할 만한 일이었다.

지금까지 설명한 각각의 변화들은 P&G의 사업단위 평가, 암코르의 임원 역량개발 프로그램, <포춘> 25대 기업의 이사회 회의 방식 등 조직의 특정 부분에서 규정집의 일부만을 변화시켰을 뿐이다. 이런 변화는 조직에 큰 변화를 준 중요한 부분적 변화들이었을 뿐, 조직 전체의 광범위한 문화적 변화는 아니었다.

지금부터는 개인적인 상호작용을 위한 준비, 구조, 방향성 차원에서 어떻게 작은 변화가 조직의 전체 문화와 성과의 변화에 기여했는지에 대한 예로, 1998년부터 2013년까지 저자가 재직했던 토론토 대학 로트만 경영대학원(Rotman School of Management)에서 경험한 개인적 사례를 소개하고자 한다.

공감과 이해로 만든 로트만 경영대학원의 변화

저자가 학장으로 임용되었을 때, 로트만 경영대학원은 학교 차원에서는 난처한 산하기관이었고, 전임 학장은 사임을 강요받았으며, 교수진들은 거의 전투와 같은 진영으로 나뉘어 있었다. 한마디로 적진이 앞에 있음에도 내부 분쟁으로 한 발짝도 나아가지 못한 오합지졸의 군대와 같았다. 로트만 경영대학원은 당시 교수진, 교직원, 학생 및 외부의 시각 모두 캐나다 최고의 학교였던 아이비 경영대학원(the Ivey Business School)에 비해 격차가 큰 2등 학교로 인식되고 있었다.

로트만 경영대학원의 문화는 심각했다. 교수진과 학생들은 학교와 행정부서를 신뢰할 수 없으며, 어떤 변화도 허용하지 않는다고 비판했다. 반대로 학교 측은 교직원과 학생들 모두가 짜증만 내며, 불평불만으로 가득 차 있다고 생각했다. 교수진과 행정부서는 졸업생, 캐나다 경영계, 언론 등을 포함한 모든 외부의 이해관계자들을 불신했다. 학교가 예전의 명예를 회복하기 위해서는 그들의 머릿속에 담긴 규정집을 변화시켜야 했다. 저자는 재계에서 지명도가 높은 외부 채용자였기 때문에 제대로 학교를 재정비하고, '사업가적인 문화'를 학내에 전파하는 등의 극적인 변화를 이끌어낼 것으로 기대되었다. 하지만 그렇게 하지 않았다. 2013년 저자가 학교를 떠날 때의 조직구조는 1998년에 비해 크게 달라지지 않았고 지배구조는 동일했다. 약간의 수정이 있었지만, 그게 전부였다. 새로운 문화를 과감히 적용하지도 않았다. 실제로 문화에 대해 일절 이야기조차 하지 않았다. 그 대신, 교수진들과의 리뷰 토론, 교수진 내부의 갈등, 외부 이해관계자들과 함께 일하는 주요 직원들과의 회의 등 대인관계 메커니즘(interpersonal steering mechanisms)을 변화시키는 데 끈질기게 집중했다.

* 교수진 리뷰 회의 : 무엇을 도와드릴까요?

저자가 처음 학장으로 부임했을 때 로트만 경영대학원 소속의 모든 교수진은 연간 활동 보고서를 학장에게 제출해야 했다. 이 보고서 안에는 지난 12개월간 출판된 도서나 논문, 초청 강의, 연구 보조금 수령 내역이나 수상 내역, 학생 평가 진행 과정, 강의상 수상 여부, 봉사한 학회 내역 등이 포함되었다. 학장의 임무는 교수진들에게 연구, 교육, 서비스 및 총점에 대한 7점 척도로 순위를 매긴 표준 평가서를 발행하는 것이었다. 저자는 공식적 메커니즘(formal mechanism)은 변경하지 않은 채, 한 가지 대인관계 메커니즘을 추가했다. 보고서를 제출한 후 각 교수진들은 학장인 저자와 1시간 동안 회의를 진행했다. 그 회의 중에 저자는 다음 세 가지 질문을 했다.

1. 작년에 설정한 목표를 어느 정도 달성하셨나요?
2. 내년의 목표는 무엇인가요?
3. 이런 목표의 달성을 위해 (현재는 없지만) 학교의 어떤 도움이 필요한가요?

이 회의를 추가로 진행한 이유는 각 교수들이 자신의 성과를 스스로 책임지고 있다고 생각하도록 자극하고 싶었고, 학장의 임무(및 행정부서의 임무)는 교수진이 내재적으로 동기부여한 목표를 달성하도록(합리적인 범위 내에서) 돕는 것이라는 사실을 명확히 하고자 함이었다. 이 대화는 학장이 일방적으로 판결을 내리는 방식이 아니었다. 학장은 소속 교수들이 무엇을 하고 싶은지, 그리고 그것을 달성하기 위해 어떤 도움이 필요한지 알아내야 했다. 저자는 학장으로서 교수진들이 목표를 달성하거나 장애물을 극복하는 과정에 도움이 되는 행정 절차에 개입할 수 있었고, 이런 회의를 통해 개입이 필요한 상황들을 발견하게 되었다.

임기 초반의 한 가지 사례가 있었다. 다른 경영대학원들과 마찬가지로, 로트만 경영대학원의 교수진은 두 가지 트랙으로 구분된다. 종신 트랙의 연구 교수와 의무적으로 연구를 수행할 필요는 없지만, 연간 더 많은 강의시간이 부여되는 비정년 교수(이후 실무 교수로 명칭이 개정됨)가 바로 그것이다. 많은 학교에 따르면, 학내 문화적으로 연구 교수와 행정부서는 강사들을 2등 시민으로 취급한다.

오랫동안 강사 역할을 했던 조안(Joan) 교수에게 위의 질문 중 세 번째 질문을 했을 때, 그녀의 대답은 분명하고 간단했다. 학교 측에서 제공을 거부했던 노트북 컴퓨터가 필요하다는 것이다. 이것이 왜 큰 문제였는지 이해하려면, 토론토 대학에 본교인 도심 캠퍼스가 있고 동부와 서부에 별도 캠퍼스가 있다는 점을 알아야 한다.

조안 교수는 도심과 서부 캠퍼스 두 곳에서 강의를 했다. 학교 규정에 따르면, 모든 교수나 강사들은 사무실용 데스크톱 컴퓨터를 지급받았다. 학내 시스템이 클라우드로 연결되기 이전이었기 때문에, 조안 교수는 그녀의 강의 자료를 데스크톱에서 플로피 디스크를 활용해(80년대 이전 생들은 다들 기억할 것이다.) 저장한 뒤 그 디스크를 강의실 컴퓨터에 복사한 후 참을성 없어 보이는 학생들이 보는 앞에서 진땀을 흘리며 파일을 다시 열어야 했다(지금과는 비교도 안 되게 로딩 시간만 수억 시간이 걸릴 정도의 컴퓨터 사양으로 말이다). 조안 교수가 자신의 데스크톱 PC를 노트북으로 교체할 수 있다면, 이런 모든 번잡한 행동들은 불필요하게 된다. 이런 당연한 상식에도 불구하고, 학내 IT 담당자들은 매번 조안 교수가 요청할 때마다 학교 정책상 노트북을 지급할 수 없다는 말만 되풀이했다.

저자가 조안 교수에게 노트북 지급이 가능하다고 말했을 때, 그녀는 믿지 못하는 눈치였다. 몇 번이나 거듭 강조한 끝에 조안 교수는 안심하며 자신의 요구가 받아들여진 것에 기뻐했다.

노트북을 지급받기 위해 학내 IT 부서에 방문했을 때, 담당자들은 저자에게 전화를 걸어 PC 지급 정책이 변경된 것인지와 앞으로 모든 교수들이 노트북을 지급받을 수 있게 된 것인지 물었다. 저자는 "아니요. 하지만 조안 교수는 업무상 노트북이 꼭 필요한 사람입니다."라고 답했다. 비록 모든 구성원들이 그 사실에 대해 알게 되었지만, 당시의 결정은 앞으로도 그와 같은 선례를 남기지 않았다. 모든 구성원들이 학장이 새로운 규칙을 만든 것이 아니라, 구성원 개인들의 개별화된 특성에 따른 맞춤형 요구에 대응하고 있다는 점을 이해해주었기 때문이다.

이처럼 교수들이 어떤 성과를 도출했는지 평가하는 것이 아니라 목표를 달성할 수 있도록 돕는 것으로 대화의 초점을 변경하면서, 교수진의 행정부서에 대한 태도는 변화되기 시작했다. 저자가 로트만 경영대학원에 재직한 15년간 학교를 사직한 교수는 한 명도 없었으며, 특히 교수진들의 도움이 필요할 때(대표적으로 글로벌 금융 위기가 확산되던 시기), 그들은 학장과 학교 편에 서 주었다. 이런 관행의 확산에 대해 자랑하자면, 저자는 심지어 로트만 경영대학원이 아닌 다른 기관 교수들로부터 자신이 속한 기관의 연례 회의에 참석해 볼 의향이 있는지 질문을 받은 적도 있다.

* 갈등 관리 : 모두 함께 회의실에 모여봅시다

교수진과 행정부서 간의 관계를 악화시킨 요인 중에 하나는 교수들이 학계 내 분쟁시 심판자 역할을 하는 사람들이었기 때문이다. 미국의 천재적인 정치인이자 정치학자로 알려진 헨리 키신저(Henry Kissinger)가 말한 유명한 표현을 빌리자면 "각자의 전문성 밧줄이 박힌 말뚝이 너무 짧기 때문"에 대학은 늘 이런 갈등을 겪는다.

당시 많은 교수들은 학장인 저자에게 다른 교수의 험담을 하기 위해 자주 방문했는데, 그들은 학장이 우호적인 개입을 해주길 바라는 듯했다. 하지만 저자는 갈등 해결을 위해 공식적인 절차를 도입하거나 교수진들이 직접 의견 차이를 좁히도록 개입하는 대신, '성인(成人)에 걸맞은 행동 캠페인(campaign for adult behavior)'이라고 부르는 대인관계 시스템을 활용했다. 예를 들어서 어떤 교수가 동료 학자의 뒷담화를 하기 위해 사무실을 방문하면, 저자는 유쾌하게 자리에서 일어나 지금 당장 그 사람을 만나 해결하러 가자고 제안했다. 이 방식은 찾아온 사람이 원하던 것과 정반대의 대응이었다. 그들이 원했던 것은 험담하고자 하는 대상이 직접 반박할 수 없는 상태에서 그를 험담하는 것이었다. 자신이 험담하고 있는 상대방이 바로 앞에서 지켜보는 상황은 그들을 바보처럼 보이게 만들 수도 있는 일이었다. 예상했던 대로, 불평불만이 있었던 어느 한 사람도 '성인에 걸맞은 행동 캠페인'에 대한 제안을 받아들이지 않았다. 그리고 몇 달이 지나지 않아, 사람들은 더 이상 찾아오지 않았다.

물론 이런 행동들이 교수진들 간의 모든 대인관계 갈등을 완벽히 제거했다고 생각진 않는다. 하지만 학장에게 달려가 한탄하기보다는 직접 갈등을 해결하려고 노력하는 문화를 만들었다고 믿는다. 학장 역할을 맡았던 지난 10여 년 동안 단 한 명의 교수진도 저자에게 동료들에 대해 불평을 하지 않았기 때문이다.

* 외부 이해관계자 : 누구든 환영합니다

저자가 학장에 취임했을 때, 학교 내의 외부 포트폴리오는 부실하다 못해 다음과 같은 이유로 전무하다시피했다.

1. 경영계와의 상호작용이 거의 없었다. (전년도에는 재계 인사들이 초대된 총 두 번의 행사가 있었을 뿐이다.)
2. 미디어 프로필이 없었다. (기자들은 우리 학교에 오기 전에 다른 경쟁 학교들에 전화를 해야 했다.)
3. 졸업생들의 참여가 거의 없었다. (학교는 전체 졸업생들

의 15% 미만의 인원에 대한 연락처 정보만 보유하고 있을 뿐이었고, 그들에게 아무 일도 하지 않았다.)
4. 인용된 학술저널 외에는 별다른 부가 정보가 없는 연구실적 프로파일이 존재했다. (부정기적으로 <로먼 매거진>이라는 이름으로 주소가 확보된 소수의 졸업생들에게 책자를 우편으로 발송했지만, 거의 효과가 없었다.)

이런 외부 포트폴리오를 강화하려면 많은 투자가 필요했지만, 학교는 이를 감당할 재정적 유연성이 없었다. 따라서 저자는 우리가 이미 하고 있는 것에 대한 태도와 규범을 먼저 바꿔야 한다고 생각했다.

그동안의 전통적 접근 방법은 막무가내로 '뜯어내기(extractive) 방식'이었다. 학교는 기금을 조성하거나 졸업생을 채용하고 싶을 때만 동문이나 경영계와 교류했다. 하지만 변화를 추구해야겠다는 생각을 한 이후부터 학교 측은 졸업생들과 경영계 인사들이 학교와 교류하는 것에 호감을 가질 수 있도록 언론과 상호작용하여 좋은 평가로 구성된 뉴스 기사를 전송했다. 행사, 홍보, 졸업생 및 언론 담당자들과의 회의를 통해, 저자는 외부 이해관계자들도 우리만큼 효용성을 느낄 수 있도록 '무한효용가치 제공의 원칙(Doctrine of Relentless Utility)'이라고 부르는 지침으로 업무 태도를 전환하도록 촉구했다. 이렇게 하면 우리는 그 대가로 어떤 것을 요구하지 않고도 가능한 외부 이해관계자들에게 유용하게 활용될 것이기 때문이다. 우리가 그렇게 열심히 하면, 학교에도 좋은 일이 생길 것이라고 강조했다. 언제, 어떤 방식일지 알 수 없지만, 당연히 좋은 결과가 있을 것이었다. 그래서 담당자들과의 대화에서 그들이 담당하고 있는 이해관계자들에게 어떤 효용성을 제공할 수 있을지에 대한 아이디어와 학장과 학교 내 다른 구성원들이 그들의 업무를 어떻게 도울 수 있는지에 대해 생각해 보도록 요청했다.

오늘날까지도 강력하게 지속되고 있는 훌륭한 아이디어 중 하나는 졸업생들을 위해 연례적으로 '평생학습의 날(Lifelong Learning day)'을 만든 것이다. 이는 졸업 후에도 새로운 지식이 계속 축적되기 때문에 이후에 쌓인 지식을 제공하기 위해 마치 자동차처럼 졸업생들을 '리콜'하는 것이었다. 그리고 매년 학교는 졸업생들을 위해 자리를 마련해 재학생과 똑같이 정보를 제공했다. 학교는 이런 활동에 대해 한 푼도 비용을 청구하지 않았고, 동창회와는 다르게 기금 모금 요청도 하지 않았다.

이제 '평생학습의 날'은 동문들과 더 가까워질 수 있는 큰 규모의 인기 있는 행사가 되었다. 제안된 콘텐츠가 호평을 받자, 비동문 신청자들도 참석을 하게 해달라며 요청하기 시작했다.

학교는 처음 이 프로그램을 실행했을 때 동문들에게 더 특별한 효과를 내기 위해 비동문 참석희망자들의 참석을 제한했었다. 하지만 졸업생들이 아닌 사람들에게 참석 비용을 청구한다면, 더 많은 예산이 확보될 수 있었다. 그리고 그 비용으로 프로그램을 개선하고 졸업생들이 받고 있는 무료 가치를 실제 금전적으로 보여 줄 수 있는 기회도 만들 수 있었다. 비동문 참가자들의 유료 신청이 시작되자, 짧은 시간 내에 수백 명의 참가자들이 하루에 1,000달러를 지불했으며, 이에 대해서는 어떤 졸업생도 불평을 드러내지 않았다. 이 프로그램이 실행됨에 따라 로트만 경영대학원이 외부 이해관계자들과 관계를 유지하는 방식에 대한 태도가 바뀌고, 구성원들은 '무한효용가치 제공의 원칙'이라는 렌즈를 통해 모든 업무를 바라보는 것으로 초점이 전환되었다.

시간이 흐름에 따라 노력이 결실을 보이자 참가 규모도 극적으로 증가했다. 저자가 학장으로 있었던 마지막 연도에 로트만 경영대학원은 10,000명이 넘는 인원이 유입된 122개의 행사를 진행했다. 언론 보도의 비중도 캐나다 내 다른 모든 경영대학원을 합친 것보다도 많았고, 국제 언론에서 매주 최소 10회 이상씩 언급되었다(그 이전인 1998년에는 한 달에 한 번 미만이었다). 저자는 동문의 90%를 대상으로 활발한 연설을 했으며, '평생학습의 날'을 포함한

다양한 동문 행사에 적극적으로 참여했다.

또한 우리 학교가 발행하는 잡지는 캐나다 전역의 신문 가판대에 등장했으며, 유료 발행부수에서 캘리포니아 경영학 리뷰나 MIT 슬론 경영 리뷰와 경쟁했다. 그리고 마지막 해인 2013년에도 1998년도 대외 관계 유지 예산보다 약간 많은 수준의 투자금액으로(즉, 이벤트 및 구독 수익 등으로 인해) 이 모든 것을 달성했다.

경영진은 조직문화를 바꾸려고 할 때 보통은 훈계나 질책 조로 공식적 프로세스나 시스템을 변경하려 하는데, 이는 잘못된 방법이다. **문화는 시스템과 프로세스 혹은 리더의 신념이 아니라, 규칙과 관계의 맥락 속에서 개인들이 서로 어떻게 반응하는지에 따라 좌우되기 때문에 이런 접근 방식은 늘 실패할 수밖에 없다.**

진정한 문화적 변화를 이루기 위해서, 경영진은 근무시간에 일어나는 인간 상호작용을 어떻게 구성할지에 초점을 맞추고 규율을 보여주어야 한다. 그리고 시간을 투자해 집중해야 한다. 구성원들은 하루아침에 일하는 방식을 바꾸지는 않겠지만, 그들이 그렇게 변화한다면 그 결과는 오래도록 지속될 것이다.

> * 이번 장은 <하버드 비즈니스 리뷰>(1993년 11~12월호)에 저자가 기고한 '회사의 마음을 변화시키기(Changing the Mind of the Corporation)'의 내용을 수정 및 보완한 것이다.

7장.
지식 근로(Knowledge Work) :
폭식과 구토의 현장,
과로사 직전의 지식 근로자들

"개별 직무가 아니라 프로젝트를 조직화하라."

모든 기업이 지식 근로자들을 관리하는 데 어려움을 겪고 있다. 최고의 인재를 찾고 유지하기 위해 치열한 경쟁을 벌이며, 그 과정에서 수천 명의 관리자들을 새롭게 만들어 낸다. 비록 잠시 동안은 괜찮지만, 일반적으로 경제 상황이 나빠지면 필연적으로 기업은 인건비가 높은 직원들이 기대만큼 생산적이지 않다는 점을 깨닫고, 비용을 관리하기 위해 그들을 대량 해고한다. 하지만 역시 이도 잠깐, 곧 기업은 다시 직원들을 모집하러 나선다.

이와 같은 반복은 아주 파괴적이다. 관련된 인적, 사회적 비용은 제외하더라도, 현대 기업들이 성장동력으로 인식하고 있는 자원을 이런 방식으로 관리하는 것은 극히 비효율적이다. 특히 당혹스러운 점은 이런 악순환의 주기에 적극적으로 참여하는 기업들 중에 미국에서 가장 존경받는 롤 모델 기업들이 대거 포함되어 있다는 사실이다. GE는 1980년대와 1990년대 초에 대규모 경영진 해고를 단행했다. 직원 수가 점진적으로 다시 증가한 후 이 회사는 2001년 또 한 차례의 정리해고를 발표했다. 경기침체가 다시 한 번 수치 감소를 강요하기 전인 2007년까지 그 수치는 다시 회복되었다. 콜게이트-파몰리브(Colgate-Palmolive), 메트라이프(MetLife), 휴렛 패커드(Hewlett-Packard), 펩시(PepsiCo) 등도 모두 같은 과정을 거쳤다.

그렇다면 왜 이들은 자신들의 가장 생산적인 자산이 되어야 할 대상과 그토록 비효율적인 씨름을 하고 있는 것일까?

저자는 그 이유가 지식경제에 대한 지난 수십 년간의 연구와 논쟁에도 불구하고 **지식노동이 작동하는 방식과 그동안 너무도 익숙했던 육체노동의 작동 방식이 그리 다르지 않다는 심각한 오해에 뿌리를 두고 있다고 생각한다.** 특히, 대부분의 기업은 지식 근로자를 관리하는 데 있어 다음 두 가지 큰 실수를 범한다.

첫째, 모든 직원을 매일 같은 작업을 수행하는 육체노동 인력처럼 구성해야 한다고 생각한다. 둘째, (위 첫 번째 항목에서 파생된 것이기는 하지만) 육체노동과 달리 지식노동은 반드시 직원들과 연결되어 있으며, 문서로 작성되거나 다른 직원들에게 이전될 수 없다고 믿는다. 이런 실수를 통해 저자는 지식노동에 대한 다른 관점의 사고방식을 제안한다.

'지식 노동은 반드시 직무가 아닌 프로젝트를 중심으로 조직을 구성해야 한다.'는 것이다.

이번 장에서 저자는 이해 가능한 지식노동의 맥락에서 '전통적인 일'에 대한 가정이 얼마나 파괴적인지 제시하고, 그 대안적인 패러다임을 설명할 것이다. 만약 기업들이 이 장에서 저자가 제안하는 모델을 더 폭넓게 수용한다면, 우리 모두는 오늘날 대부분의 기업들의 특징이라고 할 수 있는 '왜곡된 고용과 해고의 악순환'에서 벗어날 수 있을 것이다. 먼저 지식 근로자들이 실제로 어떤 업무를 하는지부터 살펴보자.

의사결정 '공장'의 출현

지식 근로자들은 제품을 제조하거나 기본적인 서비스를 제공하지 않는다. 하지만 그들도 무엇인가를 생산하는데, 그것은 바로 **'의사결정'**이다. '무엇을 판매할 것인지에 대한 의사결정', '어떤 가격으로 누구에게 판매할 것인지에 대한 의사결정', '어떤 물류 시스템을 활용할 것인지에 대한 의사결정', '어떤 장소를 선택할지', 그리고 '어떤 직원들과 함께할지에 대한 의사결정' 등이 그 예이다.

책상과 회의실에서 매일 업무를 수행하는 동안, 지식 근로자들은 이른바 '의사결정 공장'에서 '생각'이라는 이름의 망치로 해결해야 할 의제를 열심히 두드린다. 그들의 원재료는 자체 정보시스템과 외부 공급자의 데이터이다. 그 결과, 그들은 수많은 분석 결과와 제안으로 가득 찬 메모들, 그리고 프레젠테이션을 생산해낸다.

지식 근로자들은 이 작업 과정을 토대로 결정된 완제품을 생산하는 프로세스(보통 우리는 이를 '회의'라고 부른다)에도 참여한다. 또한 재작업을 할 때도 있다. 첫 번째 회의에서 결정되지 않은 의사결정을 하기 위해 또 다른 회의를 하는 것이다. 그리고 이들은 생산 후 사후관리 서비스(AS)에도 참여한다(의사결정 사항들의 후속 조치수행을 의미한다). 의사결정 공장 근로자들의 급여는 물리적인 공장 근로자들의 급여보다 훨씬 많기 때문에 P&G와 같은 규모가 큰 제조업체들에서도 큰 비용이 되었다.

20세기 후반의 기업들은 '효율성과 성장'이라는 목표를 추구하기 위해 지식 근로자들에 대한 고용투자를 연구개발, 브랜드 관리, 정보 기술 시스템, 자동화 등의 분야에 집중시켰다. 저자는 북미 최대의 제과업체 중 한 회사의 CEO와 함께 일했던 경험이 있다. 그는 노동 집약적 설비의 오래된 공장을 북미 대륙 내에서 가장 발전된 형태의 베이커리로 변화시킨 경험이 있었고, 온갖 전자설비가 포함된 오븐과 포장기계들을 구비해 인건비를 60%까지 줄였다고 자랑스럽게 말했다. 하지만 이 과정에서 정교한 컴퓨터 시스템과 최첨단 장비를 관리할 인재들이 필요해 본사와 공장 모두 엔지니어, 컴퓨터 기술자 및 관리자 등과 같은 높은 인건비의 지식 노동자들이 추가로 배치되었다. 안타깝게도 새롭게 옮겨 심어진 식물들은 첫눈에 알아볼 만큼 그리 좋은 식물들이 아니었다. 육체노동을 위한 비용은 감소했지만, 지식 근로자의 고정 비용은 증가해 설비 가동률을 높게 유지해야만 했다. 당연히 몇 년 동안은 견딜 수 있었지만, 그 이후에는 불가능해졌다.

이 회사는 많은 사업의 사례를 대표한다. 그들은 직접 비용을 간접 비용과 맞바꿨는데, 이는 인원수는 적지만 비교적 생산성이 높았던 육체 노동자들과 인원수가 더 많아 높은 인건비를 들여야 하는 지식 근로자들을 교환해 버린 것을 의미한다.

\<지식노동 점유율의 증가\>

현대 노동환경에서 지식 근로자의 증가 정도를 파악할 수 있는 한 가지 방법은 대기업의 매출원가(COGS)와 판관비(SG&A: 판매, 일반 및 관리비)의 변화추이를 살펴보는 것이다. 회사의 가장 큰 비용 항목인 매출원가와 판관비 지출은 블루칼라 근로자와 화이트칼라 근로자를 가장 잘 나타내는 지표다.

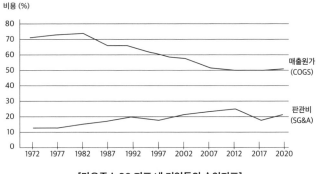

[다우존스 30 지표 내 기업들의 수익지표]

다우존스 30 지표는 항상 미국 대기업 현황을 대표해왔는데, 2020년 다우존스 30 지표에 속한 회사들의 매출은 2조 8,000억 달러이고, 직원 수는 800만 명이었다. 아래 그래프에서 잘 알 수 있듯이, 1972년 총지출은 수익의 72%, 매출원가 대비 판관비 비중은 13%였다. 그리고 1970년대 후반 판관비의 비율이 증가하기 시작했다. 다음 10년간 매출원가는 지속적으로 떨어졌는데, 2020년에는 매출원가가 52%로 감소하고, 판관비는 20%를 상향하는 극적인 변화가 발생한다.

'의사결정 공장'의 생산성이 악화되는 두 가지 요인

피터 드러커(Peter Drucker)가 '지식 노동자'라는 용어를 만든 이후 반세기 동안, 이들은 노동력의 중요한 부분일 뿐만 아니라 지배적인 부분이 되었다. 앞으로 중국과 다른 저비용 권역에서 더 많은 육체 노동자들이 유입됨에 따라, 선진국 경제는 지식 노동자에 더욱 의존하게 될 것이다. 따라서 이들의 생산성은 우리 시대 경영상의 중요한 도전이 된다.

생산 공정에서 생산성을 좌우하는 중요한 두 가지 동인은 일이 '구조화되는 방식'과 '경험으로부터 교훈을 포착해 내는 기업의 능력'이다. 물론 이 두 가지 동인은 서로 상호 의존적이다. 지식 노동자의 의사결정 공장에서는 실제 업무와 구성방식 간의 불일치가 지식 근로 내의 비효율성의 직접적인 원인이 된다. 결국 사람이라는 특성상 이런 불일치는 지식을 공유하는 동기를 악화시키는데, 그 이유는 무엇인지 지금부터 살펴보자.

* 의사결정 공장의 비효율적인 작업구조

의사결정 공장에서 노동의 기본 단위는 직무(job)이다. 이런 관점으로 의사결정 공장은 매일 매일 반복작업을 하는 생산공장의 모델을 기준으로 관리자가 개인 직무를 구성하는 특정 활동(activity)을 식별한다. 만약 여러분이 얼마나 많은 산출물을 만들어내야 하는지 알고 있다면, 필요로 하는 '직무' 수를 추정하고, 그에 따라서 직원을 고용할 수 있다. 물론 산출물은 항상 변동성이 있지만, 예측 가능한 범위 안에 있을 테니 별 어려움은 없을 것이다. 하지만 이런 맥락에는, 생산공장의 일은 생산 작업의 산출물이 안정적이라는 전제를 함축하고 있다.

의사결정 공장의 직무도 동일한 가정을 기반으로 한다. 예를 들어 마케팅 부사장은 매일 같은 양의 산출물을 만들어낸다고 가정한다. 그래서 그의 직무 기술서에는 하나의 직무 역할이 추가되는 관점에서 계속 진행되어야 하는 작업(Tasks)들의 모음이 기록되어 있다. 전형적인 마케팅 부사장의 직무 기술서에는 제품 브랜딩, 홍보 활동, 시장 조사 등이 매일, 매주, 그리고 매월 수행해야 하는 것처럼 설명되어 있다. 하지만 이 부분에서 의사결정 공장과 제품생산 공장 사이의 유사성은 여지없이 깨져버린다.

지식 근로는 일상적으로 반복되는 과업(tasks)의 형태가 아니라, 주로 프로젝트(projects)의 형태로 존재하기 때문이다. 따라서 지식 근로자들의 의사결정 집중도는 상황에 따라 최고점과 최저점 사이에 큰 변동 폭이 존재한다.

마케팅 부사장은 중요한 제품을 출시하거나 경쟁사의 위

협이 발생할 때 무척 바쁠 것이고, 이 두 가지가 겹친다면 야근 모드로 돌입해야 한다. 하지만 이런 극성수기 이외의 기간에는 의사결정 사항이 전혀 없을 수도 있고, 이메일을 회신하는 것 이외에는 아무런 업무가 없을 수도 있다. 이런 그에게 어느 누구도 휴가나 다녀오라고 권하지 않으며, 급여 지급이 잠시 중단된다고 말하지도 않는다. 지식 노동자를 폭식하듯 고용하고, 구토하듯 해고해 버리는 주기적 반복현상은 지식 근로에 대한 이런 접근방식의 불행한 결과물이다.

전체 인력이 상시적으로 정규직 중심으로 구성되면, 매우 바쁜 조직에 자원을 재배치하기가 어렵다. 일반적으로 인사부서는 새 직책을 만들고 직무 기술서를 작성한 다음, 다른 정규직 구성원들을 전배시키거나 외부 서칭을 통해 직무를 채워야만 한다.

모든 영역의 관리자들은 자신의 담당 조직 내 지식 근로자 수를 '최대 수요'로 인력을 배치하려는 경향이 있다. 이 때문에 의사결정 공장 전체에는 각 조직들이 조금씩 늘려 잡은, 합치면 상당한 수준에 이르는 '초과 역량 상태'가 지속된다. 이것이 바로 의사결정 공장의 생산성 이슈가 현대 기업의 난제인 이유이다. 지식 근로자들이 상사에게 가서 '나는 지금 이미 모든 업무를 빠르게 처리한 덕에, 상당히 여유롭다'고 선언하는 것은 전혀 도움이 되지 않는다. 기껏해야 상사들은 성과평가 과정에서 '이 부서는 상대적으로 쉬운 업무를 하고 있다', 혹은 '이 부서는 그다지 생산성이 높지 않다' 정도로 생각할 것이다. 최악의 경우에는 '이 부서의 구성원들을 해고해도 괜찮다'는 의사결정을 할지도 모른다. 따라서 항상 바쁜 척하는 것이 모든 지식 근로자들에게 유익한 처세일 뿐이다. 이들에겐 늘 작성해야 할 보고서, 작성해야 할 메모, 해야 할 상담, 연구해야 할 아이디어들이 있어야 한다. 그리고 이런 생존 필수 의무를 지원하기 위해 생산성의 두 번째 동인인 '지식 이전(knowledge transfer)'이 왜곡되어 버린다.

* 코끼리 귀 뒤에 숨겨진 지식 근로자들의 직무

저자의 책 『기업과 디자인; 왜 DT가 미래의 경쟁우위인가(The Design of Business)』에서 설명한 것처럼, 지식의 개발은 암흑상태, 휴리스틱, 알고리즘의 세 단계를 거친다. 사례를 보자.

1983년 인텔 최초의 마이크로프로세서 반도체 제조 시설이나 1955년 캘리포니아 애너하임의 디즈니 최초의 테마파크처럼 처음으로 시도된 제조 또는 서비스 시설이 만들어지면 직무 내에 포함된 작업(tasks)들은 **'암흑상태(mystery)'**에 빠지게 된다. 예전에는 생각조차 해 보지 않앉던 고민을 해야 하기 때문이다. '제조 공장 내 최적의 공정 흐름은 무엇일까?', '디즈니랜드 내 고객 대기선은 어떻게 구성해야 할까?'와 같은 이런 선구적이며 실험적인 일 (pioneering experimental work)은 비효율과 오류로 가득 차는 경향이 있다. 이후 수많은 연습이 진행되면서 지혜의 체계(a body of wisdom)가 형성되는데, 우리는 이것을 흔히 '**휴리스틱(heuristic)**'(시간이나 정보가 불충분하여 합리적인 판단을 할 수 없거나, 굳이 체계적이고 합리적인 판단을 할 필요가 없는 상황에서 신속하게 사용하는 어림짐작의 기술_역자 주)이라고 부른다.

안정적인 '휴리스틱'이 자리를 잡은 이후 인텔의 10여 개의 생산공장들은 첫 번째 공장의 풍부한 지식과 경험을 가진 지식 마스터가 설계했기 때문에 그 이상의 엄청난 히트를 치거나 완전한 실패를 하지도 않았다. 디즈니도 플로리다주 올랜도의 디즈니월드를 개장하면서 애너하임 휴리스틱을 활용할 수 있었다. 이렇듯 제품 제조 공장에서 지식의 발전은 더 이상 휴리스틱이 아니다. 대규모 제조 및 서비스 운영 문화에서는 이런 지식이 성공을 보장하는 공식인 '**알고리즘(algorithm)**'이 될 때까지 계속 밀어붙인다. 운영 매뉴얼이 풍부한 지식을 가진 마스터를 대체하고, 경험이 적은 관리자는 알고리즘을 활용해 작업을 완료할 수 있다. 이런 문화는 맥도날드(McDonald's)와 페덱스

(FedEx)와 같은 기업의 성공 아이콘 뒤에 숨어 있었다. 이런 일은 기존 알고리즘으로만 끝나는 것도 아니다. 이후 지속적인 개선 과정에서 연마되고 정제된다.

하지만 의사결정 공장에서 지식은 경험이나 판단이 휴리스틱 수준에 고집스럽게 머무는 경향이 있다. 의사결정 공장에서의 지식 도전이 훨씬 더 어렵기 때문이다. 많은 의사결정은 제조공장과 달리 매번 처음 다뤄보는, 거의 미스터리한 영역에 이르게 된다. 예를 들어, '우리 회사가 첫 번째 개발 시장인 나이지리아에 진출하려면 어떻게 해야 할까?', '그 다음으로 진출할 나라는 어디일까?'와 같은 고민은 여전히 늘 구성원들을 당황하게 한다. 물론 적절한 진출 전략은 매번 다를 것이다. 그렇기에 매번 어렵다.

10개국에 대한 진출 의사결정을 내린 후에도, 다음 진출을 위한 어떤 알고리즘도, 휴리스틱도 찾아볼 수 없다. 이런 직무(Job)기반 업무구조는 상당한 위험을 초래한다. 숙련된 지식 근로자가 기술 기반 휴리스틱을 알고리즘으로 바꾸고 나면, 회사는 저숙련, 저임금 근로자로 대체하도록 권유한다. 이 때문에 많은 조직 내의 숙련된 지식 근로자들은 새로 온 신참들에게 휴리스틱을 가르치는 시간을 내는 것조차 꺼려 한다. 무언가를 가르쳐야 할 때마다 그들은 항상 다른 무엇인가를 하느라 더 시급해 보인다.

물론 이런 위험은 블루칼라의 세계에도 존재한다. 하지만 그곳에서의 지식은 물리적 관찰 과정을 통해 발전 가능하다. 철강회사의 엔지니어였던 프레드릭 윈슬로우 테일러(Frederick Winslow Taylor)와 그의 지옥과도 같은 스톱워치의 시대부터, 블루칼라 근로자들은 자신들의 일이 관찰되고 최적화될 수 있으며, 앞으로도 그렇게 될 것이라 생각해 왔다. 하지만 지식 근로자들의 직무는 마치 코끼리처럼 큰 귀 사이에 숨겨져 있다. 현대 기업들의 경영진들은 조직 내에 분명히 필요한 지식 근로자들보다 더 많은 수의 인원들이 존재한다는 것은 알지만, 구체적으로 어디에 더 많이 존재하는지는 모른다. 따라서 매출이 급감하거나 어려운 상황에 직면하게 되면 반사적으로 분별없이 지식 근로자들을 해고한다.

만약 세계에서 가장 비싼 의사결정 공장을 운영하고 싶다면 아주 좋은 방법이 있다. '우리 회사의 인적자원을 관리해줄 잘나가는 전문 서비스 회사를 활용하는 것'과 '최고의 블루칼라 공장에서 발견되는 지식 발전의 윤리를 채택하는 것'이다.

프로젝트 중심의 직무 재설정
지식 근로자들의 환경에서 폭식과 구토의 반복 사이클을 깨는 유일한 열쇠는 **조직을 직무가 아닌 프로젝트 중심**

으로 조직화하는 것이다. 이럴 경우, 정규직 직원은 특정 기능에 묶여 있지 않고, 자신의 능력에 따라 다양한 프로젝트로 이동할 수 있다. 회사는 직원을 자유롭게 이동 배치할 수 있기 때문에 총급여에 포함된 지식 근로자의 수를 줄일 수 있다. 그러면 업무 중단시간과 추가 작업이 훨씬 줄어들게 될 것이다.

유니레버(Unilever)社의 도브(Dove) 브랜드를 위해 새로 고용된 보조 브랜드 매니저를 예로 들어보자. 처음에 그는 자신의 역할이 상사인 매니저가 브랜드를 이끄는 것을 돕는 것으로 생각할 수 있다. 하지만 보조 매니저의 직무는 늘 변화된다는 것을 곧 알게 될 것이다. 이번 달에는 브랜드 확장 가격 정책 및 포지셔닝에 대한 작업을 하고, 두 달 후에는 도브 라인업 중 가장 많이 팔리는 품목들의 배송 지연을 야기한 생산 결함을 관리하는 데 몰두할 수도 있다. 그 후에는 상사가 다른 프로젝트를 론칭하면 따로 호출이 있을 때까지 조용히 앉아 있게 된다. 그리고 몇 달 지나지 않아, 그는 자신의 직무가 때로는 편한 방식으로, 때로는 매우 불편한 방식으로 일련의 프로젝트들을 담당해야 한다는 사실을 깨닫게 된다.

프로젝트를 중심으로 지식 근로를 조직하는 것은 주류 경영계에서는 급진적인 아이디어로 보일 수 있지만, 전문적인 서비스 제공 회사들에서는 이미 매우 친숙한 개념이다. 그리고 이들 중 일부는 이미 제조기업들만큼이나 규모가 커졌다.

액센추어(Accenture)는 아더 앤더슨(Arthur Andersen)의 '시스템 통합사례'로 시작하여 머크(Merck)와 비슷한 수준의 수익을 내는 독립 회사로 성장했다. 상징적인 컨설팅 회사인 맥킨지(McKinsey & Company)는 상장 기업이라고 가정할 경우, 포춘 500대 기업 중에서 약 300위의 위치를 점하고 있다. 이런 기업들은 거의 전적으로 지식 근로자들로 구성되어 있다.

지금부터는 프로젝트 중심의 조직을 둔 기업에서 업무가 어떻게 진행되는지 살펴보기로 하자. 먼저 프로젝트가 들어오면 이를 수행하기 위해 팀이 구성된다. 프로젝트가 끝나면 팀은 해체되고, 팀원들은 다른 프로젝트에 배치된다. 이들에게는 영구적인 임무가 없다. 이들은 특정 프로젝트에서 특정 역량을 발휘할 수 있는 능력을 만들어왔기 때문이다. 이런 회사들은 프로젝트별로 유연하고 원활하게 자원을 이동할 수 있기 때문에 고객들이 할 수 없는 일들, 즉 필요 인력이 (정규직으로) 상시 배치되어 있기 때문에 스스로 처리할 수 없는 프로젝트를 거뜬히 수행해낼 수 있다. 실제로 특정 프로젝트에 투입된 각 전문적인 컨설팅 회사들은 특별한 전문성을 갖고 있어서 당면한 작업에 신속하게 투입될 수 있다. 많은 전문적인 컨설팅 회사들은 그들의 고객사가 정규직으로 구성되어 있는 반면, 프로젝트 기반으로 설계되어 있어 신속하게 성장할 수 있었다.

이런 접근방식은 전문 컨설팅 회사에만 국한되지 않는다. 예를 들어, 할리우드 스튜디오들은 항상 영화 프로젝트 중심으로 조직된다. 한 팀이 모여 영화의 기획, 촬영, 편집, 마케팅 및 배급을 진행한다. 이렇게 개별 팀 구성원이 작업을 완료하면, 다른 프로젝트에 할당된다.

몇몇 주류 기업들도 이 모델의 힘을 인식했다. 예를 들어, P&G는 이 부분에 있어 얼리어답터였다. 1998년 이 회사는 대대적인 운영 개편을 단행했다. 핵심은 4개 통합 지역 수익센터에서 7개의 글로벌 사업부(GBUs, Global Business Units)로 전환하는 것이었다. 각 글로벌 사업부는 유아용품, 섬유용품, 뷰티케어를 포함한 담당 지역 내 7개의 GBU 모든 제품의 유통을 책임지는 시장 개발 조직으로 재편되었다. 개편의 특징은 정보 기술과 성범죄 정보를 공유하기 위해 글로벌 사업 서비스(GBS, Global Business Service) 부서를 만든 것이었다. 공유 서비스 조직이 이미 대중화된 시점이었기에, P&G가 이런 단계를 밟는다는 사실 자체가 주목받을 만한 것은 아니었다. 하지만 글로벌 사업부의 운영방식은 매우 주목할 만했다.

업무 몰입형 조직의 탁월한 성과

2003년 P&G는 2015년까지 글로벌 사업부의 사장을 역임한 필리포 파세리니(Filippo Passerini)의 지휘 아래, 기업 역사상 최대 규모의 아웃소싱 계약에 참여했다. P&G는 약 3,300개의 직무를 IBM, HP, 존스 랭 라살(Jones Lang LaSalle, JLL)로 보냈다. 파세리니 사장은 가장 루틴하고, 프로젝트 기반의 업무에서 가장 벗어나 있는 직무를 수행하는 글로벌 사업부 직원들을 해당 조직으로 이동시켰다. 파세리니 사장의 이런 결정은 남아있는 직원들의 직무를 더 창의적으로 만들어주었다. 고전적인 방법이었다면 각각의 직무를 유사한 업무들의 일관된 흐름으로 가정하고, 수평적인 직무들로 구조화했을 것이다. 그 대신 파세리니 사장은 글로벌 사업부의 업무에 내재된 프로젝트 성격을 받아들이기로 결정했다.

파세리니는 P&G에 남아있는 조직의 일부 구성원들을 '업무 몰입형 조직(flow-to-the-work organization)'이라고 명명했다. 이 직원들의 일부는 여전히 고정된 정규직에서 일하고 있었지만, 많은 비율의 직원들은 긴급히 투여되고 급여 수준도 높은 프로젝트에 할당되었다. 당연히 이들은 스스로가 한 지역의 특정 사업 단위에서만 일할 것이라고 생각하지 않았다. 그들은 긴급한 과제를 연속적으로 처리하기 위해 특별히 조직된 팀에서 계속 일하게 될 것임을 잘 인지하고 있었다.

질레트(Gillette)의 통합 과정은 바로 그런 과제 중 하나
였다. 2005년 질레트 인수는 직원이 3만 명이나 늘어나고,
570억 달러의 비용이 드는 P&G 역사상 가장 큰 통합 작업
이었다. 이 도전은 글로벌 사업부의 업무영역에 있었다. 이
들은 재무, 영업, 물류, 제조, 마케팅 및 정보 기술 시스템과
같은 모든 백오피스 기능을 통합해야 했다. 당시 글로벌 사
업부는 '업무 몰입형 조직'의 체제를 갖췄고, 그 덕분에 파
세리니 사장은 광범위한 통합 과정에 신속하게 자원을 전
달할 수 있었다. 그 결과, 일반적으로 이런 규모의 인수작
업에 소요되는 시간의 절반도 안 되는 기간, 즉 15개월 만
에 통합 작업은 완료되었다. 통합 시너지로 인한 비용 절감
액이 하루에 400만 달러로 추산되므로, 이는 약 20억 달러
에 가까운 비용 절감으로 이어졌다.

지식 근로에 대한 프로젝트 기반 접근은 현재도 P&G 전
반에 시행되고 있다. 2012년 회사는 과도한 화이트칼라 비
용을 줄이고, 나머지 비용을 효과적으로 관리하기 위한 혁
신을 발표했다. P&G 조직 내 각 부서들은 지식 근로자들
의 어느 정도 비율이 정규직이어야 하는지, 그리고 어느 정
도의 비율의 직원들이 '업무 몰입형 직무'에 포함되어야 하
는지를 정의하고 있다. 이 비율은 단위조직에 따라 다를 수

있지만, 반드시 '0'보다는 커야 한다.

휴리스틱의 지식 알고리즘화

업무 몰입형 조직으로의 전환은 지식 근로자의 생산성을 제고하고, 지식의 명문화와 지식 전이의 장애물을 제거하는 데는 많은 도움이 되겠지만, 반드시 효율적인 실행을 보장한다고 할 수는 없다. 이를 실현하기 위해서는 지식 근로자들을 한 걸음 더 나아가도록 설득하는 단계가 필요하다. P&G는 핵심 경영진들에게 지식 체계화를 맡김으로써 이 분야에서도 선두주자가 되었다. 1837년 이래로 이 회사는 모델 브랜드 형성에 탁월한 강자였지만, 오랜 기간 동안 브랜드 구축 과정의 경험을 엄청난 인건비가 드는 임원들만 보유한 휴리스틱의 영역에 남겨두었다. 이런 휴리스틱을 배우기 위해서는 전통적으로 그 임원 중 한 명 또는 그 이상과 함께 견습하면서 비문서화된 규칙들을 흡수하는 방법밖에 없었다. P&G는 결국 더 이상 이런 접근법이 유지될 수 없다고 결정했다.

1999년 당시 섬유유연제 총책임자였던 데보라 헨레타(Deborah Henretta)는 회사의 브랜드 구축 휴리스틱을 체계화하여 알고리즘 방향으로 이동시키는 프로젝트를 후원했다. 브랜드 구축 프레임워크(BBF 1.0이라고 명명됨)는 조직 내 젊은 마케터가 브랜드 구축 기술을 좀 더 신속하게 학습해, 이 과정에 필요한 시간과 비용을 줄이는 것을 목표로 삼았다. 2021년까지 다수의 업데이트를 통해서 조직 내에서 충분한 가치를 인정받았다.

글로벌 사업 서비스(GBS) 부서도 적극적으로 같은 방향으로 움직였다. 이런 노력의 예로 P&G의 20개 이상의 각 범주에 속한 재무회계(F&A) 관리자들이 연례 전략계획 실행에 앞서 수행하는 노동 집약적인 준비 작업이 있다. 전통적으로 재무회계 관리자들은 경험에 의존해 각 사업범주 내 팀들이 전략 작업을 준비하는 데 어떤 종류의 정보들이 필요할지를 결정해, 특정 형태의 양식으로 자료를 구성해왔다. 많은 데이터들을 제공하기 위해 정보시스템을 활용한 GBS 팀은 연중 특정 시기에 특정 대상의 관리자들이 특정 유형의 데이터를 요청하는 패턴을 발견했다. 이런 과정에서 모든 재무회계 관리자의 준비 자료들이 내용이 매우 유사하고, 알고리즘을 통해 쉽게 만들어낼 수 있는 것임이 확인됐다. 실제로 대부분의 자료는 GBS 팀이 만든 소프트웨어를 통해 바로 산출될 수 있는 것들이었다. 데이터 자료를 구성하는 데 수백 시간을 소비하는 대신, 각 관리자들은 GBS 팀에 이메일을 보내 향후 전략 프로세스를 위한 준비자료를 간단하게 요청할 수 있게 되었다.

물론 모든 지식 근로가 알고리즘의 형태로 축소될 수 있는 것은 분명히 아니다. 그러나 오늘날의 머신러닝 기술을 활용하면, 그 궤적은 훨씬 더 넓어질 수 있다. 예를 들어, 금융 및 의학 분야에서는 전통적으로 인간이 해왔던 것으로 여겨졌던 의사결정들까지 인공지능이 적용되고 있다. 중국 앤트파이낸셜(Ant Financial)의 중소기업 대출 사업은 거의 전국적으로 소프트웨어를 통해 대출 의사결정을 내린다. 이 회사의 알고리즘은 모회사인 알리바바(Alibaba)의 전자상거래 웹사이트 타오바오(Taobao) 데이터에 접근할 수 있기 때문에 대출 신청자의 사업거래 및 커뮤니케이션 내역을 즉시 검토할 수 있다. 이 데이터를 활용해 실시간으로 신용등급을 결정할 수 있으므로 몇 분 안에 큰 비용 없이 처리할 수 있다. 의학 분야의 교과서적인 예는 방사선 촬영 분야인데, 스캔 자료와 엑스레이 사진에 대한 기계 분석 과정이 환자의 상태를 매우 정확하게 진단한다는 사실이 입증되었다.

P&G 규모의 조직은 하루아침에 프로젝트 기반이 되거나 모든 휴리스틱을 알고리즘 형태로 압축할 수도 없다. 그리고 그렇게 되어서도 안 된다. 이것은 매우 파괴적일 수 있기 때문이다. 하지만 직원들 모두가 고정된 직무를 수행하는 회사는 확실히 시대에 뒤떨어졌다고 보는 것이 옳다. 마찬가지로 현대 기업들은 너무도 빨리 발전할 것이고, 수많은 직원이 현재의 휴리스틱을 활용하는 데 계속해서 투

자될 것이다. 하지만 다음 단계의 새로운 수수께끼를 풀기 위해서는 분명히 특정한 사람들이 필요하다. 따라서 핵심은 지식을 다음 단계로 발전시키는 데 그 지식 근로자들을 투자하는 것이다. 오직 그럴 경우에 한 해, 조직은 폭식과 구토의 순환주기를 피하면서 지식 근로자들의 생산성을 향상시킬 수 있을 것이다.

> * 이번 장은 <하버드 비즈니스 리뷰>(2013년 10월호)에 저자가 기고한 '의사결정 공장에 대한 재고(再考)(Rethinking the Decision Factory)'의 내용을 수정 및 보완한 것이다.

8장.
지원부서(Corporate Functions) :
조직 내 어떤 부서라도
개별 전략은 필요하다.

"지원부서에 그들 자체의 전략을 부여하라."

스티븐(Stephen)은 최근 사업을 확장 중인 대형의류업체의 혁신 담당 임원으로 선임되었다. 그는 오랜 전통을 갖고 있으며, 운영에 중점을 두고 관리되고 있는 일련의 브랜드들에 혁신 문화를 구축하는 업무를 담당하게 됐다. 혁신 워크숍이 마무리되어갈 즈음, 그는 이 일을 시작하는 가장 좋은 방법에 대해 저자에게 조언을 구했다. 그가 던진 첫 질문은 이것이다. "무엇부터 시작해야 할까요?"

정답은 무엇일까? 저자는 **'전략'**이라고 답했다. **'혁신 담당 부서가 직면한 중요한 선택들을 신중하게 표현해 보는 것에서 시작하라'**고 조언했다. 이 작업은 스티븐의 조직이 어디를 지향하고 있고, 어떤 방법으로 그곳에 도달할 수 있는지 이해하는 데 도움이 될 것이다.

스티븐은 저자의 조언에 표정이 변하며, "저희 혁신 담당 조직 자체의 전략을 말씀하시는 건가요?"라고 물었다. 그리곤 "회사 내 모든 브랜드는 우리 조직을 좋아합니다. 그들은 우리가 필요하다는 사실을 잘 알고 있죠. 제가 맡고 있는 조직의 전략을 세우는 것은 시간 낭비 같아요. 지금도 무척 벅차거든요. 사실은 지금도 우리가 할 수 있는 일들보다 더 많은 일들을 해내고 있습니다."라며 뿌듯해했다.

'전략에서부터 시작하라'라는 답변이 중요한 이유가 바로 여기에 있다. 스티븐의 조직은 이미 그들이 할 수 있는 일들보다 더 많은 것들을 수행하고 있었다. 그는 회사를 위해서 자신들에게 주어진 일들을 처리하기 위해 최선을 다하고 있다. 하지만 바로 이 과정, '모든 조직을 위해 모든 일을 완수해내는 과정'에서 업무들이 틈새로 빠져나가고 있었다. 그는 지원부서의 책임자로서 '전략적 선택을 해야 한다'는 사실을 부정함으로써, 자신이 꼭 해야 할 업무에 자원을 할당하는 법, 우선순위를 정하는 법, 무시해야 할 것들을 선택하는 법 등을 놓쳐버린 것이다. **결국 그는 아무것도 선택하지 않기로 '선택'했다.**

결과적으로 그의 조직은 더 많은 것을 성취하는 데 실패했다. 위의 스티븐을 포함해 수많은 산업군의 수십 개의 회사들과 함께 일하면서, 이런 과정은 늘 반복되었다. 대부분의 회사는 회사 단위, 사업부 단위에는 전략이 필요하다는 점은 쉽게 인정한다. 대부분의 경영진은 능숙하지는 않더라도, 최소한 자신의 회사와 사업부가 성공할 수 있는 방법을 구체적으로 표현해 보는 행동의 가치를 잘 인식하고 있었다. 하지만 지원부서들(예를 들어, IT, 인사, 연구개발, 재무 등과 같은 공통 지원 업무 수행 조직들)의 경우는 자신들 자체의 전략의 필요성에 대해서는 이해하지 못하는 경우가 많았다. 대부분의 회사에서 이런 조직들은 그냥 존재할 뿐이다. 각 사업부들이 요청하는 일의 방식이나 규모와 무관하게 무턱대고 그저 '지원만' 한다.

이것은 여러분들이 지원부서에 대해 꼭 알아야 할 중요한 사실을 제시한다. 바로, **'지원부서도 그들 자체의 전략이 필요하다.'**는 것이다. 경영자로서 이들 부서에 제대로된 전략을 설정해주지 않는다면, 그들은 무의식적으로 회사의 모델(organizational models), 혹은 조직문화 모델(cultural models) 두 가지 중 하나를 기본으로 설정해 버릴 것이다. 이렇게 되면 해당 부서들이 회사 성장의 원동력이 되기보다는, 기업 성과의 발목을 잡는 결과를 초래할 가능성이 높다. 이번 장에서는 위의 두 가지 모델에 대해 설명하고, 이들이 회사의 성과를 저해하는 이유를 제시할 것이다. 또한 여러분이 지원부서를 회사 전체, 혹은 각 사업부의 전략과 일치시키는 데 도움이 될 수 있는 전략 수립 프로세스를 제시할 것이다.

담당부문 자체 전략의 부재

전략에 대해 아무도 알려주지 않는 한 가지 비밀이 있다. 기록되어 선포되어 있는지의 여부나 공식적인 전략기획 프로세스를 적용했는지 여부와 무관하게, **'모든 조직은 하나의 전략을 가지고 있다는 사실'**이다. 전략은 본질적으로 특정 목표 달성을 위해 기업이 무엇을 하고, 무엇을 하지 않을 것인지를 결정하는 논리이기 때문에, 그 구성원들이 취하는 행동으로부터 추론할 수 있다.

기업 내의 목표는 암묵적이며, 시간의 흐름에 따라 진화한다. 별다른 토론과 탐색 과정 없이 결정되었을 수도 있다. 그리고 이에 따른 행동들은 목표 달성에 큰 도움이 안 될 수도 있다. 하지만 그럼에도 불구하고 이 과정에도 전략은 존재한다. 예를 들어, '모든 투자집행은 7년 이내에 현금이 회수되어야 한다'라고 선언한다면, 이것도 전략적 선택을 의미한다. 빠른 이익 회수를 통한 이점이 장기투자를 통해 얻는 이점보다 클 것이라는 믿음에 베팅하고 있는 것이다.

IT 부문은 애플리케이션 개발을 아웃소싱할 때 전략적 선택을 한다. 아웃소싱을 통해 비용을 낮추는 것이 애플리케이션을 자체적으로 개발하는 것보다 가치 창출에 효과적이라는 믿음에 베팅했다고 할 수 있다. 인사부서가 국내외 법인의 채용 프로세스를 표준화하기로 결정했다면 이 또한 전략적 선택이다. 인사부서는 채용 시스템을 하나로 통합해 규모를 키우는 방법이, 지역별 맞춤형 채용으로 현지 문화에 신속하게 대응하고 적응하는 방식보다 효과적이라고 판단한 것이다.

이와 같은 명확한 전략 없이 선택들이 결정되는 상황에서도 전략은 정말로 중요하다. 만약 여러분들이 이런 명확한 전략이 없는 상황이라면, 이후에 설명할 2가지 행동 패턴 중 하나를 선택해서 고수할 가능성이 높기 때문이다.

[패턴 1] 사업부에서 원하면 뭐든지 해준다

저자는 이를 **'하인 전략(servile strategy)'**이라고 부르며, 지원부서들은 각 사업부의 만족을 위해 일해야 한다는 믿음에 근거한다.

한 기업의 CEO는 "각 사업부는 전략을 수행하며, 지원부서는 이를 지원합니다."라고 말한 적이 있다. 많은 경영자들이 이런 관점이 본능적으로 옳다고 믿는다. 회사는 고객을 위한 제품과 서비스를 만들기 위해 존재하므로, 이를 직접 제공하는 사업부가 기업 전략추진의 중심에 서는 것이 옳다는 믿음이다. 하지만 지원부서도 고객에게 서비스를 제공한다는 점을 잊어서는 안 된다. 각 사업부가 바로 지원부서의 서비스를 이용하는 고객이기 때문이다. 하인 전략을 채택한 지원부서는 모든 사람들에게 만족을 주기 위해 최선을 다할 것이다. 하지만 결과적으로 이들은 과로에 빠지고 감당할 수 없는 상태가 된다. 이대로는 차별화된 서비스가 불가능하며, 단순 대응식으로 일하는 상태가 되어, 회사의 성과에 기여하거나 자원에 접근할 수 있는 능력을 상실하게 된다. 조직 내 어느 누구도 무능한 부서와 일하고 싶지 않기에, 이들은 신규 채용이나 인재 유지(retention)에 어려움을 겪을 것이다. 따라서 하인 전략을 취하는 부서는 잉여 조직이 될지도 모른다는 끊임없는 위협에 노출되기 쉽고, 자원을 지나치게 광범위하게 분산시키기 때문에, 어떤 사업부에도 특별하게 도움이 되는 서비스를 제공하지 못하게 된다. 결국 사업부들은 내부에 유사기능을 수행하는 자체 조직을 만들거나, 보다 효과적인(적어도 더 저렴한) 아웃소싱 업체를 찾게 된다.

[패턴 2] 지원 부서가 최우선이다

위에서 살펴보았듯이 하인 전략은 해당 부문 내에서 일하는 구성원들에게 참담한 성과를 만들어낸다. 따라서 많은 지원부서의 리더들은 (특히 대기업의 경우) 권한과 중요성 관점에서 지원부서와 각 사업부를 동등하게 취급하는, 근본적으로 다른 접근법을 채택하는 경우가 있는데, 저자는 이를 '**황제 전략**(imperial strategy)'이라고 부른다. 이런 패턴 속에서, 지원부서는 자신들의 업무를 가장 중요하게 여기며, 사업부들의 요구나 회사 전체의 전략에 얼마나 연계되고 있는지에 대해서는 큰 관심이 없다.

IT 부서는 머신러닝이나 데이터 분석에 중심적인 위치를 점하고, 위기관리나 법규준수 관련 부서는 리스크 평가를 기반으로 거대한 장비를 구축한 다음, 기업 의사결정에 개입할지를 모색한다. 재무 부서는 사업부의 업무수행에 중요할지 정확히 알 수 없는 엄청난 양의 재무데이터를 생성하기 위해 알아듣지도 못할 회계 정보 시스템을 구축한다.

저자가 만나봤던 모든 황제 전략을 취한 지원부서 리더들은 한결같이 자신이 추진하는 혁신이 회사와 사업부 모두에게 중요하다고 주장한다. 하지만 이들은 해당 분야에서 탁월하다고 인정받는 다른 회사들을 예시로 드는 것 외에는 자신들의 주장을 증명할 어떤 근거도 명확히 제시하지 못한다. 예를 들어, IT는 구글, 재무회계는 골드만삭스, 구매조달은 월마트, 물류는 페덱스 등이 대표적으로 언급된다. 동시에 이런 지원부서 리더들은 자사의 전략과 벤치마킹 대상인 회사들의 전략이 유사한지에 관계없이 해당 회사들을 따라 하는 데 급급하다. 이 과정에서 좌절을 경험한 현업부서 관리자들은 지원부서가 회사의 소중한 자원을 회사 경쟁력과 무관한 활동에 낭비하고 있다고 불평한다.

그 결과, 독과점 기업들이 고객을 대하듯, 지원부서들은 고객이 원하는 서비스가 아닌 자신들이 원하는 서비스를 고객들에게 제공하게 된다.

당연히 어느 정도까지는 이들 지원부서는 독점 상태를 유지할 수 있다. 경영진들은 개별 사업부가 특정 외부업체들과 회사의 인사나 재무 정보 등의 지원부서 정보를 공유하는 행동을 금지하거나 반대할 것이기 때문이다. 문제는 황제 전략을 택한 지원부서들은 너무나도 쉽게 전통적인 독점 기업들이 보이는 최악의 경향성을 보인다는 사실이다. 그것은 바로 '**과대 포장(bloat), 오만(arrogance), 과잉(overreach)**'이다. 일반적인 독점 기업들처럼, 황제 전략을 취한 지원부서들은 필연적으로 구성원들의 반발을 사게 된다.

하지만 모든 기업이 이런 결과를 맞는 것은 아니다. 지원부서들도 회사의 경쟁우위를 높이는 데 기여할 수 있으며, 실제로 그런 사례들도 많다. 예를 들면, P&G의 제품 연구부서는 회사가 경쟁우위의 핵심 원천이자 전략적 선택의 중심인 '고객'을 더 잘 이해하도록 지원하는 데 중요한 역할을 하고 있다. 마찬가지로, 제지/포장 업체인 웨스트록(WestRock)의 물류 부서는 회사가 경쟁사보다 우위를 점하면서 유연하고 맞춤화된 배송 혁신을 주도하는 데 중심적인 역할을 하고 있다. 이런 모범 사례들처럼 되고 싶다면, 지원부서는 무의식적인 전략 대신 자사의 차별화를 목표로 하는 명확한 선택을 해야 한다.

지원부서의 효과적인 전략 수립방법

지원부서의 리더가 자신의 전략을 수립할 때는 두 가지 질문을 탐색해야 한다. 그리고 그 질문은 **'문제의 정의'**와 관련된다.

첫째, '우리가 매일 하는 선택을 고려할 때, 우리 부서의 암묵적인 현재 전략은 무엇인가?'

둘째, '우리 부서(팀)를 제외한 나머지 회사 전체의 전략적 우선순위는 무엇이며, 이 우선순위에 우리 부서(팀)가 잘 대응하고 있는가?'

위 두 가지 질문을 통해 지원부서 리더들은 표면에 드러나는 전략이든, 아니든 간에 현재 전략에서 어떤 부분이 성공적이고, 어떤 부분이 문제가 있는지 직접 파악할 수 있다. 아마도 지원부서 전략이 회사 전체 전략과 어긋나는 지점이 많아, 지원부서가 일은 했지만, 결과적으로 회사의 문제를 해결하지 못하는 상태일 수 있다. 모든 사업부나 부서를 두루두루 지원하려고 하다가 정작 핵심적인 조직을 소홀히 했을 수도 있다. 또 회사 전체 전략을 성공시키기 위해 반드시 필요한 역량이 있는데, 지원부서가 해당 역량 개발에 도움이 되지 못한 경우도 있을 수 있다.

문제점 파악은 첫 단계로서 매우 중요하지만, 그렇다고 여기에 지나치게 매몰돼서는 안 된다. 물론 방대한 분석 자료를 축적하고 싶은 유혹이 들 것이다. 우리 회사의 강점, 경쟁기업 지원부서들의 트렌드 등을 상세하게 문서화하고 싶은 충동에 휘말릴 수도 있다. 하지만 문제에 집착하기보다는 오히려 해결책을 고민하는 편이 훨씬 더 가치 있다. 유능한 인재들이 보유한 지식을 동원해 몇 시간 동안 토론을 해 보면, 어느 정도 만족스러운 해결책이 나올 것이다. 예컨대 자동차업체의 경영진들이 자사 제품의 안정성 및 신뢰성이 더 문제인지, 브랜드 및 디자인이 더 문제인지를 결정하는 데는 방대하고 깊이 있는 분석은 필요하지 않다.

현재 상황에 대해 합의가 되었다면, 다음으로 **'대안(alternatives)'**을 모색해야 한다. 이를 위해서는 다음에 제시되는 한 쌍의 질문에 답해 보면 된다.

[대안 모색 질문] 1. 어디서 싸울 것인가? (지원부서의 활동 영역)

지원부서 입장에서 이 질문은 비교적 간단하다. 지원부서의 리더들은 1) 회사 내 주요 고객(회사 전체 전략에 가장 중요한 단위조직들), 2) 고객에게 해당 부서가 제공하는 핵심 기능(회사의 경쟁우위와 밀접하게 연관되는), 3) 이들 중 아웃소싱을 통해 제공할 부분과 우리 조직의 자체 역량으로 수행할 부분 등을 명확히 정리해야 한다.

이를테면, 특정 인사부서가 '자사는 전반적으로 창의적 디자인 역량이 부족하다'고 판단했다고 가정해 보자. 그렇다면 그 인사부서는 1) 각 사업부를 이끄는 대표 리더들을 중점적으로 지원하고, 2) 유능한 주니어 설계자들을 채용하고, 육성해 지원할 수 있다. 이때 인사부서의 핵심 역량은 '디자인 인재를 얼마나 잘 영입하는가'로 결정된다. 3) 인사부서는 디자이너 교육과 개발을 파트너십 관계인 전문 회사 혹은 디자인 학교에 아웃소싱 할지, 인재 모집과 교육에 수반되는 행정 업무 전체를 외부 기관에 위탁할지를 선택할 수 있다. 어디서 싸울 것인지를 결정할 때는 다른 지원부서 조직들과 협업하여 회사 전략 실행을 지원할 수 있다.

한 디지털 플랫폼업체가 '중국 등 아시아 시장에서의 도약'이라는 목표를 설정했다고 가정해 보자. 인사부서가 아시아 시장에서 중심 역할을 하는 대신, 리스크 및 준법감시 담당부서는 최근 EU(유럽연합) 내부 이슈로 인한 규정 변화가 자사에 큰 영향력을 줄 수도 있기에 EU 내 규제 상황을 모니터링하는 업무를 나누어 담당할 수도 있다.

[대안 모색 질문] 2. 어떻게 이길 것인가? (성과를 도출 방법)

회사 또는 사업부 차원에서 수립된 전략과 관련해 어떻게 성과를 낼 수 있는지 질문한다면 이 대답 또한 매우 간단하다. 고객들에게 경쟁사보다 더 나은 가치를 제공하면 된다. GE의 경우라면 어떻게 하면 경쟁사인 지멘스보다 거래 기업 고객들에게 더 나은 가치를 제안할지 찾아야 한다. 코카콜라라면 펩시보다 더 나은 가치를 제공할 방법을 고민하면 된다. 회사나 사업부 차원에서는, 경쟁사들은 구체적으로 확인하기가 용이하며, 시장의 제품이나 가격을 모니터링해 보거나 회계 보고서 등을 검토해 보면, 자신들이 기여할 가치 제안이나 사업 모델을 쉽게 추론해 볼 수 있다.

하지만 지원부서가 어떻게 성과를 창출할 것인지는 회사 전체나 사업부의 경우와 달리 답이 쉽게 나오지 않는다. 게다가 서로 다른 회사들 간의 지원부서는 상대적 가치를 비교하기도 쉽지 않다. 가령, 네트워크 장비의 기능을 비교한다면 버라이즌(Verizon)과 T모바일(T-Mobile)의 기능을 살펴보면 쉽게 차이를 알 수 있지만, 이들 두 회사의 인사 혹은 재무 지원부서의 상대적 가치를 평가하는 것은 매우 어렵다. 게다가 한 회사의 지원부서는 같은 업계 타사들의 지원부서와 실제로는 경쟁하지 않는다. 그 이유는 경쟁기업들이 서로 다른 전략을 가지고 있어 서로 다른 역량을 요구하기 때문이다. 한 회사는 인사가 중요할 수 있지만, 다른 회사는 재무가 더 중요할 수 있다. 인사가 중요한 회사에서 재무가 중요한 회사의 인사부서를 벤치마킹하고 싶지는 않을 것이다. **지원부서는 반드시 회사의 전략이 유사한 경우에만 다른 회사의 지원부서와 비교해야 한다.** 마찬가지로 인사와 재무부서가 서로를 벤치마킹하는 것은 아무런 의미가 없다. 오히려 적절한 그 분야의 외부 전문성을 갖춘 기관이나 회사가 벤치마킹 대상이 될 수 있다. 이러한 전략 수립을 설명하기 위해 포시즌스호텔(Four Seasons Hotels and Resorts)의 인재관리에 대해 함께 살펴보자.

포시즌스호텔의 탁월한 인재관리 전략

수십 년 동안 포시즌스호텔이 견지한 전략의 핵심은 '고품격 서비스'라고 할 수 있다. 포시즌스는 고객의 행복을 위해 호텔 서비스가 마치 집에서 쉬는 것과 같은 편안함을 제공하는 지에 초점을 맞췄다. 2009년 출간된 창업자 이사도어 샤프(Isadore Sharp) 회장의 저서에 따르면 이런 고품격 서비스 전략은 직원들 없이는 불가능했다고 한다. 그는 "우리 호텔의 장기근속 사원들은 주어진 업무 이상으로 고객서비스에 관심을 기울였다. 그들은 우리 호텔 숙박객이 불편한 점은 없는지, 보다 편안한 서비스를 제공하려면 어떤 역량을 강화해야 하는지를 고심했다."고 밝혔다. 동시에 포시즌스 차원에서 이런 직원들을 아낌없이 육성하고,

이직하지 않도록 계속해서 동기를 부여했기에 다른 호텔에서는 찾을 수 없는 서비스 문화가 자리 잡을 수 있었다고 설명한다.

또한 포시즌스 인사부서는 경쟁우위를 키우는 데 중요한 역할을 했다. 지원부서 전략의 관점에서 샤프 회장과 인사부서가 어떤 길을 걸어왔는지 살펴보면, 이들이 문제를 어떻게 규정하고 이를 해결하기 위해 어떤 결정을 내렸는지 확인할 수 있다.

1. 문제 정의하기 : 제품이 아닌 기능 중심으로의 사고 전환

서비스 기반 사업이 대개 그러하듯이 호텔업계 인건비는 현재 전체 운영비용의 약 50%로 큰 비중을 차지한다. 이런 이유로 대부분의 호텔 체인 업체들은 '인건비 최소화'를 우선적으로 해결해야 할 항목으로 설정한다. 이로 인해 호텔업계는 일반적으로 직원들을 언제든 교체 가능한 기계부품 정도로 취급한다. 미국 노동통계국이 조사한 결과, 2018년 호텔업계 종사자 이직률이 73.8%인 것은 어찌 보면 당연한 결과다. 이처럼 직원 이직률이 상당히 높기 때문에 주요 호텔 체인 업체들의 인사방침은 대개 뛰어난 (장기근속 가능성이 높은) 총괄 지배인을 확보하는 데 맞춰져 있다. 신뢰할만한 총괄 지배인을 채용한 뒤, 신입직원을 단기간에 대규모로 채용할 수 있는 시스템을 만드는 것이다. 그러므로 일반 접객 직원들의 근속 기간을 늘리기 위한 노력은 거의 하지 않는다. 높은 이직률 때문에 이 부분에 투자할 필요성 자체를 못 느끼는 것이다. 그 대신 직원들의 근무시간 최소화나 생산성 향상을 위한 근무 표준화 등 비용 절감 노력을 통해 여러 인건비 이슈들을 해결하려고 한다.

전략에서 소외된 영역

20세기 전반기에 대부분의 세계적 대기업들은 일관되게 제조, 마케팅, 인사 및 재무 등과 같은 기능(functions)을 중심으로 한 조직으로 구성되었다. 하지만, 1950년대 후반부터 1960년대까지 이들 기업들은 경쟁력 있는 제품과 브랜드에 대항하기 위해 각 제품군들이 명확한 전략과 책임을 가져야 한다는 필요성에 의해 제품 중심의 사업부 조직(product-centered business units)으로 구조가 변화된다.

기업의 규모와 범위가 성장함에 따라, 제조, 마케팅, 판매 등 각각의 영역의 책임자들이 각 제품 라인들의 모든 부분을 조정할 수 없는 상황에 이르게 된다. 이에 따라, 기존의 제품라인 기반 사업부 단위들이 자신들의 사업부 내에 독자적인 기능조직을 만드는 새로운 기업구조가 등장했다. 각 사업부나 제품담당 조직들은 인사, 재무회계, 연구개발, 물류지원 등의 업무를 자체적으로 수행하면서 1970~80년대 대중화되었던 사업조직의 거대복합기업 형태(conglomerate form)가 탄생한다.

시간이 지나 거대복합기업 형태의 구조가 모든 개별기능의 비용을 능가할 만큼 기업 가치 향상에 도움을 주지 못했다는 사실이 분명해지면서, 시계추는 되돌아갔다. 기업들은 각 영역에서 전문화, 효율성, 일관성을 확보하면서 많은 기능을 중앙집중화로 되돌리게 된다(recentralized form).

이런 중앙집중화 기능조직은 비용효율성을 확보하기 위해서나 가치를 제고하기 위해 업무 방식이 분산된 경우나 소규모인 경우에는 별도로 기능조직을 만들지 않는 방식으로 구성된다. 규모의 경제를 통해 구매 비용은 더 저렴해지고, 글로벌 인재 채용은 효율성이 증가할 것이며, 효과적인 연구개발이 가능하다고 많은 연구들이 언급했다. 마케팅이나 인사, 재무 등은 사업 전체를 통해 일관성이 확보될 것 같았다. 불행하게도 이런 진화과정을 거치면서도 기능조직이 무엇을 해야 하고(혹은 하지 말아야 하고), 전략에 대해 어떤 방법으로 생각해야 하는지는 충분히 논의되지 않았다. 사업 전략의 실천은 1960년대에 이르러서야 구체화되었는데, 이 시기는 대체로 제품중심 라인 조직 구조로의 전환이 완료된 시점이었다.

결과적으로, 전략이론과 실천은 전적으로 제품 라인에 집중되었고, 기능조직은 전략의 측면에서는 소외된 영역이었다.

포시즌스의 샤프 회장이 호텔 및 접객 산업에 처음 발을 들였을 때 업계에서는 위에서 설명한 방식의 운영이 당연시되는 분위기였다. 하지만 샤프 회장은 차분히 이를 변화시켜 나갔다. 당시 호텔 체인들은 '고품격'이라고 하면, 대개 공간을 호화롭게 꾸미는 것으로 이해했다. 웅장한 건축물과 화려한 장식을 내세우고, 고객을 왕처럼 모시는 서비스, 고도로 표준화된 서비스가 뒷받침돼야 한다고 생각했다. 하지만 샤프 회장의 생각은 달랐다. 그의 관점에서 '고품격'이란 호텔 건물과 인테리어에만 한정된 게 아니라, 접객 서비스까지 포함되는 개념이었다. 여행지에 머무는 투숙객에게 집과 직장을 대신하는 서비스, 따뜻함과 정중한 환대로 가득한 서비스였다. 이렇게 새로운 개념의 서비스를 제공하려면 현장 직원들의 역할이 가장 중요했다.

　　보통 일반적인 호텔의 인사전략에서 불가피하게 높은 이직률을 낮출 수 있는 방법은 총괄 지배인급의 인력을 유지하고 육성하는 것이었다. 하지만 이런 방식은 샤프 회장의 새로운 비전에 전혀 부합하지 않았다. 포시즌스호텔이 계속 성장함에 따라, 인사부서는 회사 전략과 잘 연계되면서도 고객서비스 역량을 키울 수 있는 결정을 내려야 했다.

2. 인사전략 : 신중한 인재 채용과 접점직원들의 동기부여

포시즌스 인사부서는 우선 일선 접점직원들을 지원하기로

결정했다. 경쟁 호텔들과 차별화된 방식으로 직원을 채용해, 이들의 동기부여에 집중했다. 직원 채용시 이들은 채용 업무를 채용 대행업체에 맡기지 않고, 인사부서들이 직접 다섯 차례의 면접을 시행했다(마지막 면접은 호텔 총지배인과의 인터뷰였다). 덕분에 접점직원들은 연차보다는 태도와 자세가 철저히 검증된 중견 간부급 직원들로 구성되었다.

또한 인사부서는 호텔 스태프의 근무 기간을 연장하기 위해 노력했다. 엔트리 레벨로 들어왔다고 하더라도 그걸로 경력이 끝나지 않고, 오히려 경력을 쌓을 수 있는 계기가 되도록 만든 것이다. 이는 선순환 구조로 이어졌다. 직원 평균 근무 기간이 약 20년에 가까워지면서 포시즌스호텔의 인사부서는 기껏해야 1년 근무가 보통인 경쟁 호텔들보다 채용과 교육, 보상에 투입할 자원을 10배 이상 확보할 수 있게 되었다. 그 결과, 포시즌스는 일반적인 호텔업계와 비슷한 수준의 인재 투자비용 대비 더 숙련되고 경험 많은 직원들과 함께할 수 있었다.

샤프 회장이 포시즌스를 이끌면서 직원의 행복도와 충성도, 근속연수는 일제히 상승했고, 업무역량도 개선됐다. 포시즌스는 더 나은 서비스를 제공할 뿐 아니라, 업계를 선도하는 가격 프리미엄까지 손에 넣었다. 고객에게 필요한 서비스를 언제든 제공할 수 있는 빈틈없는 시스템이 구축된 것이다. 직원 채용 시스템이 체계화되고 규모도 늘어났다. 이로 인해 포시즌스의 직원 교육 시스템은 엄청난 명성을 얻게 되었다. 샤프 회장 재직시 포시즌스는 크게 성장했고, 세계에서 가장 크고, 수익률도 높은 고품격 호텔로 성장했다. 이 모든 성공을 뒷받침한 것은 역시 인사전략이었다.

'하인'도 '황제'도 아닌 독자적인 지원 전략의 구축

포시즌스 인사부서는 회사의 경쟁우위에 직접적으로 영향을 끼쳤지만, 모든 지원부서들이 그런 것은 아니다. 하지만 지원부서의 전략이 회사의 경쟁우위와 직결되지 않더라도, 성과 창출을 위한 지원부서의 역할과 이들이 내리는 결정은 매우 중요하다. 지원부서가 지원하고자 한다면, 그 방법은 비용 효율성이 있어야 한다. 다시 말해, 경쟁력을 키울 수 있는 요소를 찾아 투자해야 하는 것이다. 지원부서들이 내린 결정이 부실하면 회사나 사업부 전략에도 타격을 줄 수 있기 때문이다.

일반적인 리스크 관리 및 준법 감시 부서를 생각해 보자. 어떤 기업은 리스크 평가 및 제거 부문에서 경쟁우위를 확보한다. 하지만 지원부서가 사업에 아무리 중요할지라도 리스크 평가 및 제거 담당부문이 중요하다고 생각하는 기업은 드문 편이다.

리스크 담당 부서의 경우, 전략의 어느 부분이 문제인지 다양한 관점에서 검토한다. 회사가 현재 실시하는 준법 감시 교육만으로도 각종 사건 사고와 스캔들을 미연에 방지할 수 있을지도 검토할 것이다. 이해관계자 이슈와 관련해, 투자자 사이에서 신뢰를 얻으려면 어떻게 지원해야 할지도 고민할 것이다. 또는 경영진들이 운영 리스크를 이해하고 산출할 수 있게 하려면 어떻게 지원해야 할지를 고민할 수 있다.

또 지원부서는 어떤 방법으로 혹은 어떤 대상에게 도움을 제공할지 선택할 수 있다. 예컨대 현장 직원 또는 사업부장을 지원 대상으로 고를 수 있다. CEO나 이사진도 지원할 수 있다. 지원부서 입장에서는 사내 모든 부서가 일종의 잠재적 고객일 수 있지만, 어떤 대상을 중점적으로 지원해 성과를 도출할 것인지 반드시 결정해야 한다.

예를 들어보자. 준법 감시 부서 관점에서는 직원의 건강과 안전 문제가 큰 위협 요소라면, 공장 관리자를 중점 지원 대상으로 선택할 수 있다. 이 경우 지원부서는 공장 관리자에게 공장시설 배치나 가동 장비 선정 등 공장 운영에 필요한 전문지식과 정보를 제공하거나 직원을 위한 준법 감시 교육을 중점적으로 지원할 수 있다. 마찬가지 방식으로 의사결정자들의 마음을 살수도 있다. 준법 감시 부서는 안전 우려가 큰 의사결정 책임자들을 지원할 때 이들과 깊이 있는 신뢰 관계를 구축함으로써 성과를 거둘 수 있다.

지원부서가 신뢰를 얻으면 상위 조직에서 중요한 결정을 내릴 때 자신의 목소리를 낼 수 있게 된다. 또 효율적인 맞춤형 온라인 준법 감시 교육을 제공함으로써 기존에 제공하던 교육의 비용과 시간을 늘리지 않으면서도 의사결정자의 리스크 감지 및 중재 빈도를 높일 수 있다.

지원부서는 회사 내 지배자들의 '하인'이 될 필요도 없고, 자신들만의 제국을 건설하는 작은 '황제'가 되어서도 안 된다. 다른 사업부들과 마찬가지로, 지원부서도 자신만의 전략을 활용하여 업무를 안내하고 조정하며, 자원을 보다 효과적으로 할당할 때에만 경쟁 가치를 향상시킬 수 있다. 회사의 다른 조직들과 마찬가지로 일상적인 선택을 하고, 그들을 안내하는 일관된 전략을 개발함으로써 지원부서도 회사 비즈니스상의 중요한 엔진 역할을 수행할 수 있을 것이다.

> * 이번 장은 <하버드 비즈니스 리뷰>(2019년 7~8월호)에 저자와 제니퍼 릴(Jennifer Riel)이 공동 기고한 '기능조직을 관리하기 위해 당신이 알아야 할 단 한 가지(The One Thing You Need to Know About Managing Functions)'의 내용을 수정 및 보완한 것이다.

Part 4.

핵심활동
(Key Activities)

9장.
기획(Planning) :
리스크 제거만으로
사해(死海)를 건널 수 없다

"전략에는 대체재가 없음을 기억하라."

모든 경영진은 전략이 중요하다는 사실을 이미 알고 있다. 하지만 전략은 예상 가능한 미래만 대응할 수 있다. 따라서 특정 전략을 선택하는 일은 표면적으로 특정 가능성과 대안들을 명확하게 포기해야 한다는 제약을 안고 있다. 경영진들은 이런 결정적인 순간을 두려워한다. 만약 이 순간 결정이 잘못되면 경영진들은 자신의 경력에 큰 오점을 남길 수도 있기 때문이다. 이들에게 익숙한 방식은 이전에 시도된 선례나 검증된 도구로 수많은 도전을 해결하는 것이다. 이 때문에 회사는 항상 몇 주 혹은 심지어 수개월 동안 목표(예를 들어, 시장점유율 증대나 신규 제품 점유율 확대 등)를 달성하기 위해 기존 혹은 신규 자산을 투자할 것인지에 대한 포괄적인 계획을 기획하게 된다. 그리고 이

기획은 일반적으로 먼 미래의 프로젝트 비용이나 수익이 담긴 상세한 스프레드시트로 구성된다. 이런 과정들이 완료되면 직원들의 두려움은 한층 잦아들게 될 것이다.

이것이 바로 기획에 대한 다음의 중요한 진실을 여러분들이 정확하게 알아야 하는 이유이다.

'어떤 기획(planning)도 전략(strategy)을 대체할 수는 없다.' 기획은 '미지의 두려움'에 대처하는 훌륭한 방법은 될 수 있다. 하지만 그 두려움과 불편함이 바로 전략 수립의 본질이다.

실제로, 만약 당신이 세운 전략기획에 전적으로 만족한다면, 그 기획의 결과는 좋지 않을 가능성이 매우 높다. 아마도 여러분은 이번 장에서 살펴보게 될 하나, 혹은 그 이상의 함정에 빠져 있을지도 모른다. 이런 상황이 불편하고 걱정스러울 것이다. 하지만 **진정한 전략이라는 것은 곤혹스러운 것에 도전하고, 하기 어려운 선택을 하는 것임을 알아야 한다. 진정한 전략의 목적은 리스크를 제거하는 것이 아니라, 성공 가능성을 증가시키는 것이기** 때문이다. 이런 세계관에서, 경영자들은 '전략'이란 단지 몇 시간의 투자로 완벽한 결론에 도달하는 연구나 모델링의 산물이 결코 아니라는 사실을 수용하게 된다. 그리고 전략은 우리가 원하는 것을 달성하기 위해 필요한 것이 무엇인지, 혹은 무엇을 시도하는 것이 현실적인지를 평가하는, 무척 단순하고 거칠지만 나름 준비된 과정의 결과임을 알게 된다. 만약 경영진들이 이런 정의를 수용한다면, 그들은 전략을 제대로 인식할 수 있다. 그것은 바로 **'기획의 안전지대에서 탈출하기(outside the comfort zone of planning)'**이다. 지금부터는 여러분이 서서히 빠져들고 있는 기획의 함정을 하나씩 들춰보도록 하겠다.

안전지대의 함정 1. 계획(Plan)으로 시작

사실상 '전략'이라는 용어가 사용될 때마다 '전략 기획(strategic planning)'의 과정을 통한 특별한 결과물인 '전략 기획안(strategic plan)'이 하나의 쌍을 이룬다.

전략과 기획은 어떤 차이를 나타낼까? 전략과 기획의 미묘한 차이는 기획이 철저하게 실행 가능하고 편안한 작업이기 때문에 나타나게 된다. 그중에서도 전략적 기획은 전략과 거의 유사한 경향이 있는데, 일반적으로 다음 세 가지 핵심 부분을 갖추고 있다.

전략적 기획의 첫 번째 요소는 상대적으로 고상하고 야심 찬 목표를 설정하는 비전 또는 사명 선언문이다. 두 번째 요소는 조직이 목표를 달성하기 위해 수행할 과제들(initiatives)(예를 들어 제품 출시, 지역 확장, 건설 프로젝트 완료 등)의 목록이다. 전략적 기획은 이 부분이 매우 구조화되어 있지만, 매우 긴 경향이 있다. 이 목록의 길이는 일반적으로 조직이 감당할 수 있는 수준으로만 제한된다. 전략적 기획의 세 번째 요소는 수행과제들을 재무적 요소로 변환하는 과정이다. 이런 방식으로, 기획은 연간 예산과 잘 맞아떨어진다. 전략적 기획은 '전략적으로 보이기 위해서' 보통 5년간의 재무예측을 포함하지만, 경영진은 일반적으로 1년 차에만 집중한다. 2년 차부터 5년 차까지의 맥락에서 '전략적'이라 함은 실제로 그저 '인상적인 효과'만 주는 데 그친다. 이런 과정은 물론 철저한 예산을 만드는 데는 도움이 된다.

여기서 우리는 '기획과 전략'을 혼동하는 우를 범한다. '기획'은 일반적으로 조직이 하지 않기로 선택한 것과 그 이유에 대해서는 구체적으로 설명하지 않는다. 그리고 그 가정에 의문을 제기하지도 않는다. 기획의 지배적인 논리는 그저 가용성에서 끝난다. 그러니 결국 '기획은 회사의 자원에 부합하는 실행과제들로만 구성'된다.

기획을 전략과 혼동하는 것은 매우 흔한 함정이다. 전략에 대해서는 이사회 구성원들조차도 이 함정에 빠진다. 그들 또한 전략적 선택을 장려하기보다는 기획을 감독하는 것이 더 안전하다고 믿는 '현직 또는 전직 경영자들'이기 때문이다. 월가에서는 전략의 초점인 장기 목표들보다는 기획안에 기술된 단기 목표에 더 많은 관심을 갖는다. 애널리스트들은 주로 회사가 분기별 목표를 달성할 수 있는지 여부를 평가하기 위해 기획서들을 검토할 뿐이다.

안전지대의 함정 2. 비용에만 집중

기업에서 기획을 할 때 비용에만 집중하는 현상은 자칫 사고로 이어지기도 한다. 대체로 비용은 회사의 통제하에 있기 때문에 기획에 매우 적합하다. 비용은 대부분 채용할 직원 수, 임대할 부동산 면적, 새로 조달할 설비 수, 광고 송출량 등에 할당되는데, 이를 기획할 때 기업은 때로는 마치 고객이 물품을 주문할 때처럼 특정 재화나 서비스의 구매 중단 결정을 할 수 있으며, 이 결과에 따라서 퇴직금이나 운영 중단 비용까지도 통제받게 된다. 물론 예외도 있다. 정부 기관들은 직원 1인당 세금을 납부하게 하거나 일정한 내부감사 제도를 운영하도록 요구하기도 한다. 하지만 아주 유명한 다음의 예외가 규칙을 증명해준다. '회사 외부에서 그 기업에 부과된 비용은 전체 비용 중에서 상대적으로 적은 부분을 차지하며, 대부분은 회사가 통제하는 비용에서 발생한다.' (예를 들어, 직원 1인당 세금은 회사가 직원을 채용하기로 결정한 경우에만 발생한다)

기업은 비용에 대한 예산을 세울 때 비교적 편안함을 느낀다. 또한 비용 기획은 중요하면서도 유용한 연습 과정이라 할 수 있다. 수많은 회사들이 비용을 통제할 수 없을 때 큰 피해를 입기 때문이다. 하지만 문제는 기획 지향적인 경영자들은 '수익' 측면에서도 친숙하고 편안한 '비용' 측면의 접근법을 적용하는 경향이 있다는 점이다. 이들은 수익 계획을 비용 계획과 동일하게 보고, 전체 계획과 예산을 동일한 구성요소로 취급한다. 이런 일이 반복되면, 결과는 영업사원당, 제품별, 채널별, 지역별로 매출 계획을 수립하는 고된 작업으로 귀결될 뿐이다. 그리고 예상했던 이익이 나오지 않게 되면, 경영자들은 혼란스러워하며 불만을 표출한다. "이미 수많은 시간을 들여 계획을 수립했는데 우리가 대체 뭘 더 할 수 있을까?"

수익 창출 계획이 비용 계획과 동일하게 희망하는 결과를 만들어내지 못하는 이유는 간단하다. 비용은 회사가 결정하지만, 수익은 고객이 만들어내기 때문이다.

독점 상황과 같은 아주 드문 경우를 제외하고, 고객은 우리 회사에 이익을 줄 것인지 경쟁자들에게 이익을 줄 것인지, 그도 아니면 아무에게도 주지 않을 것인지 그들의 자유 의지로 결정한다. 회사는 자신들이 자사의 이익을 통제하고 있다고 생각하며 속일 수는 있겠지만, 수익은 자신들조차 알 수도 없고 통제할 수도 없다. 그래서 계획(planning), 예산(budgeting), 그리고 예측(forecasting)은 명확하지 않은 모호한, 인상주의적인 작업일 수밖에 없다. 물론 고객과 장기 계약을 맺고 있는 기업들은 단기 이익 계획이 훨씬 더 용이하다.

경영정보 제공업체인 톰슨 로이터(Thomson Reuters)의 경우는 연간 수익의 대부분이 정기구독에서 발생된다. 이익의 유일한 변수는 신규 구독과 기존 구독 계약 종료 사이의 차이이다. 마찬가지로 보잉(Boeing)사처럼 주문 잔고 기간이 긴 회사의 경우도 이익을 더 정확하게 예측할 수 있다. 하지만 보잉 737 맥스 기종의 시련을 생각해 보면, 이런 '확정된 주문'조차도 완벽하게 미래 수익으로 전환되지 않을 수 있음을 알 수 있다. 따라서 **장기적인 모든 수익은 고객에 의해 통제된다.**

우리가 반드시 알아야 할 핵심은 비용의 예측 가능성이 이익의 예측 가능성과 근본적으로 다르다는 것이다. 기획은 이익을 마법처럼 늘릴 수도 없으며, 그러지도 않을 것이다. 매출 계획을 만드는 데 사용되는 노력들은 전략가의 중요한 작업을 오히려 더 방해할 뿐이다. 그들의 심오한 작업은 바로, **'고객을 확보하고, 유지하는 방법을 찾는 것'**이다.

안전지대의 함정 3. 통제 가능한 범위의 전략 선택

세 번째 함정은 기획과 비용의 함정을 성공적으로 피해 나간 전략 수립 담당 책임자들까지도 덫에 걸리게 할 수 있기 때문에 가장 교활하다.

전략을 식별하고 구체화하는 과정에서 경영진은 여러 개

의 표준 구조들(Standard frameworks) 중 하나를 채택하는데, 불행하게도 가장 인기 있는 것 중 다음 두 가지 구조는 부주의한 전략 수립 책임자들을 자신들이 통제할 수 있는 범위 내에서만 전략을 설계하도록 만들어버린다.

1978년에 헨리 민츠버그(Henry Mintzberg)는 <경영과학(Management Science)> 학술지에 '창발적 전략(emergent strategy)'이라는 개념을 소개하는 논문을 발표했다. 이 개념은 이후 1994년에 출간된 성공작 『전략 기획의 흥망성쇠(The Rise and Fall of Strategic Planning)』라는 책을 통해 일반 경영계에도 대중적으로 잘 알려졌다. 그의 통찰은 단순하지만, 매우 강력한 것이었다. 그는 조직이 미리 의도하고 준비한 '의도적 전략(deliberate strategy)'과 예상치 못한 상황들에 대한 기업의 대응으로 구성되는 '창발적 전략(emergent strategy)'을 구분했다. 민츠버그의 이런 생각은 '경영자들이 미래를 예측하고 계획하는 자신들의 능력을 지나치게 과대평가한다'는 오랜 관찰을 통해 정리되었다.

민츠버그는 의도적 전략과 창발적 전략을 구분함으로써, 경영자들이 환경의 변화를 주의 깊게 관찰하고, 그 결과에 따라 의도되었던 전략에서 방향을 수정하도록 독려하고 싶었을 것이다.

또한 그는 경쟁 환경의 변화에 직면한 경영자들이 고정된 전략을 고수하는 위험성을 경고했다. 그의 이런 성찰은 대부분의 경영자들이 따라야 할 매우 현명한 조언이다. 하지만 대부분의 경영자들은 그의 바람대로 움직이지 않는다. 대신 미래가 너무 예측 불가하고 변화무쌍해서, 그 미래가 충분히 실현될 때까지는 전략 선택이 불가능하다는 말을 증명이라도 하듯이, 전략은 여러 개의 상황의 형태로 돌발적으로 발생한다는 논리를 고집스레 펼치곤 한다.

이 논리가 얼마나 위안이 되는지 한 번 생각해 보자. 더 이상 알 수도 없고 통제할 수도 없는 것들에 대한 불안감 속에서 의사결정은 쓸모없는 것이 될 뿐이다. 이 논리는 조금만 더 파고들면 그 안에 내재된 결함이 바로 드러난다. 그 미래가 전략적 선택을 하기에 상당히 예측 불가하고 불안정하다면, 과연 경영자들을 그렇게 될 가능성이 적다고 믿도록 만드는 것은 무엇일까? 그리고 그런 변동성이 낮아지고 예측 가능성이 충분히 확보되어 이제 선택을 해야 할 때라면, 대체 그 시점은 어떻게 알 수 있을까? 당연히 이런 전제는 인정받지 못한다. 어느 누구도 미래가 예측 가능하다고 확신할 수 있는 시점을 알 수 없기 때문이다.

따라서 창발적 전략 개념은 어려운 전략적 선택을 회피하고 싶은 사람들, 다른 경쟁자들이 성공하고 있는 선택을 '추격자(fast follower)' 관점에서 모방만 하고 싶은 사람들, 담대한 전략적 방향성을 수립하지 못했다는 비난을 회피하고 싶은 사람들에게 매우 유용한 변명거리가 되어버렸다.

단순하게 경쟁자가 한 선택을 그대로 따르는 것만으로는 독특하거나 가치 있는 우위를 점할 수 없다. 이들 중 어느 것도 민츠버그가 의도한 것은 아니겠지만, 경영자를 안도시키는 데는 한몫을 했기 때문에 그의 구조는 일반적인 결과를 낳게 된다.

민츠버그의 초기 논문에서 창발적 전략 개념이 소개된 지 6년 후인 1984년, 버거 워너펠트(Birger Wernerfelt)는 『기업의 자원기반 관점(A Resource-Based View of the Firm)』에서 전략과 관련해 열광적으로 수용된 또 하나의 개념을 제시한다. 하지만 워너펠트의 '기업의 자원기반 관점'은 경영자들에게 대중화되지 못하다가, 1990년 C.K.프라할라드(C.K. Prahalad)와 게리 하멜(Gary Hamel)이 쓴 HBR 역사상 가장 많이 읽힌 글 중 하나인 '기업의 핵심 역량(The Core Competence of the Corporation)'이 나온 이후에 널리 알려지게 된다.

자원기반 관점은 기업 경쟁우위의 핵심이 가치 있고, 희귀성이 있으며, 모방할 수 없으면서, 대체할 수 없는 역량을 보유하는 것이라고 주장한다. 이 관점은 '전략'을 '핵심 역량' 또는 '전략적 역량'을 정의하고 구축하는 것이라고 제안했기 때문에 당시의 경영진들에게 매우 특별한 관심을 불러일으켰다.

우리는 전략이 알 수 있고, 통제할 수 있는 영역에 적절하게 속한다는 점에 주목할 필요가 있다. 이럴 경우 기업은 기술영업, 소프트웨어 개발 연구, 혹은 유통망 구축 등을 실행하고, 그것을 핵심 역량으로 선언할 수 있게 된다. 또한 경영진은 이 역량에 편하게 투자하고, 회사의 경험을 통제할 수도 있고, 결과적으로 합리적인 범위 내에서 성공을 보장할 수도 있다. 물론, 이 역량 자체도 고객의 구매를 보장할 수 없다는 것이 문제이다. 오직 특정 고객 집단에 대해 우수한 가치방정식을 제공하는 기업만이 이를 보장할 수 있다. 하지만 고객과 이들의 맥락은 알 수 없고, 통제도 불가능하다.

많은 경영진들은 확실하게 구축 가능한 역량에 집중하는 것을 선호한다. 그리고 혹시 만족스러운 성과를 만들어내지 못하면, '고객이 변덕스러워서, 혹은 '경쟁자들이 비합리적이어서'라는 이유로 비난의 화살을 돌려버리면 그만이다.

안전지대의 함정에서 벗어나기 위한 세 가지 규칙

위에서 설명한 함정들에 빠져있는 기업들은 쉽게 알아볼 수 있다. 이런 회사들은 이사회가 기획담당자들을 함부로 다루는 경향이 있으며, 기획 결과물들을 검토하고 승인하는 데 많은 시간을 할애한다. 또 경영진과 이사회 구성원들이 참석하는 회의의 주된 토론 내용은 새로운 수익을 창출하는 방법보다는 기존 수익에서 더 많은 이익을 내는 방법에 초점을 맞추는 경향이 있다. 그리고 회사의 주요 지표들은 재무 및 역량에 관한 것들에 집중되어 있으며, 고객 만족이나 시장점유율(특히, 후자의 변화추이)에 대한 지표는 뒤로 밀려나 있다. 아래의 목록들에서 함정에 빠진 기업들의 특징을 살펴보자.

<기획의 안전지대의 함정에 빠진 기업들의 특징>

(가능성 高) 기획의 안전지대 함정에 빠져있을 가능성이 높다.
(가능성 低) 기획의 안전지대 함정에 빠져있을 가능성이 낮다.

(가능성 高) 사내 지원부서 내 대규모 전략기획 조직을 보유하고 있다.
(가능성 低) 전략기획 조직이 있기는 하지만, 규모가 작다.

(가능성 高) 이익률과 더불어, 가장 중요한 성과지표는 '비용과 역량'을 기반으로 한다.
(가능성 低) 이익률과 더불어, 가장 중요한 성과지표는 '고객만

로저 마틴의 14가지 경영 키워드

족도와 시장점유율'이다.

(가능성 高) 회사의 전략은 전략기획 담당 스텝들에 의해 이사회에 보고된다.

(가능성 低) 회사의 전략은 주로 사업을 책임지는 임원들에 의해 이사회에 보고된다.

(가능성 高) 이사회 멤버들은 전략의 승인 직전에 '이 전략이 성공할 것'이라는 증거를 주장한다.

(가능성 低) 이사회 멤버들은 전략 승인 직전에 해당 전략과 관련된 리스크들에 대한 철저한 설명을 요구한다.

그렇다면 기업들은 이런 함정에서 벗어나기 위해 무엇을 해야 할까? 이를 해결하기 위해 일반적으로 사람들은 불편함과 두려움에 대해 회피 성향을 갖고 있다는 것을 염두에 두면 된다. 따라서 유일한 해결 방법은 약간의 불안함을 자연스럽게 느끼도록 균형감을 확보한 전략 수립을 실행하는 것이다. 이런 전략 수립 활동에는 이제부터 설명하게 될 전략 수립 과정의 세 가지 기본 규칙을 잘 준수하는지 확인하는 것도 포함된다. 규칙을 준수하는 것은 생각보다 쉽지 않다. 매력적인 안전지대가 늘 유혹하기 때문이다. 또한 이런 규칙 준수가 반드시 성공적인 전략도출을 보장하는 것도 아니다. 하지만 규칙을 잘 준수한다면, 적어도 '우리 전략이 그리 나쁘지 않다'라는 확신을 갖게 될 것이다.

[규칙 1] 전략 선언문은 최대한 심플하게 만든다

당연한 이야기지만, 우리의 이익을 만들어주는 사람들, 즉 고객의 선택을 위해 여러분들은 모든 에너지를 집중해야 한다. 자사의 가치 제안이 다른 경쟁자들보다 월등하다면, 고객들은 여러분들을 위해 순순히 지갑을 열 것이다. 이때 는 다음 두 가지 선택이 성공을 결정한다.

'어디서 경쟁할 것인가?'(어느 고객에게 타깃팅 할 것인 가?)와 '어떻게 승리할 것인가?'(어떤 방법으로 고객에게 압도적인 가치 제안을 만들어 줄 것인가?)이다.

만약 우리 회사가 선택한 경쟁할 장소(고객 분류나 영역)에 특정 고객이 포함되지 않는다면, 그 고객은 우리가 제공하는 역량이나 본질에 대해 인식조차 하지 못할 것이다. 만약 회사가 그 고객들과 잘 매칭되었다면, 두 번째, '어떻게 승리할 것인가?'에 대한 선택을 통해 고객은 자신에게 타깃팅 된 가치가 매력적인지 아닌지를 결정하게 된다.

전략이 이 두 가지 질문에 대한 결정이라면, 굳이 길고 지루한 기획문서들을 작성할 필요는 없을 것이다. 기업의 전략 선택은 임팩트 있는 단어와 개념으로 한 페이지에 정리하면 된다. 핵심적인 선택을 어디서 경쟁할지(where to play)와 어떻게 승리할지(how to win)로 요약해 보는 것은 논의의 기반을 튼실하게 유지하고, 논의에 참여하는 경영진들이 기획의 안전지대로 후퇴하기보다는, 회사가 직면한 전략적 도전들에 몰입하도록 만들 가능성이 높다.

[규칙 2] 전략이 늘 완벽하지 않다는 사실을 인식한다

위에서 언급한 것처럼, 일반적인 경영자들은 무의식적으로 '전략은 계획적인 비용 산정을 통한 정확성과 예측 가능성이 필수'라고 생각한다. 심지어 그 예측과 정확성이 완벽하길 바란다. 하지만 전략은 주로 비용보다는 수익에 관한 것이기 때문에 '완벽함'이라는 기준은 실현 불가능하다. 따라서 전략은 최선을 다해 회사의 무모한 베팅 확률을 줄이려 할 것이다.

이때 경영자들이 전략 수립 과정에서 위축되지 않기 위해서는 이사회와 규제 기구들이 전략에는 베팅 수준의 도전적 목표 설정이 필수적이라는 사실을 확실히 이해하도록 만들어야 한다. 이사회가 경영자들에게 전략에 대해 확신하는지 질문을 할 때마다, 규제 기구들이 전략적 의사결정 프로세스의 완벽성에 대해 증명을 요구할 때마다, 실제로 전략적 의사결정은 위축되는 경향이 있다. 의사회와 규제 기구들은 세상을 통제하기 바라지만, 세상은 그렇게 호락호락하게 제압당하지 않는다. 이 점을 수용하기 전까지, 그들은 진정한 전략 대신 기획만 반복할 것이며, 그리고 그렇게 기획된 이익이 실현되지 않은 이유에 대한 변명들만 반복적으로 열거할 것이다.

[규칙 3] 논리를 솔직하게 공개하라

전략적 선택의 성공률을 높이는 유일하고 확실한 방법은 선택의 논리를 테스트하는 것이다. '자사의 선택이 타당하다고 인정받으려면, 고객들은 우리의 산업 혁신, 경쟁력, 역량 등과 관련해서 무엇을 신뢰해야 할까?'라고 자문해 보자.

일반적으로 사람들은 기업의 역사를 기록하는 과정에서 대체로 계획된 대로 흘러왔다고 생각하지, 수많은 베팅 수준의 전략적 결정들이 어떤 방식으로 어떤 이유로 진행되어왔는지는 신경 쓰지 않는다. 만약 선택의 논리가 기록되고 실제 결과와 비교된다면, 경영자들은 언제, 그리고 어떤 전략들이 원하는 성과를 만들어내지 못했는지를 신속하게 확인할 수 있게 될 것이며, 헨리 민츠버그와 같이 필요한 조정과정을 수행할 수 있게 될 것이다. 추가적으로 효과가 있었던 것과 그렇지 못했던 것들을 엄격한 수준으로 관찰함으로써, 경영자들은 전략적 의사결정과정을 향상시킬 수 있게 된다.

경영진들은 이런 규칙을 실무에 적용하여 전략적 선택과정에 대한 두려움을 축소할 수 있다. 이는 매우 유용해 보이지만, 어느 정도까지만 가능하다. 기업이 그들의 선택에 완벽하게 만족한다면, 환경의 중대한 변화를 간과하는 리스크가 존재할 가능성이 크다.

저자는 기획, 비용관리, 자사의 역량에 집착하는 행동 등이 전략 입안자들에게는 위험한 함정이라고 주장했다. 그럼에도 불구하고, 이런 행동들은 매우 필수적인 것도 사실이다. 어떤 기업도 이들을 간과해서는 안 된다. 회사의 수익을 올리는 것이 전략이라면, 기획, 비용 통제, 역량은 그 수익을 특정 가격으로 달성할 수 있는지 여부를 결정하는 요소가 된다. 하지만 인간의 본성이 그렇듯이, 기획과 다른 기업의 활동들은 의식적으로 경계하지 않는 이상, 늘 전략을 지원하기보다는 지배하려 할 것이다. 만약 여러분들이 현재 자사의 전략에 만족하고 있다면, 여러분은 그런 의식적 경계의 노력을 충분히 기울이고 있지 않을 가능성이 높다.

> * 이번 장은 <하버드 비즈니스 리뷰>(2014년 1~2월호)에 저자가 기고한 '전략적 기획의 엄청난 거짓말(The Big Lie of Strategic Planning)'의 내용을 수정 및 보완한 것이다.

10장.
실행(Execution):
전략과 실행을 구분하는 위험성

"전략과 동등한 위치에 실행이 존재한다."

'실행은 전략과 구분되는 것'이라는 생각은 지난 20여 년 동안 경영계에 확고히 자리 잡았다. 이런 생각이 어디서 유래되었는지 확실치는 않지만, 2002년 닷컴 버블이 한창일 때 지금은 JP모건의 최고경영자인 제이미 다이먼(Jamie Dimon)은 "나는 늘 최고의 아이디어와 평범한 경영보다는 최고의 실행과 평범한 전략을 갖고 싶다."고 밝힌 바 있다.

같은 해, 얼라이드 시그널(AlliedSignal)의 전임 CEO 래리 보시디(Larry Bossidy)는 『실행, 소중한 것 제대로 실천하기(Execution: The Discipline of Getting Things Done)』라는 베스트셀러를 공동 저술했는데, 이 책에서 저자들은 '전략은 제대로 실행되지 않기 때문에 실패하는 경우가 가장 많다'고 선언했다.

이처럼 '실행이 전략 성공의 핵심 열쇠'라는 교리는 대중적으로 잘 알려진 만큼 많은 결함을 가지고 있다. 동시에, 이런 말의 대중적인 인기는 우리가 그 원칙의 타당성에 대해 의문을 제기하지 못하도록 가로막고 있다.

천체가 지구 주위를 돈다는 이론이 널리 퍼져 있다고 가정해 보자. 여러분들은 이 이론이 별과 행성의 움직임을 제대로 설명하지 못한다는 것을 알고 있다. 이럴 때 우주가 지구 주위를 돈다는 이론에만 의문을 제기하여 대응하는 것이 더 합리적인가, 아니면 그 불일치에 대해 훨씬 더 복잡하고, 난해하며, 실행 불가한 설명을 계속 제기하는 것이 더 합리적일까?

오컴의 면도날(Occam's razor, 경제성의 원리 혹은 단순성의 원리 : 어떤 사실 또는 현상에 대한 설명들 가운데 논리적으로 가장 단순한 것이 진실일 가능성이 높다는 원칙을 의미_역자 주) 대신에 위에서 설명한 다이먼과 보시디의 교리를 적용하게 되면, 여러분들은 불필요하고 무용한 설명을 해야 하는 편에 자연스럽게 속하게 된다.

불행하게도, 이런 경향은 사람들이 왜 자신의 전략이 실패했는지 이해하려 할 때, 특히 컨설팅 회사들과 관련될 때 자주 일어난다. 다이먼과 보시디의 '실행이 전략 성공의 핵심 열쇠'라는 접근법은 실수에 대해 고객을 비난할 수 있는 근거를 제공해주기 때문에 컨설팅 회사들에게는 '행운의 선물'과도 같은 역할을 한다. 아마도 컨설팅 회사들은 "여러분들의 실패의 원인은 저희가 제시했던 전략의 문제가 아니라, 그 전략을 구현하는 과정에 있습니다. 이 문제의 실행에 도움이 될 수 있는 변화관리 프로젝트를 추가적으로 진행하는 것이 좋겠습니다."라고 말할 것이다.

물론 컨설팅 회사들의 수익을 늘려주는 것이 우리 회사의 성과에는 전혀 도움이 되지 않는다는 것을 알고 있을 것이다.

그렇다면 우리는 왜 이런 결과를 마주해야 하는 것일까? 이는 **전략 수립과 실행이 전혀 다르다고 생각하는 사고방식 때문이다.** 이보다는 **'실행을 전략과 동일한 것으로 보는 사고방식'**이 필요하다. 지금부터 여러분들은 전략과 실행을 분리하면 안 된다. 이번 장에서 저자가 보여주고자 하는 바와 같이, 평범하지만 제대로 실행되는 전략과, 탁월하지만 제대로 실행되지 않는 전략 중 반드시 하나만을 선택해야 한다는 집착에서 벗어나야 한다. 물론 좋은 소식도 있다. 전략과 실행 사이의 잘못된 구분을 버리게 되면, 그 결과를 변화시킬 수 있다는 점이다.

침묵하는 행위자의 위험한 선택

대부분의 경영진들은 전략을 외부 컨설턴트의 도움을 받

아 수립(formulation)하고, 나머지 구성원들에게 실행을 전담시키는 소수의 전략담당 고위 임원들의 영역으로 생각한다. 이 과정을 쉽게 이해하기 위해 우리는 인체와 비교해 볼 수 있다.

뇌는 생각하고 선택하며, 몸(조직)은 뇌가 시키는 대로 행동한다. 성공적인 행동은 뇌에 의한 '수립' 단계와 몸을 통한 '실행'이라는 두 가지 서로 다른 요소로 구성된다. '수립' 단계에서 뇌는 '지금 이 포크를 집어 든다.'라고 결정한다. 그 후 실행 단계에서, 손은 의무적으로 포크를 집는다. 손이 스스로 포크를 집겠다는 결심을 한 것이 아니다. 이런 흐름은 '뇌의 결정'에서 '손의 실행'으로 가는 일방적인 흐름이다. 그러니 손은 '선택권이 없는 실행자'일 뿐이다.

일부 신경과학자들은 뇌와 신체(그리고 그들 사이의 실제 작동 순서)의 단순화에 대해 의문을 제기할 수 있겠지만, 조직 내에서 전략이 수용되는 모델은 다음과 같다. '**전략은 선택이고, 실행은 행동이다.**'

이를 좀 더 구체적으로 설명하기 위해, 여러분이 대형 은행의 CEO라고 상상해 보자. 귀하와 귀하의 팀은 고객 전략을 수립한다. 고객서비스 담당자(CSR)가 각 은행 지점에 해당 전략을 적용하게 된다. 고객서비스 담당자들은 '선택권이 없는 실행자'들이다. 고객을 응대하는 법, 거래를 처리하는 법, 상품을 홍보하고 판매하는 방법은 매뉴얼을 따르게 된다. 그 모든 선택에 있어 힘든 일은 상급자들에게 맡겨져 있다. 모든 것이 CEO인 여러분들에게 귀속되는 것이다. 은행 경영의 최일선에 있는 구성원들은 선택할 필요가 전혀 없다. 하지만 **그들은 선택해야 한다.** 왜 그럴까?

이해하기 쉽게 저자가 직접 겪었던 1980년대 초반의 대형 은행 사례를 이야기해 보겠다. 당시 은행은 전략 수정 작업을 하고 있었고, 저자는 젊은 컨설턴트로서 이 은행의 영업 방식을 이해하기 위해 창구 직원(이 당시에는 고객서비스 담당자를 이렇게 불렀다)을 따라다니겠다고 요청했다. 저자는 메리라는 직원에게 배정되었는데, 그녀는 해당 지점의 최우수 창구 직원이었다. 몇 주 동안 그녀를 관찰한 후, 메리가 고객들을 대하는 방식에 세 가지 패턴이 있음을 알게 되었다.

그녀는 첫 번째 유형의 고객들에게 예의 바른 태도와 빠른 일 처리로, 전문성이 느껴지도록 했다. 두 번째 유형의 고객에게는 천천히 시간을 들여 당좌예금 계좌의 일부 금액을 고수익 정기 예금으로 이체할 것을 권유하거나 은행이 새로 도입한 서비스를 추천했다. 세 번째 유형의 고객에게는 자녀나 휴가 계획 및 건강에 대해 물었지만, 은행거래나 재무 상태에 대해서는 거의 묻지 않았다. 이런 방식의 응대를 통해서도 고객의 거래는 진행되었지만, 다른 유형의 고객들보다 업무 외 상호작용에 더 긴 시간을 할애했다. 이후, 저자는 메리에게 응대법에 대해 질문하자 그녀는 이렇게 설명했다.

"고객들은 일반적으로 세 가지 유형이 있어요. 첫 번째 유형은 은행 방문 자체를 별로 좋아하지 않는 부류입니다. 그들은 그저 자신이 요청한 업무가 빨리 끝나기만 원하죠. 제가 어떤 재정적인 조언을 해주려고 하면, '그건 당신이 상관할 바 아니야'라고 생각할 겁니다. 두 번째 유형의 고객들은 직원인 제가 그들의 친구가 될 필요까지는 없더라도 저를 자신의 개인 금융 서비스 컨설턴트로 생각해요. 이런 고객들은 제가 자신들의 다른 계좌들까지 잘 검토해주기를 원해요. 이런 고객들을 위해서 저는 개인마다 하나씩 서류철을 별도 관리해요. 이 정보들을 통해 구체적인 조언을 해줄 수 있죠. 이들에게 제가 자녀 문제나 고관절 수술에 대해 물어본다면, 그들은 아마 시간 낭비로 생각하거나 자신의 사생활을 침해받고 있다고 생각할 거에요.

마지막 유형의 고객들은 저희 지점 방문을 중요한 사교 행사로 생각하고, 자신이 가장 좋아하는 직원을 만나기 위해 은행에 옵니다. 이런 유형의 고객들이 대기하는 상황을 잘 지켜보면, 자신이 원하는 특정 창구 직원의 순서가 될 때까지 기다리며 다른 손님들에게 순서를 양보하기도 해요 (저자가 보기에 이런 상황은 메리에게만 해당되는 것 같기도 하다). 이런 고객들과는 물론 은행 업무가 중요하지만, 그들의 삶에 대해서도 이야기를 나눠야 하죠. 만약 제가 그렇게 응대하지 않는다면, 저희 지점 방문은 그 고객들에게 가치가 없어지게 되고, 저희 지점의 서비스에 실망하게 될 거예요."

흥미를 느낀 저자는 메리에게 이 전략적 세분화 체계와 차등적인 서비스 모델이 기재된 매뉴얼이 있는지 물었다. 메리는 무척 당황스러워하며, 그런 것은 전혀 없다고 말했다. 그녀는 "단지 제가 시도해 본 것이에요."라고 설명했다. "저는 고객이 행복하기를 원해요. 그래서 저는 이를 위해 할 수 있는 모든 것을 할 뿐이죠."

메리의 설명을 들은 저자는 이런 접근 방식은 다른 직원들과 고객들 모두에게 유용할 것 같다고 이야기했다. 그리고 은행 관리자들에게 세 가지 영업 방식을 제안해서 다른 업무 프로세스에도 도입해 보면 어떨지 물었다. 하지만 메리는 이미 제안해 봤으나 소용이 없었다고 하소연했다. 임원들은 창구 직원들의 말에는 관심이 없다는 것이다.

메리는 '침묵하는 행위자'로 세팅되어 있었다. 그녀에게는 '고객의 금융 거래가 가장 중요하니 계좌를 이체해주고 친절하게 대하라'라고 명시된 단 하나의 매뉴얼만 주어졌다. 하지만 그녀의 경험과 통찰력은 다르게 말하고 있었다.

그녀는 은행의 궁극적인 목표가 '고객을 행복하게 만드는 것'이라는 점을 이해하고 있었고, 이를 자신만의 독특한 고객서비스 모델 구축을 통해 구현해 보기로 했다. 이를 적용하기 위해서 그녀는 침묵하는 행위자 역할을 거부해야만 했다. 출납 직원 매뉴얼만을 준수하면서 수준 이하의 서비스를 제공하기보다는, 자신의 업무 범위 내에서 전략적으로 최적의 선택을 하기로 결정한 것이다.

메리는 자신이 조직의 최고위층에서 내리는 의사결정에 영향을 미칠 수 있는 위치에 있지 않다는 사실도 잘 이해했다. 자신은 관습을 거부하기로 선택했지만, 상사들은 그렇지 않았다. 그 결과 안타깝게도 그녀의 이런 탁월한 전략이 큰 도움이 될 수 있었던 은행은 결국 이 글을 쓰는 이 시점에는 더 이상 존재하지 않는다. 저자의 컨설턴트로서의 경력 전반에 걸쳐 이런 패턴은 계속 반복되었다.

최고 경영진들은 (비록 그들이 인식하고 있지 못하더라도) **'실제 경영 현장 상황 속에서 무슨 일이 일어나고 있는지를 이해하기 위해 반드시 '누군가'** 일반 직원들과 대화해야 한다'**는 사실을 꼭 기억해야 한다. 이 은행에서는 경영진들이 직원의 말에 딱히 관심을 가질 필요는 없다는 모델을 구축했기에, 메리의 사례와 같은 그런 유용한 정보를 획득할 수 없었다.

'선택 없는 행위자'의 딜레마

전략과 실행이 상호 연관되어 있다는 '전략-실행 접근법 (the strategy-execution approach)'은 경영의 최일선뿐만 아니라 조직 내 여러 수준에서 적용에 실패하는 모습을 보여왔다. 대부분의 경영자들이 전략과 실행이 서로 별개라는 생각이 굳어져 '전략-실행 접근법'의 의미를 제대로 이해하지 못하기 때문이다.

전략과 실행이 서로 연결되어 있다는 개념은 새로운 것이 아니다. 분명한 것은 우리가 위대한 경영 이론가인 케니스 앤드류스(Kenneth Andrews)가 그의 1971년 저서 『기업 전략의 개념(The Concept of Corporate Strategy)』에서 전략의 수립과 실행 사이의 구별을 언급했던 부분을 주의 깊게 살피지 않은 것이다. 그는 다음과 같이 설명한다.

"기업 전략은 동일하게 중요한 두 가지 측면이 존재한다. 실제로는 이 두 부분이 서로 상호 연관되어 있지만, 개념 연구를 하는 이 과정에서는 실행 가능한 범위로 분리한다. 첫 번째는 수립(formulation)이고, 두 번째는 실행(implementation)이다."

전략의 수립과 실행이 '실제 상황에서 상호 연관성이 있고', '동일하게 중요하다'는 경고에도 불구하고, 대략 40년이 지난 현재의 '전략-실행 이론'들은 이들을 분리해서 작위적인 방식으로 개념화한다. 이제는 이런 접근 방식이 잘못된 논리를 가지고 있다는 점을 확실히 인지해야 한다. 그렇지 않으면, 우리 모두는 어떤 경로로든 실패를 하게 될 것이다.

만약 조직 내에서 어떤 전략과 실행이 발생하는지 구분할 수 없다면, 수립과 적용 관점에서 전략과 실행을 구분하는 것이 무슨 의미가 있을까? 이는 조직에 전혀 도움이 되지 않는 무의미한 구분일 뿐이다. 실제로, 이런 구분은 기업에 큰 피해를 주기도 한다. 일부의 경우에는 직원들이 스스로 선택하지 않은 모델일지라도 충실히 따른다. 그들은 그저 그렇게 지시받았기 때문에 '열심히', 그리고 '빠르게' 규칙을 따를 뿐이다. 하지만 그 결과, 흑과 백이라는 단편적인 판단만 가능하다. 기업 전략의 광범위한 범위 내에서 직원들이 최적의 행동을 선택해서 수행하기보다는, 그저 충실하게 실행에만 집중하는 것이다. 이런 상황이 직원들의 선택을 제한하고, 이들을 관료화시키는 원인이 된다. 그래서 이들은 툭하면 고객들의 컴플레인에 이렇게 대답한다. "죄송합니다만, 제가 할 수 있는 일이 없습니다. 회사 정책이 그렇습니다." 콜센터에 전화를 한 번이라도 걸어본 적이 있는 고객이라면, 응대하는 직원이 현재 내가 처한 문제와 전혀 관련이 없는 대본을 낭독하는 걸 한 번이라도 들어본 고객이라면, 선택 없는 행위자 프레임 속에서 관료주의와 싸우는 그들의 고통을 너무도 잘 알 것이다.

'전략-실행 접근법'의 경직성에 눈이 먼 경영자들은 매우 추상적인 선택을 하게 되고, 모든 것이 다 실행의 문제라고 가정한다. 그들은 상부에서 이뤄진 선택이 일련의 더 어려운 선택의 과정을 유발한다는 점을 인식하지 못한다. 직원들이 훌륭한 성과를 내면, 고위 경영진들도 훌륭한 전략을 세운 것에 대한 공로를 인정받는다. 하지만 (경영진의 잘못된 선택, 직원들의 잘못된 선택, 혹은 이들 둘 다로 인해) 나쁜 성과가 나온다면, 거의 확실하게 실행에 문제가 있었다고 결론을 내린다. 직원들은 항상 지는 게임(lose-lose game)을 하게 되는 것이다. 이겨도 별로 인정받지 못하고, 지게 되면 엄청난 비난의 독박을 쓰게 된다. 이런 속박은 성공에 대한 공동 책임마저 무색하게 만들어 결국 모든 직원에게 무력감을 선사한다.

결국, 직원들은 회사와 고객을 위해 내가 더 잘 할 수 있는 방법을 고민하기보다는, 단순히 근태 체크 센서에 사원증을 제대로 갖다 대는 일에만 몰두한다. 그리고 이런 상황은 더 큰 악순환을 만든다.

이와 같은 단절된 느낌 속에서 직원들은 상사들과 고객 데이터를 공유조차 하려고 하지 않는다. 이런 상황이 오면 경영자들은 외부 컨설턴트를 고용해 의사결정에 필요한 데이터들을 얻기 위한 컨설팅 프로젝트를 진행한다. 하지만 조직 외부에서 제공된 데이터에 대한 결과물로는 일선 접점직원들이 자신들의 선택을 설명할 수 없고, 그런 결과물은 설득력이 없다고 생각하게 된다. 이럴 경우 직원들은 회사와 더 큰 단절의 느낌을 받게 되고, 가식적이고 짜증 유발형 경영진들의 행동을 풍자하는 만화 딜버트(Dilbert)에 표현된 것처럼 '우리는 바보를 위해 일하고 있다'라는 생각을 더 확고히 하게 된다. 결국 경영진은 일선 직원들을 탓하고, 일선 직원들은 경영진을 탓해 모두가 다 호전적으로 변하게 된다.

이와 같은 냉정하고 자기중심적인 환경 속에서 조직 내 관계는 불신 속에서 성장하거나, 최악에는 성장을 멈추게 된다. 일반적으로 성찰(reflection)은 시스템 내에 존재하는 나머지 구성원들이 개인의 성공에 얼마만큼 영향을 미치는지에 따라 좌우되는 경향이 있다. 개인들은 문제에 대한 자신의 공헌 가능성을 고려할 수 없기 때문이다.

마지막으로, 리더들은 훨씬 더 복잡한 전략과 더 엄격한 실행을 계획해 성공을 이루기까지 너무 많은 책임을 지는 경향이 있는 반면, 중간 및 하위관리자들은 이런 경향 속에서 무력감을 느끼며 책임을 회피하는 모습을 보인다. 이것이 바로 '전략-실행 접근법'의 주류가 보여주고 있는 너무도 일상적인 손실비용 중 하나이다.

위에서 아래로 폭포처럼 흘러내리는 선택의 확산

전략 실패 문제를 해결하기 위해 우리는 뇌와 몸으로 상징되는 은유적 사고를 이제는 멈춰야 한다. 그 대신 기업을 '위에서 아래로 폭포처럼 흘러내리는 급류'라고 생각해야 한다. 급류의 각 계곡은 기업이 선택을 해야 하는 지점들이며, 상류의 선택은 하류에 영향을 주게 된다. 회사의 최상부에 있는 사람들은 영향력의 범위가 넓고, 장기적인 투자와 관련된 더 광범위하고 추상적인 선택을 하는 반면, 하류 쪽에 있는 직원들은 고객서비스와 만족도에 직접적인 영향을 주는, 보다 구체적이고 일상적인 결정을 해야 한다. CEO 수준에서는 '어떤 사업에 참여할 것인가?'와 같이 광범위한 선택일 수 있다.

한 CEO가 미국 내 은행 사업에 막대한 투자를 결정했다고 가정해 보자. 이런 결정을 고려할 때, 해당 사업부 사장은 "우리가 소매금융업계에서 어떻게 승리할 수 있을까?"라고 질문할 수 있다. 그의 선택은 무척 광범위하고 추상적이지만, 그의 선택에 의해 기업의 목표는 보다 명시적이 된다. 그가 '소매금융 사업에서의 승리를 위해 우수 고객서비스에 집중한다'고 결정했다고 해 보자. 이 결정으로 조직 전반에는 더 많은 선택이 뒤따른다. 지점운영 부사장(EVP)은 '지속적으로 우수한 고객서비스를 제공하기 위해 어떤 서비스 역량을 개발해야 할까?'라고 질문할 수 있다. '고객들이 은행 지점에서 쉽게 상호작용할 수 있도록 지원해야 한다'는 답변이 나온 경우, 지점장은 'CSR 담당자의 채용, 교육, 교대근무 일정 등이 어떤 영향을 주게 될까?'라고 질문할 수 있다. 그리고 고객 접점에 앉아 있는 담당자는 '지금 내 창구에 방문한 이 고객에게 이 모든 것들이 무엇을 의미할까?'라고 질문해야 한다. 이처럼 대기업의 경우 최고 의사결정자부터 일선의 담당자까지 매우 긴 **'캐스케이딩(Cascading)'** 과정이 존재하는 것이다.

이런 캐스케이딩이 확대됨에 따라, 그 구조와 작동 원리는 더욱더 중요해진다. 의사결정과정이 가장 효과적으로 작동되기 위해서는 각 단계에서의 선택이 다른 선택들과 원만하게 통합되어야 하기 때문이다. 이 모델 안에서, 모든 구성원들은 상부의 의사결정의 맥락 안에서 신중한 선택을 하도록 장려된다. 이 접근법은 **구성원 모두가 자신의 담당 영역 내에서 최고의 선택을 할 수 있도록 권한을 부여받는 행동이, 더 나은 성과, 더 행복한 고객, 더 만족스럽게 일하는 직원을 만들어낼 것이라는 믿음에 기초하고 있다.**

스스로 선택하는 자발적 행위자의 성과

'선택-캐스케이드 모델(The choice-cascade model)' 은 '전략-실행 접근법'만큼 널리 보급되지는 않았지만, 전 세계에서 가장 성공적인 일부 기업들에서 암묵적으로 사용되고 있다. 8장에서 논의했던 세계 최고의 고급호텔 체인 중 하나인 포시즌스 호텔의 사례로 돌아가 보자.

이미 설명한 바와 같이, 회장 겸 CEO인 이사도어 샤프 (Isadore Sharp)는 일찍이 고품격 호텔의 새로운 정의를 기반으로 호텔 체인을 구성하기로 결정했다. 그는 '고객의 집과 사무실에서 느꼈던 편안함과 익숙함을 제공할 수 있을 정도의 지원 시스템'으로 '고품격 서비스'를 재정의했다. 물론 문제의 핵심은 모든 직원들이 이런 성과를 실현할 정도의 선택을 하도록 만드는 방법이었다.

전통적으로 호텔 직원은 급여 수준이 낮고, 단기근무가 많으며, 쉽게 대체 가능하다고 생각되었다. 대부분의 호텔 체인들은 직원들을 매의 눈으로 늘 감시하면서, 무엇을, 언제, 어떻게 해야 하는지 정확히 지시해야 하는 '선택 없는 행위자(choiceless doers)'로 취급했다. 하지만 이런 선택 없는 행위자 모델은 샤프 회장의 비전을 망치는 길이었다. 그는 객실 담당 직원, 발레파킹 담당자, 사무직원, 호텔 매니저에 이르는 모든 구성원들이 손님들을 위한 편안하고 친근한 지원 시스템을 만드는 데 필요한 선택을 하도록 만들어야 했다. 그가 만약 이를 위해 일일이 단계별 업무실행 매뉴얼을 만들었다면, 이 비전의 실현은 불가능했을 것이다. 그래서 샤프 회장은 직원들 개개인이 확보한 정보를 기반으로 스스로 선택할 수 있도록, 간단하고 이해하기 쉬운 맥락을 설정했다.

포시즌스호텔 구성원들의 목표는 '**모든 상대방(파트너, 고객, 동료, 그 외 모든 사람들)을 자신이 상대방에게서 받고 싶은 서비스 수준으로 응대하는 것**'이었다.

이 호텔에서는 고객이 불만을 제기할 경우, 모든 직원은 고객이 가장 납득할 수 있을 만한 방식으로 불만을 해결하고, 자신이 직접 받고 싶을 정도의 관심과 보살핌으로 고객을 응대할 권한을 갖는다. 샤프 회장은 고객들에게 제공되길 바라는 방식으로 직원들을 대했다.

"**늘 고객 불만 만큼 직원들의 불만에도 관심을 가졌습니다. 호텔을 업그레이드할 때마다 직원시설을 업그레이드하고, 구내식당과 주차장에 더 이상 직급 차별을 허용하지 않았으며, 책임의 부담은 낮추고, 자발적 규율준수를 강조했죠. 목표는 높게 잡았지만, 구성원들의 책임감을 유지하려 노력했어요. 이 모든 게 우리의 신조인 '신뢰 확보(generating trust)'와 연결됩니다.**"

요약하자면, 샤프 회장은 구성원들이 스스로 선택할 수 있도록 만드는 과정을 통해 업계의 최고 위치를 다질 수 있었다.

2019년 포스즌스호텔은 <포춘>지가 선정한 '가장 일하기 좋은 100대 기업'에 22년 연속으로 이름을 올렸다. 또한 마케팅 정보 서비스 업체인 JD파워(JD Power and Associates)의 연례 호텔 고객만족도 지수에서 해당 분야 1위를 차지했으며, 여행잡지 컨데 나스트 트래블러(Condé Nast Traveler)의 독자 선정 우수 호텔에도 지속적으로 이름을 올리고 있다. 물론 이러한 권한 부여는 적정 수준의 격려 없이는 불가능하다. 샤프 회장과 같은 리더는 이미 결정된 선택과 그 근거들을 하부의 구성원들에게 이해시키기 위해 최선을 다해야 했다. 또한 상부의 구성원들은 하부 구성원들의 선택을 인정하되 지배하지 않고, 자유롭게 토론에 참여할 준비가 되어 있어야 한다. 하부 구성원들이 자신이 한 선택들이 그 선택의 기준이 되었던 상부의 의사결정에도 역으로 영향을 준다는 점을 인식하게 되면, 기업구성원 간의 신뢰는 더 강력해질 것이다.

더 나은 선택을 위한 네 가지 캐스케이딩 방법

리더가 정해진 전략을 일방적으로 지시하고, 부하들이 기계적으로 따를 것을 기대하는 '전략-실행 접근법(the strategy-execution approach)'과는 달리, '선택-캐스케이드 모델(the choice-cascade model)'은 직원들이 직면한 시나리오에서 최선의 판단력을 적용할 수 있도록 권한을 부여한다. 하지만 이런 개별 선택이 가능하게 하려면, 상류의 선택 설계자는 하류로 내려질 맥락을 잘 설정해야 한다. 각 수준에서 선택권자는 하류의 구성원들이 더 나은 선택을 할 수 있도록 다음 네 가지 구체적인 방법을 제시해야 한다.

1. 선택의 이유와 근거를 설명한다

우리는 종종 자신의 추론이 스스로에게는 너무 명확하기 때문에, 다른 사람들에게도 그럴 것이라고 생각하는 오류를 범한다. 이를 피하기 위해서는 반드시 충분한 시간을 갖고, 자신이 내린 선택과, 그 선택 이면에 있는 이유나 가정에 대해 명확히 설명하는 동시에, 하부의 구성원들이 이에 대해 질문할 기회를 제공해야 한다. 하부의 구성원들이 그 선택과 그 이면의 이유를 정확히 이해할 때만 자신들이 인위적으로 구속된 것이 아니라, '권한을 부여받았다'고 생각하기 때문이다.

2. 하부에서 해야 할 선택을 명확히 제시한다

리더가 바로 다음 선택을 무엇으로 생각하고 있는지 명확히 알린다. 그리고 이 논의 과정에서 각 구성원들이 마치 조인트 벤처 회사들의 업무방식처럼 느껴지도록 이후 토론에 참여해야 한다. 상부는 하부를 안내하고 알려줘야 하며, 맹목적으로 결정하도록 방치해서는 안된다.

3. 필요에 따라 하부 선택을 지원한다

상사의 중요한 임무 하나는 부하직원들이 필요할 때 그들의 선택을 돕는 일이다. 도움의 필요 정도는 상황에 따라 다르지만, 업무 진행 과정에서 늘 '리더의 진정성 있는 제안'이 병행되어야 한다.

4. 하부 피드백을 기반으로 선택을 재검토하고 수정한다

리더는 하부의 선택들이 달성되고 성과가 도출되기 전까지 그 선택이 올바른 선택이었는지 알 수 없다. 그러므로, 상부 구성원들은 자신의 선택이 재고될 수 있으며, 추가 검토될 여지가 있다는 신호를 보내야 한다.

'선택자'이자 '실행자'를 만드는 진정한 권한 부여

'선택-캐스케이드 모델'에는 긍정적인 순환과정이 포함되어 있다. 하부의 선택이 중시되며, 피드백이 권장되는 환경에서, 직원들은 정보를 다시 상부로 올려보낼 수 있다. 이를 통해 의사결정권자의 지식 기반이 확장되고, 조직의 모든 구성원들은 더 나은 선택을 할 수 있게 된다. **구성원들은 이제 조직의 두뇌인 동시에 팔과 다리이기도 하다. 즉, 그들은 '선택자'인 동시에 '실행자'가 된다.** 이런 구조에서 모든 구성원들에게 권한이 부여되고, 조직은 최종 승리를 맛볼 수 있다.

이런 생각이 전혀 새로운 것만은 아니다. 진보적인 경영 사상가들은 수십 년 동안 구성원들에 대한 권한 부여에 대해 언급해왔다. 이 사실은 우리에게 매우 중요한 질문을 제기한다.

'이렇게 권한 부여가 많이 언급되고 있음에도, 왜 많은 사람들은 여전히 실행이 가장 중요하다고 생각하는 것일까?'

한 가지 대답은 회사가 직원의 권한 부여를 망치고 있기 때문이다. 이것이 유일한 문제라면 더 많은 권한을 부여하도록 제도화하면 모든 문제가 해결된다. (즉, 이전과 동일한 이론을 사용해 더 엄격하게만 적용하면 된다) 하지만 자첫하면 이런 노력들은 실제로 권한을 제대로 부여하는 것이 아니라, 조직의 최상부가 자신들의 생각을 구성원들 모두에게 강요하는 결과를 가져올 수 있다.

전략을 수립할 때, 경영진은 변화관리를 담당하는 컨설

턴트와 함께 어떻게 하면 구성원들의 동의를 확보할 수 있을지만 고민한다. 워크숍이나 멋진 파워포인트 발표 자료를 만들어 하부의 구성원들이 자신이 선택한 전략에 열광하고, 그 선택에 '선택 없는 행위자(choiceless doers)' 역할만을 기계적으로 실행하기를 원한다. 하부 구성원들의 동의 확보에만 집착하는 고위 관리자들은 **'만약 내가 상대방이었다면 어땠을까?'**라는 질문을 자문하지 않는 경향이 있다. 한 번이라도 그렇게 해 봤다면, 이런 상황이 얼마나 혐오스러워 보이는지 쉽게 깨닫게 될 것이다.

구성원들은 전략과 실행을 인위적으로 구분하는 이런 '일방적 도입 방식(the buy-in approach)'을 선호하지 않는다. 만약 구성원들이 '멋진' 전략을 위해 자기 자신만 변해야 하고, 일방적 도입방식의 들러리를 서야 한다고 생각하는 즉시, 그들은 자신이 '선택 없는 행위자'로 취급받은 그 방식 그대로 그곳에 앉아만 있거나 소극적으로 행동할 것이다. 늘 그렇듯이, 상부의 이론과 이런 이론들에 기반한 의사결정은 하부의 경험을 제한한다. 이런 경우 '선택자'와 '선택 없는 실행자'로 나누는 상부 이론들은 기업의 '권한부여'를 엉망으로 만드는 주범이라고 할 수 있다.

지금은 상부 이론을 재검토하고 수정해야 할 때이다. 경영환경에서 더 나은 실행이 위대함으로 가는 길이라고 단언할 수도 있겠지만, 실제로는 위에서 제시한 수정된 은유가 훨씬 더 유용할 것이다. 그래야만 조직 내 일반 구성원들이 일방적인 (전략, 방침)설명회의 재앙에서 벗어날 수 있게 된다. 이것이 권한 부여의 약속이 성공적으로 실현될 수 있는 길이다.

> * 이번 장은 <하버드 비즈니스 리뷰>(2010년 7~8월호)에 저자가 기고한 '실행의 덫(The Execution Trap)'의 내용을 수정 및 보완한 것이다.

11장.
인재(Talent) :
누구나 유일무이, 유아독존의 삶을 꿈꾼다

"구성원 본인들이 특별하다고 느끼게 하는 것이 어떤
보상보다 더 중요하다."

전통적인 비즈니스모델에서는 그럴듯한 비전을 가진 유
능한 기업가들이 자본을 빌려 노동력을 고용하고, 원자재
를 구매해 제품이나 서비스를 만들어낸다. 만약 그들의 도
전이 성공해 제품이나 서비스를 만드는 데 투자된 비용보
다 더 많은 가치를 창출했다면, 사업 확장을 위해 이익을
투자하면서 기업가는 자본가로 변모하게 된다. 하지만 19
세기 후반 자본 시장의 광범위한 확장과 함께 이런 모델은
변화되었다. 외부 자본은 기업의 성장을 위해 보다 쉽게 이
용할 수 있었고, 기업가적 모델은 주로 전문 경영인이 자본
투자자의 대리인 역할을 하는 모델로 대체되었다. 그리고
20세기에는 주로 투자자의 이익을 대변하는 경영자가 노
동을 대표하는 노조 사이에서 기업이 창출한 가치를 노동

과 자본 간에 배분하는 방식을 놓고 갈등하는 양상을 보이고 있다.

1970년대에 이 모델은 더욱더 진화되었다. 우선, 투자자와 경영자의 이해관계가 상충될 수 있다는 인식이 확산되었고, '주식 연계 보상'을 통해서 양쪽의 제휴가 시도되었다. 이와 동시에 가치 창출과정에서 관리자들의 노하우와 기술의 중요성에 대한 인식이 증가해 기업들은 관리자나 연구원, 프로그래머 등과 같이 사업의 성공을 위해 필수적인 전문가들을 고용하기 위해 더 극심한 경쟁을 시작했다. 그 결과, 특별한 재능을 지닌 인재들은 지난 40여 년간 기업 경영에 있어 사업이 창출해내는 가치 측면에서 점점 더 많은 비중을 차지하게 되었다.

이렇게 인재들이 강력한 힘을 갖게 된 이유는 일반적인 노동력과 달리 대체 가능성이 낮고, 업무가 특수하기 때문이다. 조직 내 많은 직무들은 예측이 가능하기에 충분히 직원들을 미리 교육시켜 수행할 수 있다. 하지만 독특한 재능을 요구하는 일의 가치는 오직 그 일을 하는 사람에게만 달려있다.

영화 제작자들은 줄리아 로버츠를 빼놓고 영화를 만들 수는 있다. 하지만 그 영화는 더 이상 줄리아 로버츠의 영화가 아니다. 미식축구팀 그린베이 패커스(The Green

Bay Packers)는 슈퍼스타 쿼터백 에런 로저스(Aaron-Rodgers) 없이도 경기를 할 수는 있겠지만, 팀은 매우 다른 공격 전술을 취해야 할 것이다. 만약 제약회사들이 스타 연구원들을 잃는다면 연구 프로그램을 변경해야만 한다. 헤지펀드 회사가 투자 전문가를 잃는다면 투자 방식을 바꿔야 한다.

세상이 지식경제로 변화하면서 기업의 임원, 연구원, 금융 엔지니어, 자금 관리자, 예술가, 운동선수, 인플루언서 등 지식과 기술을 가진 사람들은 초월적인 힘을 지니게 되었다. 이와 동시에 혁신과 기술을 통해 자본 시장이 현대화되면서 기업은 자본을 더 쉽게 확보할 수 있게 되었고, 이에 따라서 자본에서 인재로의 권력 이동은 가속화되었다.

지난 40년 동안 많은 영역에서 인재의 수익 창출력이 급증했고, 특히 경영계에서의 인재가 발휘하는 가치 창출력은 가장 두드러진다.

스티브 발머(Steve Ballmer)는 빌 게이츠(Bill Gates)의 경영자 역할을 수행하는 동안 960억 달러에 이르는 자신의 재산 대부분을 벌어들였다. 에릭 슈미트(Eric Schmidt)의 순자산 190억 달러는 10여 년간의 구글 재직 기간에 창출된 것이고, 메그 휘트먼(Meg Whitman)은 10년 동안 이베이(eBay)의 CEO로 일한 대가로 64억 달러를 받았다.

이런 수치들은 일류 인재들이 보상에 매우 민감하고, 보상이 동기부여의 핵심이며, 이것이 곧 채용 및 유지의 핵심이라는 믿음을 만들어냈다.

하지만 이 말은 극히 일부만 진실이다. 저자는 보상을 통해 동기부여를 받고 크게 성공한 사람들을 많이 만나왔다. 회사를 매각하기 위해 회사의 가치를 높이려는 CEO, 단기 이익을 위해 회사를 파괴하는 행동주의 헤지펀드 매니저들, 엄청난 수수료를 위해 고객들이 절대로 인수해서는 안 되는 회사를 구매하도록 부추기는 투자 은행가, 고객들이 필요하지도 않은 프로젝트를 강매하는 컨설턴트들이 대표적인 예이다. 하지만 결코 이들은 저자가 이번 장에서 이야기하려는 인재가 아니다. 자신을 그 누구보다 우선시하는 사람들 중에는 어느 누구도 조직이나 팀을 지속적으로 위대하게 만들 재능이나 동기를 가진 사람은 없었다.

저자는 40여 년 동안 최고의 재능을 가진 인재들과 함께 일하는 과정에서 그들 중에는 오직 보상에 의해서만 동기부여를 받는 인재는 단 한 명도 없었다고 자신 있게 말할 수 있다. 그리고 이런 상황이 인재를 바라보는 다음과 같은 믿음을 만들어냈다.

'자신이 특별하다고 느끼게 하는 것이 어떤 보상보다도 더 중요하다.'

이번 장에서 설명하겠지만, **최고의 인재를 성공적으로 관리하는 비법은 아무리 엘리트라고 할지라도 그들을 특정 집단 내의 한 명의 구성원이 아니라, 자신이 '가치 있는 개인'이라고 느끼도록 만드는 것이다.** 이 이야기를 자일스(Giles)의 사례를 통해 시작해 보려 한다.

'군계일학'이 되고 싶은 인재들의 심리

30년 전 저자가 전략컨설팅사 모니터 컴퍼니(Monitor Company)를 공동 운영하고 있을 때, 자일스는 약 12명으로 구성된 글로벌 회계 담당(GAMs)의 일원이었는데 그는 그중 떠오르는 스타로 독보적인 업무 결과를 보였다. 어느 날 그가 첫째 아이의 육아휴직을 요청하기 위해 찾아왔다. (지금은 꽤 일반적인 요청이지만, 그 당시에는 매우 특별한 요청이었다) 저자는 그의 요청에 흔쾌히 이렇게 대답했다.

"그럼요, 자일스. 당신은 GAM의 일원이고, 당신 수준에서 원하는 것은 무엇이든 할 수 있어요. 필요한 기간만큼 휴직을 쓰세요."

대답을 들은 자일스는 예상과 달리 시무룩한 표정으로 걸어나갔다. 그의 반응이 매우 의아했다. 그저 그의 요청을 아무런 트집 없이 들어준 것밖에 없는데, 무엇이 불만이었을까? 곰곰이 생각하다 아차, 싶어 무릎을 쳤다.

앞서 말했듯 자일스는 우리 회사의 글로벌 회계담당 내

에서 탁월한 인재였다. 그는 여느 직원과 같이 조직의 일개 구성원으로 취급받고 싶지 않았던 것이다. 12명의 다른 팀원들이 있었지만, 자일스는 한 명뿐이었다. 그는 '가치 있는 개인'으로 대우받기를 원했다. 자일스는 다음과 같은 말을 듣고 싶었을 것이다.

"회사는 당신과 당신이 원하는 모든 것에 신경 쓰고 있어요. 육아휴직이 당신에게 특히 중요한 것이라면 회사는 당신을 100% 지지합니다."

물론 이렇게 말하나, 저렇게 말하나 결과는 똑같은 육아휴직이다. 그렇더라도, 감정적인 영향력은 매우 달랐을 것이다. 자신이 특정 그룹의 다른 구성원들처럼 인식되기보다는, 특별하고 독특한 존재로 인정받고 싶었을 것이다. 자일스와의 경험 이후로, 이와 같은 역학관계는 반복적으로 일어났다.

농구의 아이콘인 마이클 조던이 유명한 자신만의 규칙을 가지고 있었던 것은 그가 특별하다고 느낄 필요가 있었기 때문이다. 물론 다른 팀원들 중 일부는 유감스러울 수도 있지만 말이다. 이것이 록 밴드 '반 헤일런(Van Halen)'이 자신의 탈의실에 있는 간식대에서 갈색 엠앤엠즈(M&M's) 초콜릿을 치워 달라고 주장한 이유이다. 이 모든 것들이 버릇없는 친구들의 일탈로 보였을지도 모른다. 하지만 이는 핵심적인 동인이 아니다. 마이클 조던과 같은 사람들은 그들의 삶을 더 독특하게 하기 위해 최선을 다하며 지낸다. 그들은 다른 사람들보다 더 많은 것을 해내기 위해 다른 누구보다 더 많은 것을 준비한다. 코트 안에서의 실패 과정에서 더 많은 것을 갈망하고, 또 그만큼 더 높은 기준을 고수한다. 그들은 자신이 속한 세계에서 더 높은 압박감을 감수해야 한다. 바로 이것이 자일스가 자신의 요청사항이 받아들여졌음에도 기분이 좋지 않았던 이유이다.

매년 회사는 언젠가 모니터 GAM이 되는 것이 꿈인 수십 명의 유능한 MBA 졸업자들을 고용한다. 이런 상황에서 자신은 다른 사람들과 차별화되기 위해 치열하게 일했음에도 불구하고, 다른 구성원들과 똑같이 취급되는 것이 거슬렸을 것이다. 자일스와 같은 인재들은 단지 여러분들을 위해서만 일하지 않는다. 이들은 자신이 사라진다면 더 이상 이루기 힘든 독특한 결과를 만들어낸다. 물론 자일스와 같이 재능 있는 인재를 별도로 분류하고, 오직 그들만을 행복하게 해줄 수는 없는 일이다. 여러분들은 나머지 조직 구성원들을 적응시켜서라도, 그들 각각의 카테고리를 만들어주어야 한다. 그렇지 않으면 미식축구 스타인 에런 로저스 사례가 생생하게 증명하듯, 여러분과 여러분의 스타 플레이어 모두 고통을 경험하게 된다.

위대한 쿼터백 에런 로저스의 안타까운 일화

17년간 그린 베이 패커스의 상징적인 쿼터백을 맡았던 에런 로저스는 의심할 여지 없이 NFL(National Football League) 역사를 통틀어 가장 위대한 쿼터백 중 한 명으로 자리매김했다. 이미 그는 역사상 5번째로 많은 터치다운 패스 기록을 가지고 있었다. 쿼터백 포지션의 효율성을 보여주는 가장 종합적인 척도인 커리어 패서 등급은 5년 이상 선발 출전 선수 중 리그 역사상 가장 높은 점수를 기록하고 있었다. 그는 2011년 패커스팀을 14년 만에 첫 슈퍼볼 우승으로 이끌었고, 슈퍼볼 MVP에 선정되었다. 또한 리그 역사를 통틀어 두 번째로 많은 리그 공동 MVP 3회 지명 기록을 갖고 있었다. 그의 지위에 걸맞게 팀은 로저스를 두 차례나 NFL에서 가장 높은 연봉을 받는 선수로 만들어줬고, 몇 년 동안 로저스를 미식축구 내 최고 선수로 대우했다. 그리고 로저스는 팀의 간판 슈퍼스타가 되어 이에 화답했다.

하지만 2020년 4월 NFL 드래프트에서 패커스팀의 단장(general manager)인 브라이언 구테쿤스트(Brian Gutekunst)는 로저스에게 더 많은 공격 기회를 줄 수 있는 와이드 리시버를 선택하는 대신, 그의 잠재적 대체선수라고 할 수 있는 쿼터백 유망주 조던 러브(Jordan Love)를 트레이드한다. 관련자들에 따르면, 구테쿤스트 단장은 로

저스에게 이 계획에 대해 미리 한마디도 언급하지 않았다
고 한다.

2020년 9월 3일 한 인터뷰에서, 로저스는 현재 팀 내의
제이크 커머로우(Jake Kumerow) 선수를 포함한 4명의 탑
리시버들에 대한 열정을 표현했다. 하지만 구테쿤스트 단
장은 커머로우 선수를 버팔로 빌스팀으로 즉시 방출해 버
렸다. 2개월 후 트레이드 마감일이 다가오는 시점에 많은
기자들은 로저스에게 패커스팀이 와이드 리시버를 지명할
지에 대해 질문했다. 이에 로저스는 "저는 제 역할을 잘 이
해하고 있습니다. 저는 어느 누구도 지지하지 않으려 합니
다. 지난번에 제가 지지했던 선수가 버팔로 빌스 팀으로 가
버렸거든요."라고 대답했다. 대답 속에는 팀에 대한 불신이
다소 섞여 있는 듯했다.

로저스는 MVP 시즌을 이어갔고, 패커스팀을 NFL 챔피
언십 경기로 이끌었다. 하지만 단장은 게임 종료 2분 9초가
남은 상황에서 동점 터치다운을 하지 않기로 결정했다. 그
결과, 동료 슈퍼스타 쿼터백 톰 브래디(Tom Brady)가 이
끄는 템퍼베이 버커니어스(Tampa Bay Buccaneers)팀은
슈퍼볼에 진출해 우승을 거머쥐었다.

2021년 4월 말, 로저스가 패커스팀으로 복귀하지 않기

로 결정했다는 소문이 돌기 시작했다. 로저스는 5월의 인터뷰에서 질문 세례를 받았을 때 패커스팀의 운영진과의 관계에서 '선수 등용 문제'를 반복해서 언급했다. 그는 대부분의 훈련 캠프를 포함하여 프리시즌 활동에 불참했다. 최종적으로는 복귀를 선택했지만, 사실상은 계약상의 의무 기간 때문이었다. 1년을 더 채워야만 자유계약 선수로 팀을 떠날 수 있었다. 전성기인 슈퍼스타의 계약 기간을 단축하는 것은 어떤 팀도 원하는 바는 아니었다. 로저스는 복귀 후 기자회견에서 자신의 불만 원인을 다음과 같이 밝혔다.

"팀은 나와 내가 하는 일을 그저 플레이만 잘하면 되는 것으로 이해합니다. 하지만 저는 이 리그에서 제가 성취한 것을 기반으로, 팀이 다른 팀원들을 돌보는 방식, 라커룸에 들어가는 방식, 팀을 이끄는 방식, 조직 내에서 행동하는 방식 등에 저에게 조금 더 많은 자격을 부여해야 한다고 생각합니다. **규칙은 모든 구성원들에게 동일해야 하지만, 때로는 일부 아웃라이어들이 존재하며, 이들은 17년 동안 팀에 있었고, 몇 번의 MVP를 수상했습니다. 이들은 다른 팀원들과는 다르게 좀 더 높은 수준에서 대화를 나눌 수 있어야 한다고 생각합니다.** 다른 팀 쿼터백들이 제공받은 적이 없는 특별한 무언가를 요구하는 건 아닙니다. 그저 대화를 나눌 수 있는 기회를 원합니다. 그래서 능력주의에 기반해서 누군가를 방출시켜야 한다고 하더라도, 팀 내에서 두 번째로 리시버 역할을 잘 수행했던 사람은 나와 계속 뛸 수 있도록 했어야 합니다. 제가 팀의 결정에 변화를 줄 수 있는 기회가 있어야 했습니다. 적어도 대화에 참여할 수 있는 기회라도 있었다면, '내가 중요한 사람이구나. 내가 존중받고 있구나'라는 느낌을 받을 수 있었습니다."

인재관리를 위한 세 가지 필수 조건

스타플레이어를 특별하게 취급하는 것은 사실상 위험성을 내포한다. 자신을 스타로 생각하는 모든 관리자들이 발언권을 얻게 된다면 혼란이 뒤따를 수 있기 때문이다. 따라서 매우 재능 있는 사람들로 팀을 구성해 운영하고 싶다면, 이들에게 별도의 책임을 부여하지 않고도 그들이 특별하다고 느끼게 할 수 있는 방법을 찾아야 한다. 이는 생각보다 쉽다. 특별하다고 느끼는 것과 책임을 지는 것은 전혀 다르기 때문이다. 사실 재능 있는 사람들은 책임을 부여받고 싶어 하지 않는 경우도 많다.

자일스의 예로 다시 가보자. 그는 휴가 정책을 결정하는 일을 맡고 싶었던 것이 아니다. 저자가 그의 요구에 대해 좀 더 민감하게 응답했다면, 그에게 추가적인 뭔가를 맡기지 않고도 자신이 특별하다고 느꼈을 것이다. 그는 경영진을 대표하는 사람이 단순히 그를 글로벌 회계 담당자 중 한 명이 아닌 '자일스'로 보고 있다는 느낌이 필요했다.

스타플레이어를 특별하게 느끼도록 하는 방법을 고민하고 있다면 다음의 세 가지 행동은 반드시 명심하자.

1) 그들의 아이디어를 무시하지 않는다

재능이 있는 구성원들은 최고 수준의 성과를 내고 성공을 위한 자신의 기술을 개발하는 데 막대한 에너지와 감정을 투자한다. 같은 맥락에서 그들은 이런 기술을 적용하고 개발하는 방법에 대한 의견(input)을 원한다. 패커스팀 사례에서 로저스의 불만의 핵심은 자신의 팀을 또 한 번 슈퍼볼 우승으로 이끌 수 있는 방법에 대한 결정 과정에서 자신의 목소리를 내지 못한 것이었다.

지금부터는 에릭 위안(Eric Yuan)의 사례를 함께 살펴보자. 그는 미국에서 일하기 위해 비자를 받는 과정에서 8번이나 비자 발행을 거부당한 적이 있다. 또한 화상회의 회사인 웹엑스(Webex)에 취업하기 원했으나 영어 실력이 부족해 아쉽게도 매번 실패의 쓴맛을 봐야 했다. 하지만 놀랍게도 그는 결국 웹엑스가 최고의 화상회의 플랫폼이 되는 데 일조했으며, 웹엑스를 인수한 거대 기술기업인 시스코(Cisco Systems)의 엔지니어링 부사장 자리를 차지하는 성과를 만들어냈다.

위안은 스마트폰에 기반을 둔 화상회의의 출현이 웹엑스의 위협이자 기회라고 생각했다. 이에 그는 2010년 시스코 웹엑스를 좀 더 스마트폰에 친화적인 환경으로 개선하자는 제안을 했다. 하지만 그의 제안은 보기 좋게 기각되었다. 그 후 채 1년이 지나지 않아 위안은 시스코 웹엑스를 떠나 줌(Zoom)을 설립했다. 줌은 현재 웹엑스를 대체한 지배적인 화상회의 프로그램이 되었으며, 웹엑스는 줌과 경쟁자 위치에 설 수 있는 자리조차 만들어내지 못하고 있다.

결과만을 두고 봤을 때 위안의 말을 받아들이지 않은 웹엑스는 큰 실수를 한 것처럼 보인다.

그렇다면 최고의 인재들이 하는 말을 모두 다 들어야 한다는 것인가? 물론 그렇지 않다. 그럴 경우 많은 혼란이 초래될 것이다. 하지만 인재들은 자신의 생각이 충분히 고려되지 않고 한방에 제쳐지는 것을 좋아하지 않는다는 점을 기억해야 한다. 이런 상황은 당신에게 해가 되거나 치명상을 줄 수 있는 결과를 만들어낸다.

2) 그들의 성장을 가로막지 않는다

인재의 육성에 대한 투자를 고려할 때, 스타플레이어들은 자신의 재능이 어떻게 활용될 것인지에 매우 민감하다. 스타플레이어가 자신이 걸어갈 길이 막혀 있고, 발전의 기회를 다음으로 미루어야 한다고 느낀다면 그들은 기다리지 않고 길이 열려 있는 쪽으로 옮겨갈 것이다. 그러므로 언제, 어떤 기회를 제공할지, 그리고 이런 기회를 보류할지

결정하려면 신중한 판단이 필요하다. 당신이 이미 그들에게 너무 많은 것을 뜯어냈기에, 실패 상황이 오면 그들은 당신의 책임을 물을 것이다. **스타플레이어의 충성심(loyalty)을 확보하는 방법은 성공을 방해하지 않고, 각자의 방식으로 계속 성장하며 학습할 수 있는 기회를 제공하는 것이다.** 때로는 이를 위해서, 직원들을 공평하게 대우하고, 엄격한 시간 프레임으로 기회를 제한하려는 인사부서와 싸워야 할 수도 있다.

저자는 시니어 매니저급이 필요한 매우 중요한 프로젝트에 경험이 충분치 못한 주니어 컨설턴트를 배치하려 했을 때 담당 책임자로부터 격렬한 반발을 받았던 경험이 있다. 그 컨설턴트가 아직 준비도 되어 있지 않으며, 이런 처사는 다른 시니어 컨설턴트들에게 공평하지 않다는 지적이었다. 저자는 간신히 이 상황을 감수해주면 다른 프로젝트에서 배려해주겠다고 설득해서 계획했던 대로 중요한 역할을 그 컨설턴트에게 부여했다. 발생할 수 있는 모든 혼란을 책임지겠다는 약속도 했다. 다행히도 그 프로젝트는 잘 해결되었고, 그 주니어 컨설턴트는 현재 향후 자신에 대한 모든 의문을 해소시킬 수 있는 위치까지 성장했다.

에릭 위안의 사례에서 시스코 웹엑스는 핵심 인재의 아이디어를 가로막고 성장을 방해한 탓에 자사의 핵심 역량을 잃고, 치명적인 경쟁자를 만들어버린 상황에 처했다. 에릭 위안은 위험성이 높은 스타트업을 창업하기 위해 자신의 고액 연봉과 높은 직위의 일자리를 포기하기로 한 자신의 결정을 설명하면서 "완전히 다른 혁신적인 솔루션을 개발하기 위해서는 선택의 여지가 없었다."고 말한다. **인재의 성장을 차단하면, 그 인재와 조직 사이의 연결된 끈이 끊어짐을 반드시 기억하자.**

3) 그들을 칭찬할 기회를 절대로 놓치지 않는다

저자의 경험상, 적어도 진짜 스타플레이어라면, 직접적으로 칭찬을 요구하지는 않는다고 생각했다. 그리고 최고 수준의 인재라면 의욕이 넘치고 내재적으로 동기부여가 되기 때문에 칭찬 따위는 필요하지 않고 무관심할 것이라고 여겼다. 하지만 실제는 정반대이다. 재능 있는 인재들은 힘든 일을 하면서 업무시간을 보낸다. 그들은 매번 실패의 위험에 시달려야 하고, 실제로 실패도 상당히 많이 경험해야만 한다. 이런 이유로, 인재들은 적절한 인정(recognition)이 필요하다. 그렇지 않으면, 그들은 울분에 휩싸이거나 조직에서 멀어지게 된다. 핵심은 그들에게 **언제 이런 인정이 필요한지를 찾아내고, 이런 인정을 그 사람에게만 적용되는 개별화된 방식으로 전달하는 것이다.**

연말에 주로 하는 인사인 "김 팀장, 올해 정말 고생했어."와 같은 형식적인 인사말은 금전적인 보상이 수반되더라도 부정적으로 인식될 가능성이 크다. 여러분들은 '인정'을 그들의 특별한 성취 업적에 연결시켜야 하며, 그들이 진화했음을 격려해주어야 한다.

　로트만 경영대학원장 시절, 학교 내에는 우수한 교수들이 많았지만 극소수의 사람들은 우리 학교의 세계적 명성 수준에 못 미치는 경우도 있었다. 이런 경우라도 저자는 항상 전해 들었던 그들의 성과에 대해 격려해줬다. 예를 들어, 언론에 보도된 괜찮은 논문이라든지, 학생들의 평가 결과, 해당 교수 소속의 박사 과정생들의 성장 소식 등이 대표적인 예이다. 이런 상황에서 저자와 친한 교수 한 명에게 자신의 학교 경영대학원장으로부터 받은 이메일을 전달받았을 때 솔직히 움츠러들 수밖에 없었다.

　그 메일은 비행기의 비즈니스석을 이용한 해외출장의 승인을 요청하는 내용이었다. 그 학교의 교수들은 학장의 특별한 개별 승인 없이는 비즈니스석을 탈 수 없었다. 그 학교에서 가장 뛰어난 스타플레이어 중 한 사람이었던 친구는 학문 분야에서 권위 있는 학회의 평생 공로상을 받기 위해 유럽에서 열리는 모임에 참석해야 했다. 하지만 그는 최근에 심장 수술을 받았고, 의사로부터 장거리 여행을 할 때는 이코노미석을 금한다는 이야기를 들었다. 이러한 내용을 담은 메일은 진정한 의미를 확인하는 데 최첨단 과학이나 수준 높은 인문학적 지식이 필요한 건 아니었다. 요약하자면 이런 내용이었다.

'학장님. 제가 심장 수술을 최근에 받았다는 것을 모르셨을 겁니다. 그럼에도 불구하고 학교를 대표해서 수상식 자리에 참석하려 합니다. 그리고 이 상은 제 분야에서 가장 권위 있는 학회의 상입니다.'

이 모든 설명에 대한 원장의 반응은 어땠을까? 안타깝게도 '승인합니다.'가 이메일 답변 내용의 전부였다. 제대로 된 답변이었다면 다음과 같아야 하지 않았을까?

"맙소사. 수술에 대해서 전혀 몰랐습니다, 교수님. 잘 회복되었다고 하시니 진심으로 기쁩니다. 더불어, 학장으로서 이번에 교수님께서 그간의 연구 실적을 기반으로 상을 받게 되신 것에 대해 학교의 모든 구성원들과 함께 자랑스럽게 생각합니다. 당연히, 비즈니스석 이용을 승인합니다. 시상식 당일에 수상 소식이 언론에 발표될 수 있도록 홍보팀에 전달하겠습니다. 행복한 시간 보내시고, 학교의 명성을 위해 노력해주신 교수님의 노고에 다시 한번 진심으로 감사드립니다."

친구가 이메일의 내용을 저자에게 전달한 이유는 너무나도 분명하다.

"로저, 난 거창한 칭찬을 원한 게 아니야. 하지만 이 이메일 회신, 얼마나 차갑고 무관심한 반응인가? 아마 장담하는데, 그 사람, 학장으로서 칭찬 같은 건 한 번도 안 해 본 인간일 거야."

이 학장은 인재관리에 있어 치명적인 실수를 저지른 것일까? 물론, 그렇지는 않을 수도 있다. 하지만 다음에 학장으로서 성과를 내는 과정에서 친구가 자신의 '업무 목록'에 기록해가면서 그를 도울 가능성은 얼마나 될까? 거의 없을 것이다.

인재를 잘 관리하기 위해 제대로 된 이메일을 쓰는 데에는 얼마의 시간이 필요할까? 5분이면 충분하다.

경영환경에서 인재관리에 대한 요구사항들은 다소 어렵게 느껴질 수 있다. 하지만 명확한 것은 인재는 자본 제공자들에게 막대한 경제적 이익을 만들어주고, 다른 어떤 방법으로도 불가능한 결과, 특히 정규분포의 꼬리 부분에 해당하는 특별한 성과를 가능하게 해준다. 이런 최고의 조직 성과를 위해 최고 수준의 인재가 필요한 상황에서, 우리는 그들을 하나의 가치 있는 '개인'으로 대해야 한다. 절대로 그들의 아이디어를 무시하지 말고, 그들의 성장을 가로막지 않아야 하며, 그들이 성공했을 때 칭찬을 퍼붓는 기회를 놓쳐서는 안 된다.

* 이번 장은 <하버드 비즈니스 리뷰>(2022년 3~4월호)에 저자가 기고한 '인재 유지의 진정한 비밀(The Real Secret to Retaining Talent)'의 내용을 수정 및 보완한 것이다.

12장.
혁신(Innovation) :
진정한 혁신을 원한다면
일이 되도록 무대를 조성하라

"혁신 그 자체만큼이나 인터벤션*의 설계도 중요하다."

(*intervention은 일반적으로 개입, 중재 등으로 해석되지만, 경영학과
수행공학 에서는 '일이 제대로 수행되기 위한 최적의 단계적 솔루션' 의미가 더
강하다. 이 책에서는 실행자의 수동성이 지나치게 강조되는 한글식 표현 대신
'인터벤션'을 사용한다_역자 주)

디자인은 특정 제품을 만들기 위해 적용되는 많은 프로세스 중 하나였다. 하지만 기술의 발달로 인해 대량 생산이 가능해지면서 차별화된 제품이 시선을 끌기 시작했다. 그리고 제품별 차이를 만든 것이 바로 '디자인'이다. 레이먼드 로위(Raymond Loewy)는 기관차를 디자인했고, 프랭크 로이드 라이트(Frank Lloyed Wright)는 집을 디자인했다. 찰스 임스(Charles Eames)는 가구를, 코코 샤넬(Coco Chanel)은 오트 쿠튀르(haute couture) 의상을 디자인했다. 폴 랜드(Paul Rand)는 기업 로고를, 데이비드 켈리(David Kelley)는 (그의 작품으로 가장 잘 알려진) 애플 컴퓨터용 마우스를 비롯해 여러 제품을 디자인했다.

성공적인 제품들의 이면에는 이처럼 스마트하고 효과적

인 디자인이 있었다는 사실이 확인되면서, 기업들은 점점 더 디자인에 집중하기 시작했다. 하드웨어 작업(예를 들어, 스마트폰의 구조와 레이아웃 설계)을 위해 디자이너들을 고용한 첨단 기술 회사들은 이들에게 유저 인터페이스(UI) 소프트웨어의 외형과 느낌에 대한 디자인을 요구한다. 이후에는 디자이너들에게 사용자 경험(UX)의 개선 지원도 요청하게 된다. 결국 기업들은 디자인 실행 과정을 전략 수립의 하나라고 생각하기에 이른다.

오늘날 **디자인은 기업 내 다수의 이해관계자와 조직이 하나의 시스템으로 더 잘 작동할 수 있는 체계**로 이해되고 있다. 이는 전형적인 지적 진보의 방향과 일치한다.

각 디자인 프로세스들은 이전보다 더 복잡하고 어려워졌다. 따라서 이런 프로세스들은 선행 단계들로부터의 학습을 통해서만 확보될 수 있다. 디자이너들은 이전에 응용 프로그램이 하드웨어에서 실행될 수 있도록 설계했던 경험이 있었기에, 소프트웨어용 그래픽 유저 인터페이스(UI)까지 고민의 방향을 확장할 수 있다. 컴퓨터 이용자들에게 보다 친숙한 경험을 제공하고자 고민했던 디자이너들은 환자의 병원 방문과 같은 비(非)디지털 경험도 쉽게 담당할 수 있다. 특정 조직에서 사용자 경험(UX)을 재설계해 봤던 사람은 조직 시스템 전반의 사용자 경험 설계를 담당할 준비가 더 잘 되어 있을 수밖에 없다.

디자인이 제품의 세계를 넘어 더 넓은 분야로 확장되면서, **'디자인 사고(Design thinking)'**라는 명확하면서도 새로운 개념이 소개되었다. 다소 논란의 여지는 있지만, 노벨상 수상자인 허버트 사이먼(Herbert Simon)이 1969년 이제는 고전이 되어버린 『인공과학(The Sciences of the Artificial)』으로 '디자인 사고'의 포문을 열었다.

이 책은 디자인을 '물리적 과정'이 아니라, **'사고방식'**으로 정의했다. 이후, 리처드 뷰캐넌(Richard Buchanan)은 1992년 '디자인 사고의 난제들(Wicked Problems in Design Thinking)'이라는 제목의 논문에서 디자인 개념의 중대한 발전을 이루게 된다. 이 글에서 그는 매우 끈질긴 노력이 필요한 난해한 문제를 해결할 때 '디자인 사고를 활용하라'고 제안했다.

하지만 이런 디자인 프로세스의 복잡성이 증가하면서, 새로운 장애물들이 등장하게 된다. 그것은 바로 제품, 사용자 경험, 전략 또는 복잡한 시스템들과 같이 이른바 '설계된 인공물(the designed artifact)'이라고 명명된 것들의 이해관계자들에 대한 수용 가능성(acceptance)에 관한 문제이다. 이 문제는 저자가 혁신에 대한 다음의 중요한 진실을 이해할 수 있도록 해주었다. **'혁신 그 자체만큼이나 인터벤션(intervention)의 설계도 중요하다.'**는 것이다. 이번 장에서는 이런 새로운 도전에 대해 설명하고, 혁신과 관련된 일련의 과정 속에서 '디자인 사고'를 적용하는 것이 혁신가들이 상상한 새로운 세계를 실현하는 데 얼마나 도움이 되는지 보여주고자 한다.

획기적인 제품을 위한 디자인의 위험천만한 도전

기존 자동차 기종 중 하이브리드 모델과 같이, 기업 내 타제품과 유사한 신제품이 출시될 때는 일반적으로 긍정적인 평가를 받는다. 이런 활동은 새로운 수익을 창출하며, 조직에 손해될 게 없다고 생각되기 때문이다. 새로운 차량 모델은 직원들의 업무 방식에 큰 변화를 가져오지 않기에, 디자인은 본질적으로 조직 내 다른 구성원들의 현재의 직무나 권력 구조에 위협적이지 않다고 인식된다. 물론, 새로운 무언가를 도입하는 일은 항상 걱정이 뒤따른다. 하이브리드 모델은 시장에서 실패할 수도 있고, 그러면 많은 비용이 소진될 것이며, 조직에 당혹스러운 오점을 남길 수도 있다. 포트폴리오상의 모델 생산이 단계적으로 중단되면, 이전 모델을 지원하는 구성원들에게 불안감을 줄 수도 있다. 하지만 디자인 담당자들은 일반적으로 이런 문제에 대해서는 전혀 관심을 갖고 있지 않았다. 그들의 임무는 멋진 신형 모델을 만드는 것이었고, 이후의 도미노 효과는 마케팅이나 인사 담당자들이 떠맡으면 그만이었다.

하지만 설계된 인공물들이 더 복잡해지고 구분이 모호해지면서, 디자이너가 잠재적인 파급효과를 무시하기는 어렵게 되었다. 사업 모델 자체가 변해야 할 수도 있다. 다시 말해, 새롭게 설계된 인공물이 도입되려면 디자인도 함께 관심을 기울여야 하기 때문이다.

다음의 사례를 함께 살펴보자. 2012년경 '매스뮤추얼(MassMutual)사'는 40세 미만의 사람들이 생명보험에 가입하도록 설득할 수 있는 혁신적인 방법을 찾고자 했다. 일반적인 접근법은 특별한 생명보험 상품을 설계하고, 기존 방식대로 판매하는 것이었다. 하지만 매스뮤추얼은 이런 방식은 더 이상 효과가 없다고 결론 내렸다. 대신 미국 글로벌 디자인 전문기업인 아이디오(IDEO)와 협력해 장기 재무설계 교육에 초점을 맞춘, 완전히 새로운 유형의 고객 경험(UX)을 설계했다. 그것이 바로 '성인 소사이어티(Society of Grownups)'이다.

2014년 10월에 시작된 '성인 소사이어티'는 '성인들을 위한 석사과정' 콘셉트로 기획되었다. 전체를 온라인 교육에만 할애하지 않고, 오프라인까지 모든 것을 복합적으로 구성해 새로운 고객 경험을 제공했다. 첨단 디지털 예산관리와 재무설계 도구들의 교육 프로그램을 만들어 고객들이 언제든 수업에 참여할 수 있도록 했다. 또한 확정 기여형 퇴직연금(401(K))부터 가치 있는 와인 투자방법까지 다채로운 교육과정을 제공했다. 이런 접근은 새로운 브랜드와 디지털 도구뿐만 아니라 내부 구성원들에게 새로운 업무방식을 요구했고, 조직의 규범과 절차에 많은 변화를 초래했다. 실제로 조직의 모든 측면은 새로운 서비스를 위해 재설계되어야 했으며, '성인 소사이어티' 참석자들의 요구사항들이 기반이 된 새로운 통찰력을 통해서 자연스럽게 진화되도록 설계되었다.

전체 비즈니스 생태계에서 매우 복잡한 인공물과 새로운 디자인을 통합하는 것은 더 큰 과제가 된다. 예를 들어, 자율주행 차량의 성공적인 출시를 위해서는 자동차 제조사, 기술 제공사, 규제기관, 도시 및 국가 정부, 서비스 제공사 및 최종 사용자가 새로운 방식으로 협력하고, 새로운 활동들에 적극 참여해야 한다. 보험사는 제조사 및 사용자들과 어떻게 협력해서 리스크를 분석할 수 있을지, 개인 정보를 충분히 보호하면서도 교통의 흐름을 관리하기 위해 자율주행차에서 수집된 정보는 어떻게 활용되어야 할지를 고민해야 한다. 이 정도 범위의 새로운 디자인은 매우 위협적이기까지 하다. 상황이 이렇다 보니, 수많은 의미 있는 혁신 전략과 시스템들이 제대로 작동되지 않고, 결국 책상 서랍 속에 처박혀 있는 일들이 흔하게 발생된다. 하지만 이런 대대적인 변화를 두 가지 동시다발적이며, 병렬적인 문제인 해당 인공물의 디자인과 이에 생명을 불어넣는 '인터벤션의 디자인'으로 접근한다면, 변화가 안착될 가능성이 높아질 수 있다.

사용자 반응을 예측하는 인터벤션의 디자인

'인터벤션의 디자인'은 본래 새로운 인공물에 대한 고객의 반응을 더 잘 이해하고, 쉽게 예측하는 방법으로서 디자인 과정에 도입된 '반복적 프로토타이핑(iterative proto-typing)'에서 발전한 개념이다. 전통적인 접근방식에서는 제품 개발자가 사용자를 연구해서 제품 개요를 만드는 것에서 시작했다. 아이디오(IDEO)로 대중화된 디자인 기반의 접근방식에서는 사용자를 이해하기 위한 작업은 정량적, 통계적 방식이 아니라 민족지학(ethnographic)적 방식(연구방법 중 하나로, 연구대상들의 자연스러운 환경 속에서 미묘한 행동 반응들을 수집하는 데 초점을 맞춤_역자 주)에 더 가깝다. 바로 이런 '디자인의 초기 단계'가 이전 접근방식과 새로운 접근방식의 중요한 차이점이라고 할 수 있다.

아이디오는 사전 지식이 아무리 풍부한 디자이너라 할지라도, 최종 제품에 대한 사용자의 실제 반응을 완벽하게 예측할 수 없다는 사실을 인식했다. 그래서 디자이너들은 초반부터 피드백을 충분히 받을 수 있도록 미완성된 프로토타입 수준에서 사용자들과 소통하기 시작했다. 그런 다음 짧은 주기로 디자인 프로세스를 반복하여 사용자가 만족할 때까지 꾸준히 제품을 개선했다. 아이디오의 고객들은 실제 제품이 출시되었을 때 충분히 만족했으며, 이는 **신속한 프로토타이핑(rapid prototyping)**의 모범 사례가 되었다.

신속하게 디자인 주기를 반복하는 프로토타이핑은 단지 인공물을 개선하는 데 그치지 않았다. 이는 새로운 인공물을 시장에 출시하기 위한 자금과 조직적 신뢰를 얻는 매우 효과적인 방법임이 밝혀졌다. 새로운 제품들, 특히 상대적으로 혁신적인 제품들은 경영진이 최종 승인하기까지 일련의 베팅(betting)과정을 수반하게 되는데, **많은 경우에 미지의 대상에 대한 두려움으로 새로운 아이디어들은 발표되지 못한 채 사장된다.** 하지만 신속한 프로토타이핑 상황의 구성원들은 '시제품 제작'을 통해 시장의 성공 여부에 대해 좀 더 확신을 가질 수 있다. 이런 효과는 매우 복잡한 무형의 디자인 개발 상황에서는 더욱더 중요해진다. 예를 들어, 기업 전략 수립 과정은 전통적인 방식에서는 전략가(사내 혹은 외부 컨설턴트)가 문제를 정의해 해결책을 구성한 다음, 담당 임원에게 보고하는 순서로 이뤄진다. 많은 경우 그 담당 임원은 다음과 같은 반응 중 하나의 반응을 보일 것이다.

로저 마틴의 14가지 경영 키워드

① 여기에는 내가 중요하다고 생각하는 문제가 포함되어 있지 않네요

② 이것은 내가 고려했던 가능성이 아닌데요

③ 이것들은 내가 학습했던 것이 아닌데요

④ 이것들은 설득력이 좀 떨어져 보이는데요

결과적으로 **전략이 성공하기 위해서는 기존 규칙들과의 차별성을 지녀야 한다. 특히 전략이 현상유지 편향에서 벗어나 의미 있는 격차를 만들어내야 할 때는 더욱 그렇다.**

저자는 이 문제의 해결 방법은 의사결정자와의 반복적인 상호작용이라고 말하고 싶다. 초반부터 책임을 지고 있는 담당 임원에게 미리 가서 "저희는 이것이 해결해야 할 문제라고 생각합니다. 담당 임원님의 견해와 얼마나 일치하는지 알고 싶습니다."라고 물어봐야 한다. 그 후 전략 설계자들은 다시 돌아가 이런 질문을 해야 한다. "전에 합의해 주셨던 문제의 정의를 고려할 때, 이와 같은 가능성이 존재합니다. 담당 임원께서 고려하고 계신 가능성의 범위는 어느 정도인가요? 혹시 저희가 생각하지 못한 가능성이 있다면, 추가로 고민해 봐야 할 것이 있을까요?" 그리고 나중에 전략 설계자들은 한 번 더 찾아가 질문한다. "지난번 논의에서 탐색할 가치가 있다고 동의해주신 가능성에 대해서 이러한 분석을 수행할 계획입니다. 담당 임원께서 원하시는

분석 정도는 어느 수준까지이며, 혹시 보완될 분석이 있는지요?"

이런 접근법을 사용할 경우, 새로운 전략 도입의 마지막 단계는 그다지 큰 의미 없는 형식적인 과정이 되어버린다. 승인을 담당하고 있는 담당 임원은 문제를 정의하고, 가능성을 확인하며, 분석하는 과정에서 이미 반복적으로 도움을 준 상태이기 때문이다. 최종 제안된 방향성은 더 이상 무방비 상태에서 맞는 카운터펀치가 아니다. 제안이 만들어지는 과정을 통해 함께 고민된 약속이다.

만약 이런 과정이 새로운 사업을 시작하는 것이거나 새로운 유형의 학교를 설립하는 등의 시스템에 변화를 도입하는 과감한 도전이라면, 이런 상호작용은 핵심 이해관계자들에게 더욱더 광범위하게 확대되어야 한다. 지금부터는 페루에서 진행되고 있는 사회공학적 실험과 연관된 인터벤션 디자인 사례를 함께 살펴보자.

페루 인터코프 그룹의 참여적 전략 수립 방식

인터코프 그룹(Intercorp Group)은 페루에서 가장 큰 기업의 하나로, 다양한 산업에 걸쳐 30여 개의 계열사를 보유하고 있다. CEO인 카를로스 로드리게스-파스토르 주니어(Carlos Rodríguez-Pastor Jr.: 이하 '로드리게스')는 전직 망명 정치인이었던 그의 부친에게서 회사를 물려받았다. 그의 아버지는 1994년 귀국한 후 정부로부터 페루 최대 은행 중의 하나인 '방코 인터내셔널 델 페루(Banco Internacionaldel Peru)'를 인수하는 컨소시엄을 이끌었다. 1995년 그의 부친이 사망한 후 로드리게스가 은행을 맡게 되었는데, 그는 단순한 은행가 이상의 무언가가 되고 싶은 야망이 있었다. 그의 야심은 든든한 중산층을 구축하여, 페루 경제를 변화시키는 것이었다. 로드리게스는 은행의 이름을 새롭게 '인터뱅크(Interbank)'로 명명하고, 중산층 일자리를 창출해 그들의 요구를 충족시킬 수 있는 기회를 모색했다. 하지만 그는 신흥 경제국에서 주로 나타나는 가족 중심 대기업의 전략적 특성인 '위대한 한 명의 리더십' 방식으로는 이 원대한 목표를 달성할 수 없다는 사실을 인식하게 된다. 이 목표의 달성을 위해서는 신중한 디자인을 기반으로 한 이해관계자들의 참여가 필요했다.

첫 번째 과제는 은행을 경쟁력 있게 만드는 일이었다. 아이디어를 얻기 위해 로드리게스는 같은 아메리카 지역 내 선진 금융시장인 미국을 참고하기로 했다. 그는 미국 증권회사 애널리스트에게 미국의 여러 은행을 둘러보는 투자자 투어에 자신을 포함시켜달라고 부탁했다. 로드리게스는 사회 변화를 촉발할 수 있는 기업을 설립하기를 원한다면, 그저 자기 혼자만 몇 가지 통찰을 얻어오는 것으로는 부족하다고 생각했다. 그가 단순히 자신의 의견을 내세운다면, 다른 이해관계자들은 사회 변화에 유리한 조건을 따지기보다는 주로 그의 권위에 의존해 동조할지의 여부만 결정할 것 같았다. 그는 자신과 함께 일하는 경영진들도 통찰력을 개발하는 법을 배울 필요가 있다고 생각했다. 그래야만 그의 원대한 포부를 실현하기 위한 기회들을 그들도 포착하고 붙잡을 수 있을 테니 말이다. 결국 그는 증권회사 애널리스트에게 자신의 임원 네 명도 함께 투어에 참여시켜달라고 부탁했다.

이 일은 그의 참여적 전략 수립 방식(participative approach to strategy-making)을 상징적으로 보여주는 사건이었다. 이 일을 계기로 로드리게스는 강력하고 혁신적인 경영진을 구성해, 은행의 경쟁력 기반을 다지고, 중산층의 요구에 맞춰 슈퍼마켓, 백화점, 약국, 영화관 등으로 사업을 다각화할 수 있었다. 인터뱅크를 중심으로 세워진 인터코프 그룹은 2020년까지 7만 5천여 명을 고용했으며, 51억 달러의 매출을 기록했다.

지난 수년 동안 로드리게스는 경영진을 교육하기 위한 투자를 확대해왔다. 매년 관리자들을 (하버드 경영대학원과 IDEO 같은) 명문 대학과 기업에서 운영하는 프로그램에 파견했다. 그리고 그런 기관들과 함께, 효과가 없는 아이디어는 과감히 폐기처분하고, 발전 가능성이 있는 아이디어는 개선하면서 인터코프를 위한 새로운 프로그램을 개발했다.

가장 최근에는 아이디오와 공동으로 자체 디자인센터인 '라 빅토리아 랩(LaVictoria Lab.)'을 출범시켰다. 수도 리마(Lima)의 새로 떠오르는 지역에 자리 잡은 이 디자인센터는 성장세가 두드러진 도시 혁신의 중심에도 중추적인 역할을 맡고 있다.

로드리게스는 중산층 소비자에게 초점을 맞춘 혁신적인 비즈니스 그룹을 만들어내는 여정을 여기서 멈추지 않았다. 사회 변혁을 위한 그의 계획 중 다음 단계는 바로 인터코프를 전통적인 비즈니스 영역 밖으로 빼내는 것이었다. 그 영역은 바로 '교육 분야'였다.

중산층의 번영을 위해서는 양질의 교육이 매우 중요하다. 그러나 페루는 이 부분에서 심각하게 뒤처져 있었다. 페루의 공립학교는 매우 열악한 환경에 놓여 있었고, 민간 교육기관들도 별반 나을 게 없었다. 이러한 상황이 변하지 않는 한, 풍요와 번영의 선순환은 도무지 일어날 것 같지 않았다. 로드리게스는 인터코프가 중산층 부모들을 겨냥한 가치 제안을 통해 교육 사업에 진출해야 한다고 결론을 내렸다. 이것이 이노바 학교의 인터벤션 디자인의 혁신적인 사례의 시작이다.

\<이노바 학교의 인터벤션 디자인 사례\>

이노바 학교(Innova school)는 지역 학부모 및 학생들을 대상으로 '쌍방향 학습 방법론'에 대한 설명회를 개최함으로써 페루에 부담되지 않는 비용으로 양질의 교육을 제공하기 위한 혁신을 시작했다.

새로운 모델 설계

담당자들은 교사, 학생, 학부모를 참여시키는 시스템을 찾기 위해 이노바 학교의 이해관계자의 삶과 동기를 탐색하기 시작했다. 우선 교사의 역할을 '무대 위의 성인(聖人)' 위치에서 '내 주변의 친근한 안내자'로 전환하고, 저렴한 비용을 구현하기 위해 기술지원 모델을 구체화하는 작업을 했다. 교사들은 소프트웨어 도구를 먼저 시험해 보았고, 이에 대한 피드백을 제공했다. 이런 전략의 안정화 이후에는 교사, 학부모 및 학교 운영진 등과 같은 이해관계자들을 여러 차례 모임에 초대해, 구현 과정을 시연한 뒤 교실 설계에 대한 피드백을 받고, 학교의 발전 방법을 논의했다. 최종적으로 교실 공간, 일정, 교수법, 교사의 역할 등에 대한 설계지침이 만들어졌다. 진행 과정은 다음과 같다.

1. 2012년 : 프로그램 시범 운영

최종 파일럿 테스트는 2개 학교, 2개 반의 7학년 교실에서 실행되었다. 교사들은 새로운 접근방식에 대해 철저하게 사전교육을 받았으며, 모델은 실시간 피드백을 처리할 수 있도록 반복적으로 수정 보완되었다.

2. 2013년 ~ 현재 : 실행 및 진화

오늘날 기술지원 학습모델은 전체 29개의 이노바 학교들에서 구현되고 있다. 이들 학교의 940명 이상의 교사들은 지속적으로 협력하고 있으며, 새로운 접근방식의 운영을 돕는다. 또한 정기적으로 학부모 참여 세션도 운영하고 있다. 이를 통해 교사, 코치, 학생들의 피드백이 수집되어 방법론과 커리큘럼이 반복적으로 보완되고 있다.

페루의 작은 마을을 변화시킨 인간 중심적 디자인

이노바 학교의 혁신적인 디자인 사업이 사회적으로 호응을 얻기까지는 험난한 과정이 있었다. 교육에는 언제나 기득권의 저항이 도사리고 있다는 점이 문제를 더 복잡하게 만들었다. 따라서 학교 사업이 성공하기 위해서는 인터벤션 디자인이 반드시 필요해 보였다. 이를 위해 로드리게스는 아이디오와 긴밀하게 협력했다. 이들은 이해관계자들에게 먼저 정보를 제공하는 것으로 작업을 시작했다. 아이들이 다닐 학교를 대기업이 운영한다는 발상은 미국처럼 친기업적인 국가에서도 논란의 여지가 있으니 이해관계자들을 반드시 설득해야만 했다.

인터코프의 첫 행보는 2007년에 '발자취를 남긴 교사' 시상식을 개최한 것이다. 전국 25개 지역의 최우수 교사에게 수여하는 이 상은 금세 유명해졌는데, 수상자들 모두에게 자동차 한 대씩이 제공되었다는 점이 한몫을 했다. 이를 계기로 인터코프는 페루의 교육 환경을 개선하는 일과 진정한 이해관계를 맺게 됐다. 뿐만 아니라 교사와 공무원, 학부모들까지 기업에서 학교 체인을 운영한다는 발상에 공감하게 만드는 토대를 마련했다.

2010년, 인터코프는 그다음 단계로 호르헤 이주스키 체스만(Jorge Yzusqui Chessman)이라는 기업가가 경영하던 작은 학교법인인 산 펠리페 네리(San Felipe Neri)를 인수했다. 체스만은 자신이 운영 중인 학교 한 곳과 아직 준비 단계에 있는 학교 2곳을 기반으로 한 나름의 발전 계획을 갖고 있었다. 인터코프는 페루에서 대규모 사업을 일으켜 본 경험이 있으니, 그의 상상을 훌쩍 뛰어넘는 수준으로 사업을 이끌어갈 수 있었다. 다만 그러려면 기존 사업 모델을 다시 설계해야만 했다. 기존 모델은 고도로 숙련된 교사들을 필요로 하는데, 페루에는 그런 인력이 턱없이 부족했기 때문이다. 로드리게스는 은행의 마케팅 전문가, 슈퍼마켓 체인의 설비 전문가 등 다른 사업 부문에 속한 유능한 관리자들을 불러모았다. IDEO와 함께 '이노바 학교'라는 새로운 모델을 만들어내기 위해서였다. 이는 중산층 가정이 감당할 수 있는 저렴한 비용으로 최상의 교육 환경을 제공하는 모델이었다. 그렇게 해서 이 팀은 6개월의 설계 기간을 둔 인간 중심적인 디자인 프로세스에 착수했다. 학생과 교사, 학부모, 수백 명의 다른 이해관계자들과 교감하면서 그들의 요구와 동기를 조사했고, 교육 방식을 검증하는 과정에 그들을 참여시켰다. 또 그들로부터 교실 배치나 상호작용에 관한 피드백도 얻었다. 그 결과물이 바로 미국 온라인 교육의 선구자격인 '칸 아카데미'처럼 여러 플랫폼을 통합한 기술 활용 모델(technology-enabled model)이었다. 이 모델에서 교사의 역할은 '유일한 지식 제공자'가 아닌 '조력자'로 정해졌다.

인터벤션 디자인으로 해결해야 할 난관은 아이들이 교실에서 노트북으로 수업을 받는 것에 대해 부모들이 반대할 수도 있고, 교사들 역시 학습을 주도하는 게 아니라 지원한다는 개념에 저항할 수도 있다는 점이었다. 그래서 6개월의 준비 기간이 끝나자 이노바 학교는 정식으로 수업할 때와 똑같은 규모로 시범 운영을 하면서 수업 설계와 운영에 부모와 교사들을 참여시켰다. 시범 운영 결과, 학생들은 물론, 학부모와 교사들까지 이 모델을 무척 좋아했다. 우려했던 상황과 달리, 학부모들은 이노바 학교의 교육 방식에 반대하지 않았다. 오히려 시범 수업이 끝나도 노트북을 치우지 말아 달라고 요청했다. 게다가 학생들의 85%는 수업 시간 외에도 노트북을 사용했다.

이노바 학교 모델은 이렇듯 시범 수업을 통해 파악한 새로운 사실들을 바탕으로 수정 및 보완되었으며, 학부모와 교사들은 인근 지역에서 이노바 학교 모델을 적용하는 데 든든한 지원군이 되어주었다. 이노바 학교의 성공적인 교육 방식에 대한 입소문이 퍼지자 미처 건물이 완성되기도 전에 이노바 학교의 학생 등록은 마감됐고, 많은 교사들이 이곳에서 근무하고 싶어 했다. 공립학교보다 급여 수준이 낮음에도 그들은 크게 개의치 않았다. 이노바 학교는 2020년까지 총 60개의 학교를 개교했으며, 약 5만 명 이상의 학생들이 등교하고 있다.

소규모 지방의 중산층을 위한 일자리 창출

인터코프가 사업에 관한 전통적인 관행을 따랐더라면 수도 리마의 상대적으로 부유한 지역에 집중했을 것이다. 그런 지역에서도 중산층이 자연스럽게 생겨나고 있었기 때문이다. 그러나 로드리게스는 그보다 더 작은 지방에 중산층이 필요하다고 생각했다. 그리고 이를 위해 가장 먼저 시도되어야 할 것은 일자리 창출이었다.

인터코프가 일자리를 만들 수 있는 한 가지 방법은 2003년 로열 어홀드로부터 인수해 '슈퍼메르카도스 페루아노스 (구 페루 슈퍼마켓)'라고 이름을 바꾼 슈퍼마켓 체인을 늘리는 것이었다.

2007년부터 이 슈퍼마켓 체인은 지방에 매장을 설립하기 시작했다. 지방 소비자들은 인터코프의 계획에 아주 호의적이었다. 후안카요(Huancayo)에 슈퍼마켓 매장이 처음으로 문을 열던 날, 호기심 많은 소비자들이 매장에 들어가기 위해 한 시간 이상 줄을 서서 기다리는 모습이 목격되었다. 그들 대다수에게는 현대식 슈퍼마켓을 처음 접하는 기회였다. 이 슈퍼마켓 체인은 2010년에 이르자 9개 지역에 67개의 지점을 운영할 정도로 사업을 확장했다. 지금은 전국적으로 535개 점포를 운영하고 있다.

인터코프는 일찌감치 이런 유형의 소매 사업이 지역 공동체를 풍요롭게 하기보다는 오히려 피폐하게 만들 수 있다는 점을 인식했다. 슈퍼마켓은 보수가 괜찮은 일자리를 제공하지만, 지역 농민과 생산자들의 경제에 피해를 줄 수 있는 일터이기도 했다. 지역 농민과 생산자들은 규모가 작은 데다 대개 식품 안전성 기준이 낮은 환경에서 운영되고 있었기 때문에 인터코프로서는 거의 모든 제품을 수도 리마에서 조달하는 방식을 선호했을 수도 있다. 하지만 그런 방식을 선택하면 막대한 물류비로 인해 수익률을 현저하게 떨어트리게 된다. 더불어, 슈퍼마켓이 지역 생산자들을 배척한다면 새로 창출되는 일자리보다 사라지는 일자리가 더 많아지는 상황이 벌어질 수도 있다. 따라서 인터코프는 미리 지역 사업자들과 관계를 맺고 지역 생산을 활성화시킬 필요가 있었다.

2010년 인터코프는 안데안 개발공사(비정부기구)와 후안카요지역 정부의 지원을 받아 '페루 열정 프로그램(Perú Pasión program)'을 시작했다. 농민과 소규모 생산자들이 그 지역 페루 슈퍼마켓에 상품을 공급할 수 있을 정도로 역량 향상을 지원하는 프로그램이다. 시간이 흐르면서 일부 공급업자들은 자력으로 지역 전체, 또는 전국으로까지 공급 시장을 확대해 나갔다. 현재 페루 슈퍼마켓은 총 220개 품목의 물품을 '페루 열정 프로그램' 내 31개 사업자들로부터 공급받는다.

그중 한 곳이 식품 가공업체 벨라스케즈(Procesado-rade Alimentos Velasquez)이다. 원래 인근에 있는 몇몇 식료품점과 거래하는 동네 빵집이었던 이곳은 2010년에 슈퍼메르카도스 매장 한 곳에 납품을 시작했다. 그렇게 발생한 매출은 연간 6천 달러였다. 설립 이후 이 회사는 '페루 열정 프로그램'을 통해 30만 달러 이상의 매출을 올리고 있다.

유제품 생산업체 콘세프시온 락티오스도 또 다른 성공 사례로 꼽힌다. 이 업체는 2010년 페루 슈퍼마켓 지역 매장에 연간 2천5백 달러어치를 납품하기 시작했고, 이후 이 프로그램을 통해 60만 달러의 매출을 올렸다. 2020년 인터코프는 프로그램을 확장하여 전체 사업 포트폴리오상에 소규모 생산자들이 상품을 공급할 수 있는 마켓플레이스를 만들었으며, 첫해에 247개의 공급업체를 유치하여 50만 달러 이상의 매출을 올렸다.

인터코프가 페루에서 중산층 부양에 성공할 수 있었던 데에는 첨단 은행과 혁신적인 학교 시스템, 페루의 여러 지방 도시에 맞춰진 사업 등 여러 인공물들을 심사숙고해 디자인한 덕분이었다. 현상유지 편향의 어려움 속에서도 인공물들의 집합체인 인터벤션을 설계하는 작업도 디자인 자체만큼이나 중요한 성공 요인이다. 로드리게스는 새로운 디자인을 채택하는 과정에 모든 이해관계자를 참여시키기 위해 필요한 절차를 신중하게 계획했다. 경영진에 속한 임원들의 역량을 강화하고, 직원들로 하여금 디자인에 관한 노하우를 쌓게 했다. 그리고 대기업이 교육 사업을 해도 나쁘지 않을 것이라는 신뢰감을 교사와 학부모들에게 전했다. 뿐만 아니라 지역 생산자들과 협력 관계를 맺고, 그들이 슈퍼마켓에 제품을 납품할 수 있는 능력을 갖추도록 도왔다.

잘 디자인된 인공물들이 세심하게 설계된 인터벤션과 시너지를 발휘하면서, 페루의 사회적 변화는 더 이상 이상적인 '열정' 수준이 아니라 '현실적인 가능성'이 되었다.

이러한 접근방식의 원리를 보면 명확성과 일관성이 있다. **'인터벤션(intervention)이란 소수의 큰 조치가 아닌 여러 개의 작은 조치들로 구성되는 다단계 절차(multi-step process)'**라는 사실이다. 전체 과정을 통해 복잡한 인공물의 사용자들과 상호작용을 주고받는 일은 실효성 없는 디자인을 걸러내고, 좋은 디자인으로 성공을 거둘 수 있다는 확신을 공유하는 데 매우 중요한 역할을 한다.

디자인 사고(Design thinking)는 원래 '손으로 만질 수 있는 제품'을 디자인할 때 그 과정을 개선하기 위한 방법으로 출발했다. 하지만 이것이 종착역은 아니다. 인터코프 사례, 그리고 그와 유사한 다른 사례들은 디자인 사고의 원리가 무형의 도전 과제를 해결할 때 더 강력한 효과를 발휘할 수 있는 잠재력을 지니고 있다는 사실을 보여준다. 그런 도전 과제들에는 참여자들이 혁신적이고 기발한 발상이나 경험을 접하고, 함께 참여하도록 만드는 일이 포함된다.

---

* 이번 장은 <하버드 비즈니스 리뷰>(2015년 9월호)에 팀 브라

운(Tim Brown)과 저자가 공동 기고한 '행동을 위한 디자인(Design for Action)'의 내용을 수정 및 보완한 것이다.

13장.
투자(Capital Investment):
사모펀드사(社)만 알고 있는
자본 투자의 은밀한 비밀

"자본 투자의 가치는 반영되는 즉시 재설정됨을
가정하라."

2013년, 화학기업 듀폰의 CEO 엘런 쿨먼(Ellen Kullman)
은 주주들의 실적 개선 요구 속에서 성장률과 이익률 모두
좋지 않았던 고급재 코팅사업부를 매각하기로 결정했다.
사모펀드 회사인 칼라일그룹(Carlyle Group)은 이 사업
을 13억 5천만 달러에 인수한 후, 회사명을 액솔타(Axalta)
로 변경했다. 이후 칼라일그룹은 특히 개발도상국 시장들
에 대한 공격적인 투자를 포함한 대대적인 정비 작업을 착
수했고, 불과 21개월 뒤, 액솔타는 칼라일그룹의 기업 공개
후, 회사 지분의 22%만 매각하여 거의 모든 투자금을 회
수할 수 있을 정도로 좋은 성과를 거뒀다. 인수 후 3년 반
이 지난 2016년까지 칼라일은 나머지 지분을 전량 매각했
고, 초기 투자 대비 58억 달러의 이익을 실현했다. 이는 결

로저 마틴의 14가지 경영 키워드

코 특수하거나 낯선 이야기가 아니다. 엄격한 관리, 우수한 지배구조, 면밀한 비용 통제와 함께 공공시장에서 투자자들이 요구하는 단기성과로부터의 자유 등의 절묘한 조합을 통해 유망한 자산들의 숨겨진 가치를 찾아냈다는 점에서, 우리는 (칼라일이나, KKR, 블랙스톤과 같은) 사모펀드 투자회사들을 '선견지명을 가진 투자 천재들'이라고 평가해 왔다.

많은 투자자들이 수익률 제고를 위해 투자에 신중해야 하는 사모펀드의 보유량을 늘리고 있는 현상은 그리 놀라운 일이 아니다. 쏟아지는 자본 속에서 사모펀드 회사들은 저평가된 사업단위를 인수하는 것에서 경영성과가 만족스럽지 못한 전체 회사를 인수하는 방향으로 운영 방향을 바꾸고 있다. 그런데 사모펀드에 의한 경영실적 개선 사례들을 잘 살펴보면 일반적으로 대기업 근무경험이 풍부한 경영자가 경영을 담당하며, 매각 시점도 비교적 단기인 5~7년 이내에 진행되는 경우가 많다.

사실 회사의 비용을 절감하는 데에는 엄청난 첨단과학 지식이 필요한 것이 아니다. 사모펀드에서 자주 사용되는 '디자인 사고(Design thinking)'와 '식스 시그마' 같은 경영기법과 전략은 이미 널리 알려진 지식으로 어디에서나 배울 수 있다. 그런데도 듀폰과 같은 대기업들은 왜 수익성 있는 이런 기회들을 개인투자자들에게 전가하는 것일까? 그것은 바로 많은 (물론 전부는 아니지만) 대기업들이 자신들의 비즈니스나 프로젝트를 평가하는 가치평가 방식 때문이다.

수많은 경영자들은 어떤 사업에 대한 투자액을 미래에 예상되는 현금흐름과 비교하는 실수를 범한다. (데이터상으로도 이들은 이런 실수를 계속 반복하고 있다) 비록 겉보기에는 합리적인 것처럼 보이지만, 이런 가치 평가 방식은 성과 측정을 급속도로 연관성이 낮아지고 있는 과거의 숫자를 기반으로 고정시켜 버린다. 이런 현상은 우리에게 자본 투자에 대해 반드시 알아야 할 매우 중요한 점을 시사한다. 바로 **'자본 투자의 가치는 반영되는 즉시 재설정된다.'**는 사실이다.

이번 장에서 설명하겠지만, 자산에 대하여 투자가 이루어지면, 그 자산을 통해 창출할 수 있는 회사의 가치에 대한 기대는 바로 공개된다. 따라서 듀폰과 같은 상장 기업들이 제조공장을 새로 짓거나 신규시장에 진입하기 위해 코팅장비에 대규모 투자를 감행한다면, 이런 기대는 즉시 주가에 반영된다. 실적이 기대치를 상회할 경우, 투자에 대한 인지된 가치가 증가해 주가는 상승하게 된다. 단순히 기대에 부합하는 수준이라면, 가치는 움직이지 않고 주가는 (

다른 요인이 없는 상황에서) 변동하지 않는다. 하지만 기대 이하의 실적을 만들어낸다면, 시장은 듀폰 주가를 낮출 것이다. 투자한 현금에 대한 수익이 계속 나더라도, 투자 대비 기대 수익이 높지 않기 때문이다.

이것이 의미하는 바는, 기업이 투자 성과를 측정할 때 투자한 '현금의 양'이 아니라 '투자한 자산'이나 '역량의 현재 가치'를 고려해야 한다는 것을 의미한다. 또한 이 현재 가치에는 미래 가치의 창출 혹은 파괴에 대한 시장 기대치가 이미 반영되어 있다는 점이 핵심이다. 칼라일그룹과 같은 사모펀드가 듀폰과 같은 기업에게 특정 사업을 인수해 큰 성과를 거두는 이유는 대부분의 대기업 경영자들이 이 점을 깨닫지 못하고 있기 때문이다. 더 자세한 설명을 하기에 앞서, 지금부터는 기업이 투자하는 자산의 속성에 따른 분류를 설명하겠다. 자산의 속성에 따라, 투자 성과를 바라보는 시장의 관점과 투자 성과를 측정하는 방식에 차이가 생기기 때문이다.

자본과 교환성(Convertibility)

기업은 다양한 종류의 자산에 자본을 투자한다. 자본을 크게 두 종류로 나누면 먼저 현금, 혹은 그 등가물과 같이 현금화하기 쉬운 '자유 자본(unfettered capital)'이 있다. 이런 유형의 자산은 재무제표상에 현재 시장가치로 평가

돼 있으며, 여기에는 미래에 창출할 모든 가치도 포함된다. 그리고 현금이나 현금성 자산으로 쉽게 바꿀 수 없는 '구속 자본(embedded capital)'이 있다. 구속 자본은 제조설비, 유통망, 소프트웨어와 같은 형태로 존재한다. 브랜드나 특허도 구속 자본이다. 이런 유형의 자산은 적정한 시장가치가 없으면 최초 투자금액(구입 금액)에서 감가상각을 반영한 가치로 기록된다. 이때 감가상각은 표준화된 회계원칙에 따라 계산된다. 대부분의 기업은 '구속 자본'에 주로 투자하고, 이 자산들을 활용해서 제품과 서비스를 생산한 뒤 이를 통해 가치를 창출한다.

일반적으로 기업들은 '자유 자본'을 '구속 자본'으로 전환한다. 예를 들어, 어떤 화학기업이 폴리에틸렌 공장을 건설한다고 해 보자. 회사는 은행이나 투자자로부터 자금을 조달한 후 이를 현금화하기 어려운 형태의 자산(즉, 공장시설)으로 전환한다. 만일 이 폴리에틸렌 사업이 어려워지거나 비용이 예상보다 너무 커진다면, 투자비용 대비 큰 손해를 감수해야만 공장을 매각할 수 있을 것이다. 물론, 공장의 입지가 적절하고 운영도 매끄럽게 된다면 큰 이익을 남긴 채로 매각할 수도 있다. 아무튼 이 공장을 매각하려면 꾸준한 유지보수를 통해 운영이 가능한 상태에 있어야만 제 가치를 인정받을 수 있다. 투자자와 은행이 기업인에게 자금을 조달하는 이유는 생산적인 자산에 투자하고, 효율적으로 관리될 것으로 기대하기 때문이다. 현금이나 유가증권을 보유하라고 자금을 투자하는 것이 아니다.

뉴욕대 스턴경영대학원에서 전략을 가르치는 판카즈 게마와트(Pankaj Ghemawat) 교수는 자신의 저서 『헌신, 전략의 역동성(Commitment: The Dynamic of Strategy)』에서 '기업이 특정 역량과 생산 활동에 집중할 수 있도록 투자하는 것이 경쟁우위를 창출하는 열쇠'라고 주장했다. 즉, 필요한 자산과 역량을 제대로 갖추고 제대로 운영한다면, 지속 가능한 현금흐름을 얻을 수 있다. 그리고 전환 가능성이 낮은 자산일수록 더 많은 가치를 창출한다. 실증적인 연구들도 게마와트 교수의 주장을 지지하고 있다.

세 명의 경제학자들(William Baumol, John Panzar, Robert Willig)은 그들이 공동 저술한 다소 난해하지만, 매우 중요한 책인 『경쟁 가능 시장과 산업구조 이론(Contestable Markets and the Theory of Industry Structure)』에서 '불가역적 자산(irreversible assets)'이라는 개념을 소개했다. 이 책의 저자들은 '핵심 자산이 교환되기 쉬운 산업일수록 경영성과가 저조하다'는 사실을 실증적으로 증명하고 있다. 한 예로, 미국의 민간항공산업에서는 각 회사가 보유한 항공기와 공항 게이트가 가장 고가(高價)의 자산이다. 하지만 항공기와 공항 게이트는 유동화되기 매

우 쉬운 자산이기도 하다. 즉, 신규 경쟁업체의 진출 혹은
철수 시 자본 투자나 회수가 용이하다. 그런데 이렇게 자산
을 획득하기 위한 진입비용이 낮다 보니, 산업이 전체적으
로 호황이면 과잉투자 문제가 발생한다. 그 결과, 구조적인
공급초과 문제가 항공산업 전체에 악영향을 끼친다. 이런
악조건 속에서는 기업들이 예측 가능하고 지속적인 가치를
창출할 수 없다. 결국 경영자가 존재하는 이유는 전환이 용
이하지 않은 자산에 투자하기 위해서이다. 투자자들로부터
조달한 '자유 자본'을 '구속 자본'으로 전환해야만 기업이
가치를 창출할 수 있는 것이다. 그렇다면, 경영자의 성과를
객관적으로 평가하는 방법은 무엇일까?

기업들이 가치 창출을 측정하는 방법

켈로그경영대학원의 알 라파포트(Al Rappaport)교수
(1986년 매우 영향력 있는 도서, 『주주 가치 창출(Creat-
ing Shareholder Value)』의 저자)와 컨설팅 회사 스턴 스
튜어트(Stern Stewart)는 주주 가치 창출을 측정하는 방
법을 도구화했다. 라파포트 교수는 '주주 부가가치(SVA,
Shareholder Value Added)'라는 개념을 만들었고, 스
턴 스튜어트는 '경제적 부가가치(EVA, Economic Value
Added)'라는 개념을 만들었다. 이 두 개념은 서로 내용면
에서 유사하다. 평균 자본조달비용과 투자자본 대비 수익

이라는 두 수치를 비교한다는 점에서도 비슷하다. 먼저, 상대적으로 널리 쓰이는 EVA 개념부터 소개하겠다.

경제적 부가가치(EVA)는 기업이 대출을 받거나 주식을 발행해서 조달한 비용 대비 순현금 흐름을 백분율로 나타낸다. 이때 각 수치는 재무제표에 나온 것을 이용한다. EVA를 계산하기 위해 일반적으로 경영자들은 '자본자산 가격결정모형(CAPM, Capital Asset Pricing Model)'이라는 공식을 활용한다. 만일 투자자본 대비 수익이 자본 조달 비용보다 높으면, 그 기업은 가치를 창출하고 있다는 뜻이다. 그 반대일 경우, 가치를 파괴하고 있다는 뜻이다.

이를 이해하기 위해 미국의 제약, 의료기기 및 소비재 대기업인 존슨앤드존슨의 예를 들어보자. 이 회사는 2018년에 816억 달러 상당의 제품과 서비스를 판매했고, 세후 현금으로 153억 달러를 벌었다. 이와 같은 현금 흐름을 창출하기 위해 회사는 평균 891억 달러의 자본을 투자했다. 이는 조달된 금액으로 지급예정인 미지급 주식과 장기 부채로 구성된다. (실제로 해당 연도는 908억 달러로 시작해서 874억 달러로 마감했다) 따라서 존슨앤드존슨은 1년 동안 투자한 자본에 대해 17%의 건전한 현금흐름 수익을 올린 것이다. 같은 기간 동안 외부 평가기관들은 존슨앤드존슨의 가중평균자본비용(WACC)을 약 6%로 추정했다. 따라서 긍정적인 EVA는 11%였다. 이를 평가하는 다른 방법은 절대적인 달러 가치의 관점이다.

존슨앤드존슨은 암묵적으로 약 53억 달러(891억 달러의 6%)의 자기자본비용을 발생시켰고, 153억 달러의 현금흐름을 창출했다. 약 100억 달러의 가치를 창출한 것이다. 이를 '잉여현금흐름(RCF, Residual Cash Flow)'이라고 한다. 즉, 자본 비용 이상으로 발생한 현금의 흐름을 의미한다. 잉여현금흐름이 플러스면 주주 가치를 창출한 것이고, 반대로 마이너스면 주주 가치는 파괴된 것이다. 이런 분석법은 원래 기업 단위의 가치를 평가하는 방식이다. 그런데 기업 경영자들은 사업부 단위를 평가할 때도 같은 방법을 활용하기 시작했다. 대기업의 경우 어떤 사업에 자본의 투자 여부를 결정하는 주체는 개별 사업부이므로, 기업가치를 증가시켰거나 감소시킨 사업부가 어디인지를 파악하기 위해 이 평가 방식을 도입한 것이다. (존슨앤드존슨의 경우도 사업부 차원에서 보유하고 있는 자산은 회사의 전체 자산 중 16%에 불과하다)

각 사업부 단위의 자본 조달 비용을 계산하기 위해, 분석자는 사업부별 보유하고 있는 유형자본(공장, 토지, 기계)과 운전자본의 장부가치를 파악한다. (좀 더 정확하게 계산하려면 본사 차원에서 통합적으로 보유하고 있는 자본도 각 사업부에 나누어 할당한다) 조정된 수치에 회사의 평균

자본비용을 곱하면, 각 사업부별 연간 자본조달비용의 달러 가치를 얻을 수 있게 된다. 이 방법을 활용해 경영자는 RCF 기준으로 사업부의 순위를 매겨볼 수 있다. 예를 들어, 존슨앤드존슨에는 3개 주요 사업부가 있다. 제약사업부는 레미케이드, 자렐토 같은 히트 의약품이 대표적이며, 회사의 891억 달러 투자자본 중 장부가의 약 46%를 활용하면서 조정된 현금 흐름 중 약 89억 달러를 벌어들이고 있다. 의료기기 사업부(스텐트 제품 및 콘택트렌즈: 각각 44억 달러, 35%)와 소비재사업부(반창고, 베이비 샴푸, 뉴트로지나 등: 각각 20억 달러 및 19%)도 같은 방식으로 측정된다.

기업 경영자들은 이 방식을 주요 투자 및 매각 결정의 기초자료로 도입했다. 주주 가치 창출 사업부는 더 효과적으로 투자를 정당화할 수 있었고, 주주 가치 파괴 사업부들은 긴축 모드로 돌아서야 했다. 안 좋은 상황에서 더 큰 판돈을 걸 이유는 없는 것이다. 이 새로운 측정 도구에 대한 반응은 겉으로만 봐서는 전혀 이상하지 않다. 펀드 회사들이 자신들은 자본 비용을 초과하는 현금을 창출하면서도 자본 비용을 충당하지 못하는 사업에 투자를 회피하는 건 당연한 일이기 때문이다. 이것이 주주들이 원하는 바이기도 할 것이다. 주주 가치 파괴의 행태가 1년씩 더 이어지기 전에 손실을 주고 있는 사업부를 매각해야 하는 것이다.

그렇다면 2018년 존슨앤드존슨의 주가가 하락하고, 시가총액 기준으로 300억 달러가 사라진 것은 어떻게 설명해야 할까? 손실액 중 230억 달러는 주식시장의 전반적인 하락에 원인이 있다. 하지만 존슨앤드존슨은 앞서 확인했듯이 이론적으로 100억 달러의 경제적 가치를 창출했음에도 불구하고, 시가총액은 70억 달러가 하락한 셈이다. 만일 시장의 평가가 옳다고 본다면 지금까지 설명한 내용에 무엇인가 오류가 있음이 틀림없다. 이를 통해 여러분들이 자본에 대해 꼭 알아야 할 반(反)직관적 사실을 설명하고자 한다.

투자 순간의 실현 가치

한 기업의 주가는 투자자가 그 기업에서 진행 중인 프로젝트들의 포트폴리오를 통해 창출할 것으로 기대하는 가치를 반영한다. 이번에는 존슨앤드존슨이 성공 가능성이 낮다고 예상했던 블록버스터급 신약이 승인을 받았으며, 연간 약 60억 달러의 연간 수익이 예상된다는 발표를 통해 세상을 놀라게 했다고 가정해 보자. 이와 함께, 존슨앤드존슨을 담당하는 애널리스트들도 그 추정치에 동의했다고 상상해 보자. 다른 조건들이 동일하다면, 약 6%의 자본 비용으로 연간 60억 달러의 수익을 만들어, 존슨앤드존슨의 시가총액은 1,000억 달러 증가할 것이다. 이런 상황에서 이 회사의 주가는 거래일 하루당 3억 9,700만 달러(252일 기준)의 비율로 상승하지는 않을 것이다. 그 금액이 존슨앤드 존슨이 매 거래일마다 벌어들이게 될 추가 이익이기 때문이다. 오히려 시장은 새로운 뉴스를 통해 신약에서 발생하는 미래의 모든 잉여현금흐름을 현재의 가치로 전환하여, 그 즉시 시가총액을 1,000억 달러까지 끌어올릴 것이다. 물론 이것은 완벽한 정보이다. 정보들이 선택적으로 나온다면, 1,000억 달러 규모의 충격이 구체화되는 데 시간이 좀 걸릴 수도 있다. 그럼에도 불구하고 놀라운 약품 승인이라는 깜짝 발표 시점에 운명은 결정되게 된다. 따라서 반복해서 이야기하지만, 이런 상황은 자본에 대해 우리가 알고 있는 기존의 직관에 반하는 것이다.

자산에 대한 투자는 미래 가치가 창출되거나 파괴될 것이라는 기대를 설정하게 되며, 이는 즉시 자본 가치에 반영되어야 한다. 이러한 이유로 인해 구글의 모회사인 알파벳(Alphabet)은 장부가치 대비 4배의 가격으로 시장에서 거래된다. 투자자들은 오래전부터 구글 검색 사업에 내재된 자본을 재평가해왔다. 이 사업은 막대한 수익을 만들어내는 사업으로, 기존의 계산으로는 EVA가 매우 높은 것으로 나타났다. 하지만 그것만으로 알파벳의 주가가 오르는 것은 아니다. 이 회사가 현재의 주식 가치를 반영한 자본 비용 이상으로 RCF를 창출할 수 있음을 증명할 때만 투자자는 주가 상승으로 응답한다. 과거에 구글이 사업에 얼마나 투자했는지는 무관하다. 오직 새로운 정보만이 주가에 영향을 미친다.

앞에서 설명했던 '구속 자본'의 가치평가법을 되짚어 보자. 자산 인수 당시의 가격에서 감가상각을 뺀 금액이 구속 자본의 가치로 장부에 기록된다. 그런데, 기업의 가치를 평가할 때는 그 기업이 영위하는 사업 모두의 미래 가치 기댓값을 평가하면서, 사업부별 가치를 평가할 때는 그 사업부가 가진 자산의 과거 가격을 기준으로 평가하는 것은 모순이다. 게다가 전통적인 가치평가법으로 새로운 투자의 가치를 평가할 때는, 과거 투자의 결과가 똑같이 재현될 것으로 가정할 뿐, 새로 창출되는 가치는 전혀 고려하지 않고 있다. 즉, 지금까지 어느 사업에 투자해서 주주 가치가 얼마간 파괴됐다면(혹은 창출됐다면), 앞으로 투자할 동일금액의 투자 역시 같은 결과를 가져올 것이라 가정하고 있다. 물론, 그 논리가 맞을 수도 있다. 성공적인 비즈니스는 성공적인 전략이나 비즈니스모델을 채택했기 때문에 성공적이며, 따라서 투자를 증대하면 주주 가치도 비례해서 증가하는 것일 수도 있다. 실패하는 사업은 실패한 전략을 채택했기 때문에 실패한 것이고, 추가 투자하면 그에 비례한 만큼의 주주 가치 손실이 있을 수도 있다. 하지만 역사가 되풀이된다는 법은 없다. 무조건 현재를 기준으로 현금흐름이 많은 프로젝트에 추가로 투자한다고 해서 주주 가치도 그만큼 증대된다는 보장이 없다. 오직 프로젝트의 속성이 결과를 좌우한다.

그리고 경영자들이 쉽게 빠지는 함정이 있다. 이미 높은 수준의 현금흐름을 창출하고 있는 사업이라면, 얼마간의 돈을 추가로 투자했을 때도 계속 높은 현금흐름을 발생시킬 것이다. 일반적으로 추가 투자액은 그때까지 들어간 전체 누적 투자액에 비해 적은 수준이기 때문이다. 그러니 설령 추가 투자한 금액이 주주 가치를 파괴하고 있다고 해도, 전체 현금흐름은 흑자이기 때문에 경영자는 사업이 잘 되고 있다는 착각에 빠진다.

반대의 경우도 마찬가지다. 적자 RCF의 사업에 얼마간의 돈을 추가로 투자한다고 해서 주주 가치가 증대되리라는 보장은 없지만, 그래도 추가 자본 투자가 꼭 필요한 경우가 있다. 그런데 추가 투자한 결과, 주주 가치가 크게 상승했다고 하더라도 그것이 과거의 아픈 흔적을 모두 지울 수 있는 정도의 성공이 아니라면, 전체적으로는 여전히 현금흐름 적자가 나는 사업으로 보이게 될 것이고, 경영자는 그 추가투자가 실패라고 생각하게 된다. 실제로는 실패가 아니었는데도 말이다. 그렇다면 이런 함정에서 어떻게 피해갈 수 있을까?

자본 비용 계산의 새로운 접근법

해결 방법은 자본 비용을 계산하는 방법을 개선하는 것이다. '자유 자본'이 '구속 자본'으로 바뀔 때 창출하거나 파괴될 미래 가치에 대한 기대를 반영하면 된다. 회사 단위의 계산은 상대적으로 쉽다. 기업의 예상 현금흐름을 자본과 부채의 현재 시장가치로 나눈 수치를 '기업가치 대비 추정현금흐름(expected cash flow turn on market capitalization)'이라 부른다. 이 수치는 주식투자자가 그 회사의 주식을 사는 시점에 기대할 수 있는 수익률이다. 각 사업부 수준에서도 현금흐름을 기업가치 대비 현금흐름으로 나누면, 사업부별 '구속 자본'의 가치를 계산할 수 있다. 반대로, 사업부별 계산 값을 모두 더하면, 회사 전체의 시가총액과 일치할 것이다.

재무전문가들은 이 접근방식이 사업부별로 각각 가지고 있는 시스템적 리스크와 프로젝트별 최적 재무구조를 반영하지 않기 때문에, 각각의 사업부별 가중평균자본비용(WACC)으로 자본비용을 계산해야 한다고 주장할 것이다. 하지만 이런 지적은 매우 사소한 사항이다. 어차피 대부분의 투자자들은 기업 전체의 WACC를 가지고 프로젝트나 사업부 단위 계산에도 적용하기 때문이다.

만일 기업의 시가총액이 앞으로 창출될 혹은 파괴될 가치에 대한 모든 정보를 반영하고 있다고 가정한다면, 투자

시점에서의 RCF는 '0'이 될 것이다. 또 자본조달비용은 투자자의 추정수익률과 일치하게 된다. 일단 투자자가 투자 결정을 내리면 오직 새로운 정보만이 자본의 가치를 증대하거나 파괴할 수 있다. 새로운 정보는 미래 현금흐름을 예상하는 경영자와 애널리스트의 전망에 영향을 미치고, 그 새로운 컨센서스에 따라 주가가 결정된다.

존슨앤드존슨의 예시로 되돌아가면, 새로운 뉴스가 발표되자마자 자본조달비용은 주주들이 예상한 연간 수익과 동일한 60억 달러가 된다. 새로운 투자자가 기존 투자자로부터 주식을 매입하려면, 그만큼의 부가가치를 지불하게 될 것이다. 만일, 존슨앤드존슨이 신약에 대한 수익 전망을 10% 내외로 정정한다는 내용으로 발표해도, 이 정보도 마찬가지로 자본 비용 전망에 영향을 줄 것이다.

이제 이 새로운 접근법을 사용해 존슨앤드존슨의 기업가치가 (전통적인 방법으로 계산한 부가가치만큼) 100억 달러만큼 상승하지 않고, 오히려 70억 달러만큼 하락한 이유를 살펴보자. 앞서 언급한 대로 존슨앤드존슨의 2018년 현금흐름은 153억 달러였다. 연례 사업보고서를 보면 이 현금흐름을 달성하기 위해 891억 달러 정도의 자본을 조달했다.

가치 창출 계산 과정의 일반적 오류

대부분의 기업들은 투자자본수익률(ROIC)을 사용해 경영성과를 평가한다. 하지만 투자자본수익률을 계산하려면, 회사의 자본비용을 정확하게 추산해야 한다. 그럼에도 불구하고, 많은 경영자들은 현재 해당 자본의 시장가치(회사 주가 기준)가 아니라, 투자의 장부가치(혹은 현재까지 투자된 비용)에 초점을 맞춰 잘못 계산하고 있다. 다음의 [표 13-1]에 나타난 존슨앤드존슨의 사례를 보면서 이런 접근 방식의 함정을 이해해 보자.

2017년 말 존슨앤드존슨의 장기차입금과 주식의 시장가치는 장부가 대비 3,160억 달러 많은 4,055억 달러에 달했다. 이는 투자자들이 존슨앤존슨이 891억 달러의 자본을 가지고 미래에 만들어낼 수 있는 가치라고 평가한 금액이다. 존슨앤드존슨의 자산 현황, 경영전략, 시장환경 등의 정보를 모두 고려한 미래 가치인 것이다. 따라서 누군가가 존슨앤드존슨에 투자하려면, 이렇게 주가에 반영된 가치증가분까지 포함한 금액을 지불해야 한다. 즉, 2018년 1월 1일에 주식을 매입하는 투자자는 장부가인 891억 달러가 아니라, 현재의 기업가치인 4,055억 달러에 대한 연간투자수익률을 생각하게 된다. 그렇지 않았다면 그들은 4,055억 달러의 평가액에 투자하지 않았을 것이다. 주식투자자에게 중요한 것은 존슨앤드존슨이 앞으로 진행할 투자에 대한

대안적인 존슨앤존슨의 가치

■ 평균장부가치 기반 접근법

대부분의 경영진들은 수익률을 평가할 때, 자본의 평균장부가치를 사용한다. 자본비용(6%)를 뺀 후에도 존슨앤존슨의 사업은 잘 수행되고 있는 것처럼 보인다. (아래 모든 수치의 단위는 10억 달러)

사업부	자본의 평균장부가치	2018년 현금흐름 총계 (회수비율)		자본조달비용 (평균 장부가의 6%)		실제 현금흐름
제약	$40.8	$8.9(21.8%)	-	$2.4	=	$6.5
장치	$31.1	$4.4(14.1%)	-	$1.9	=	$2.5
소비재	$17.2	$2.0(11.6%)	-	$1.0	=	$1.0

예를 들어, 존슨앤존슨의 장부 기준으로는 회사가 제약 사업에 408억 달러를 투자했지만 → 이는 자본조달 비용을 조정하면, 실제 현금흐름으로 65억 달러가 투입된 것이다.

■ 시장가치 기반 접근법

하지만 존슨앤존슨이 각 사업부에 투자한 자본의 시가를 적용해 같은 계산을 해 보면 결과는 달라진다. 실제로 이 회사의 사업부들은 실질 자본비용이 제대로 반영된 후 마이너스 현금흐름을 창출하고 있는데, 이 점은 해당 기간 내 존슨앤존슨의 주식 실적의 부진을 설명해준다.

사업부	자본의 시장가치	2018년 현금흐름 총계 (회수비율)		자본조달비용 (평균 장부가의 6%)		실제 현금흐름
제약	$236.5	$8.9(21.8%)	-	$14.2	=	-$5.3
장치	$115.1	$4.4(14.1%)	-	$6.9	=	-$2.5
소비재	$53.9	$2.0(11.6%)	-	$3.2	=	-$1.2

하지만 시장가치 기반 접근법은 투자자들이 2,365억 달러를 제약 사업부에 투자한 것으로 생각하고 있음을 보여주는데 → 이는 실제 현금흐름을 마이너스로 만든다

[표 13-1]

수익률이며, 그들은 적어도 그 수익이 회사의 WACC 6%가 될 것으로 기대했을 것이다.

실제 결과는 어떠했을까? 전통적인 방식 기준으로 존슨앤드존슨은 2018년에 멋진 실적을 기록했다. 매출은 7% 증가했고, 장부 기준 자본에 대한 세후 수익률은 자본 비용 6% 대비 17%였다. 하지만 현금 흐름의 시가총액 대비 수익률은 위의 표에서도 알 수 있듯이 회사의 자본 비용보다 2% 이상 낮은 3.8%에 불과했다. 이는 연간 90억 달러(4,055억 달러의 2% 이상)에 달하는 주주 가치의 파괴를 의미하며, 자본 시장가치의 300억 달러 손실 중 존슨앤드존슨의 자체 원인 규명으로 확인된 70억 달러 손실보다도 높은 수준이다. 실제로는 위의 표에서도 알 수 있듯이, 존슨앤드존슨의 3개 사업부 중 어느 것도 시가총액의 자본 비용에 대한 수익을 얻지 못한 것이다.

자본의 가치는 항상 현재의 기대치를 포함해야 한다는 생각은 사모펀드 회사들이 왜 높은 성과를 내고 있는지 그 이유를 설명하는 데 도움이 된다. 기존의 EVA 방식으로 사업 성과를 평가하는 기업을 보면, 가치를 창출하지 않은 사업부를 신속하게 매각해 자본과 시간을 아끼려 할 것이다. 반면 사모펀드들은 기업 내 저평가된 사업부를 매수하는 것이 낮은 가격으로 자본을 구매할 수 있는 차익거래의 기회로 보고 있다. 기업들은 반드시 자본 시장이 경영의 역사보다는 미래에 대한 기대에 따라 운영된다는 것을 이해하고, 그에 따라서 투자 결정을 내려야 한다. 그렇게 될 때에만, 대부분의 사모펀드 회사들은 자신들의 가장 큰 수익원 중 하나를 잃게 될 것이다.

> * 이번 장은 <하버드 비즈니스 리뷰>(2020년 5~6월호)에 저자가 기고한 '경영자들이 자본에 대해 잘못 알고 있는 것들(What Managers Get Wrong about Capital)'의 내용을 수정 및 보완한 것이다.

14장.
인수합병(M&A) :
인수합병은 왜 늘
'얼빠진 행동'이라 놀림 받을까?

"신규 가치를 얻고자 한다면, 바로 그곳에 가치를
부여하라."

글로벌 금융위기가 발생한 지 10년도 채 안 된 2015년, 경영계는 인수합병(M&A)에 관한 새로운 기록을 세웠다. 거래 가치는 1999년 이전의 최고점을 넘어선 2007년의 기록을 능가했다. 이런 경향은 미국과 유럽 내의 세계적 팬데믹 상황과 정치적 혼란에도 불구하고 여전히 계속되고 있다. 2015년에 비해 2016년에, 2016년에 비해 2017년에 그 거래량은 점진적으로 증가했다. 역대 M&A 상위 7년의 기록 중 6년이 2015년에서 2020년 사이에 위치할 정도로 인수합병의 열기는 점차 뜨거워지고 있다.

인수합병 열풍의 한 가지 징후는 기업인수목적회사(SPAC, Special-Purchase Acquisition Company)의 증가이다. 이들은 1990년대 처음 등장했지만, 사실상 2016

년 전까지는 연간 20건 미만의 수준으로, 거의 휴면 상태나 다름없었다. 그러던 기업인수목적회사 IPO의 숫자는 2020년에 248개로 폭발적으로 증가하더니, 2021년 연초부터 3분기 동안 435개로 치솟았다. 이들은 운영하는 사업도 없이 단지 '무언가를 인수하겠다'는 약속만으로 자본을 조달한다. 이런 호황은 기업들의 경영난이 가속화되고 있음에도 그리 영향을 받지 않는 것 같다.

우리는 모두 마이크로소프트가 노키아(Nokia)로부터 79억 달러에 인수한 단말기 사업 가치의 96%를 약 1년이 지난 2015년에 상각한 것이 그리 나쁜 판단은 아니라고 생각한다. 또한 구글은 2012년에 125억 달러에 인수했던 단말기 사업을 29억 달러에 매각했다. HP는 111억 달러에 인수했던 영국의 소프트웨어 기업 오토노미(Autonomy)를 88억 달러에 매각했으며, 불과 6년 전에 5억 8천만 달러에 마이스페이스(Myspace)를 인수했던 뉴스코퍼레이션(News Corporation)은 2011년 이를 3천 5백만 달러에 매각했다. 야후(Yahoo)도 텀블러(Tumblr)를 11억 달러에 인수한지 불과 6년만인 2019년에 300만 달러에 매각한 것으로 알려졌는데, 이는 99.7%의 손실을 의미한다. 하지만 이들은 2021년의 인수합병 재앙에 비하면 점잖은 수준이다. 불과 몇 개월 이후인 2021년 2월과 5월, AT&T는 160억 달러에 다이렉 TV(DirecTV) 자회사를, 430억 달러에 타임 워너(Time Warner) 자회사를 매각했다.

사업을 매각하는 것이 본질적으로 나쁜 것은 아니다. 실제로 많은 이들은 AT&T가 사업 포트폴리오에 속하지 않는 자회사들을 분리한 것을 칭찬하기도 했다. 하지만 이런 결과들은 2015년 다이렉 TV의 구매가격이 480억 달러, 타임워너는 850억 달러였다는 사실을 고려하면 생각이 달라진다. 6년도 안 되는 시기에 740억 달러의 주주 자본이 소실된 것이다.

물론 성공한 케이스들도 있다. 지금의 가치로 보면 사소한 금액인 4억 4천만 달러에 성사된 1997년의 넥스트(NeXT) 인수는 애플을 살렸으며, 기업 역사상 가장 막대한 주주 가치를 축적하는 기반이 되었다. 2005년 5천만 달러로 안드로이드(Android)를 인수한 구글은 세계에서 가장 중요한 제품 시장의 하나인 스마트폰 운영시스템 시장에서 최고의 자리에 오를 수 있었다.

워런 버핏(Warren Buffett)이 미국의 보험회사 가이코(GEICO)를 1951년부터 1996년에 걸쳐 단계적으로 인수한 것은 버크셔 해서웨이(Berkshire Hathaway) 성장의 주춧돌 역할을 했다. 그리고 아직 언급하기는 이르지만, 2020년 찰스 슈왑(Charles Schwab)의 TD 아메리트레이드(TD Ameritrade) 인수는 제대로 흐름을 타고 있는 것으로 보인다. 하지만 이들은 공통적인 많은 연구에서 검증된 규칙에 극히 예외적인 사례들일 뿐이다. 그 검증된 규칙은 바로 **'인수합병은 일반적으로 그 70~90%가 최악의 실패를 만드는 얼빠진 행동(a mug's game)'이라는 점**이다.

왜 인수합병의 결과는 늘 좋지 않은 것일까? 놀랍게도 간단한 이유는 여러분들이 인수합병에 대해 반드시 알아야 하는 다음과 같은 '반(反)직관적'인 무언가 때문이다.

'인수합병을 통해 가치를 얻으려면, 반드시 충분한 가치를 제공해야 한다.'

인수합병을 통해 자신들이 얻을 것에만 집중하는 회사는 자신들이 주어야 할 것에 집중하는 회사들보다 성공할 가능성이 낮다. (이는 애덤 그랜트(Adam Grant)가 저서 『기브 앤 테이크(Give and Take)』에서 '대인관계 영역에서 얻는 것보다 주는 것에 더 집중하는 사람들이, 결국에는 자신의 위치를 극대화하는 사람들보다 더 좋은 결과를 만들어낸다'는 통찰과 맥을 같이 한다) 예를 들어 한 기업이 매력적인 시장에 진출하기 위해 기업 인수를 시도할 때는 보통 얻으려고만 하는 **'테이크(take)' 모드**를 취한다. 이것이 앞서 봤던 대실패들에 공통적으로 나타난 현상이다.

마이크로소프트와 구글은 스마트폰 하드웨어 사업에 뛰어들려 했으며, HP는 검색과 데이터 분석에 관한 대규모 사업을 펼치고 싶어 했고, 뉴스코퍼레이션은 소셜 네트워킹 사업을 시도하려 했다. 이처럼 인수기업이 뭔가를 얻기 위한 테이크 모드에 돌입하면, 피인수기업은 인수 거래를 통해 미래의 모든 누적 가치를 뽑아내기 위해 매각 가격을 올리게 된다. AT&T, 마이크로소프트와 구글, HP, 뉴스코퍼레이션, 야후는 인수합병을 위해 많은 자금을 투자했는데, 그 자체로는 자본 수익을 얻기 힘들었을 것이다. 더구나 이들 중 누구도 새로운 시장을 이해하지 못했고, 이는 궁극적으로 인수합병 결과가 실패로 이어지는 원인이 되었다.

하지만 인수한 회사의 경쟁력을 강화할 수 있는 무언가를 보유하고 있다면 상황은 달라진다. 인수기업은 다음과 같은 4가지 방법으로 인수 대상 기업의 경쟁력을 강화할 수 있다.

1. 올바른 성장 자본의 제공

현명한 투자를 통한 가치 창출은 자본 시장이 덜 발달된 국가에서 효과를 발휘하며, 이런 방식은 인도의 재벌인 타타그룹(Tata Group)과 마힌드라그룹(Mahindra Group)이 크게 성공한 부분적인 이유이기도 하다. 이들은 기존 인도 자본 시장의 방식과 달리, 소규모 기업을 인수(혹은 창업)해 성장 자본을 지원했다. 자본 시장이 발달한 국가에서는 이런 식으로 자본을 투자하기가 어렵다. 예를 들면, 미국에서 행동주의 투자자들은 종종 다각화된 기업의 금융지원 활동이 기존사업의 경쟁력을 더 이상 높이지 못하고 있다는 이유로 기업을 분할하라며 압박을 가한다. ITT와 모토로라, 포춘 브랜드(Fortune Brands)와 같은 거대 기업들과 베어링 전문기업 팀켄(Timken), 제빙기 전문기업 매니토웍(Manitowoc) 같은 소규모 기업들이 이런 이유로 분할됐다. 심지어 GE도 상당히 큰 폭으로 기업을 축소했다.

2015년 M&A의 거대한 규모 중 하나는 680억 달러에 듀폰(DuPont)과 다우(Dow)를 합병하고, 이후에 세 그룹으로 분리하는 거래였다. 이는 듀폰에 대한 행동주의 투자자들의 끈질긴 압박으로 생긴 결과였다. 최근에는 IBM이 2021년 말까지 2개의 사업으로 영역을 분할하겠다는 2020년 발표가 호평을 받은 바 있다.

물론 자본 시장이 발달한 선진국에서도 성장을 목표로 현명한 투자자 역할을 하는 것이 가치 창출을 위한 여지를 제공할 수 있다. 경쟁우위가 매우 불확실하고, 빠르게 성장하는 신산업에서 자신의 분야에 대한 이해도가 높은 투자자는 많은 가치를 창출한다. 예를 들어 가상현실 분야에서 앱 개발자들은 오큘러스(Oculus)가 2014년 페이스북에 인수된 후 새로운 플랫폼이 될 것이라고 확신했다. 페이스북이 필수적인 자원을 제공할 것이라는 믿음 때문이다. 이에 따라 앱 개발자들은 오큘러스의 플랫폼에 적합한 앱을 개발했고, 이는 오큘러스의 플랫폼의 성공 가능성을 증가시켰다.

또 다른 방법으로 현명하게 자본을 제공하는 투자법은 규모의 경제를 추구하면서 세분화된 롤업(roll-up)을 촉진하는 것이다. 이는 사모펀드 기업들이 선호하는 방식으로, 이를 통해 수십억 달러의 수익을 달성했다. 이와 같은 경우에 자본을 현명하게 투자하는 투자자는 보통 산업 내에서 가장 규모가 큰 기존 기업이다. 규모에 따른 수익이 최고조에 이를 때까지 각 인수에 대한 규모의 경제를 최대한 실현할 수 있기 때문이다. 물론 분화된 모든 산업에 규모의 경제 혹은 범위의 경제를 실현할 가능성이 있는 것은 아니다. 이는 다국적 장례 전문기업인 로웬그룹(Loewen Group, 파산 후 앨더우즈(Alderwoods)로 사명 변경)의 사례를 통해 얻은 값비싼 교훈이다. 로웬그룹은 장례식장 사업을 통해 북미에서 가장 큰 기업이 되었지만, 주변 혹은 지역 경쟁자들에 비해 의미 있는 경쟁우위를 만들어내지 못했다.

따라서 규모의 경제가 반드시 운영상의 효율성에 뿌리를

두는 것은 아니다. 이는 주로 시장 지배력의 축적으로 달성된다. 시장 내의 거대 기업은 경쟁자를 물리친 후 제공하는 가치에 더 높은 가격을 청구할 수 있다. 하지만 이런 전략이 전부라면, 그들은 불가피하게 독점금지 규제기관들에 시달리게 될 것이며, 혹시라도 우위를 갖더라도 GE와 허니웰, 컴캐스트와 타임워너, AT&T와 T모바일, 디렉트 TV와 디시 네트워크(Dish Network)의 합병 시도와 같은 길을 가게 될 것이다.

2. 향상된 관리방식 제공

인수합병의 경쟁력을 강화하는 두 번째 방법은 더 나은 전략적 방향성과 조직 및 프로세스가 실현되도록 인수회사의 관리방식을 개선해주는 것이다. 이 역시 말처럼 그리 쉽게 실현되지는 않는다.

고급차 시장에서 엄청난 성공을 이룬 유럽 기반의 다임러 벤츠(Daimler-Benz)는 중저가 시장에서 어느 정도 성공을 이룬 미국 기반의 크라이슬러(Chrysler)에 더 발전된 경영관리 방식을 적용할 것으로 생각했다가 360억 달러에 이르는 고통스러운 수업료를 지불했다. 이와 비슷하게 GE 캐피탈은 인수한 여러 금융서비스 기업들에게 GE의 작은 부업 수준의 사업에서 GE의 가장 큰 사업 부문으로 확장시킨 경험을 기반으로 더 나은 경영관리 방식을 제공할 수 있다고 믿었다. 미국의 금융서비스 분야가 국가 전체의 경제에 비해 급격히 성장했다면 GE의 생각이 맞을 수도 있었다. 탁월한 GE의 경영관리 방식이 인수에 따른 가치를 향상시킬 수 있기 때문이다. 하지만 세계 금융위기로 인해 금융업의 파티 기간이 종료되자, GE 캐피털로 인해 GE 그룹 전체가 거의 마비되는 상황에 이르게 된다. 아마도 GE 캐피탈은 인수한 회사들의 운영을 어느 정도 개선했는지 모르지만, GE 캐피탈이 떠안은 엄청난 리스크에 비하면 어떤 개선도 미미한 수준이다. 버크셔 해서웨이는 기업 인수 후 경영 감독을 통해 성과를 향상시킨 오랜 실적을 보유하고 있음에도, 워런 버핏(Warren Buffett)은 브라질의 사모펀드 회사인 3G 캐피탈과 공동으로 진행한 크래프트 하인츠(Kraft Heinz) 계약과 관련해서 상당 부분 과도한 비용이 집행되었음을 공식적으로 인정했다.

미국의 대기업 다나허(Danaher)는 경영을 통해 가치를 증대시킨 최고의 사례라고 할 수 있다. 1984년 창립 이래 400건 이상의 인수합병을 진행했으며, 2021년 말 현재 시가총액 2,300억 달러를 넘는 270억 달러 규모의 회사로 성장했다. 다나허의 경영진뿐만 아니라 외부 전문가들도 거의 깨질 것 같지 않은 이런 성공의 기록은 사업 시스템 덕분이라고 말한다. 이 시스템은 '사람(people), 계획(plan),

프로세스(process), 성과(performance)'를 뜻하는 영문의 머리글자를 딴 4P를 중심으로 구성되며, 모든 사업 부문에 예외 없이 적용해 운영되고 모니터링된다. 이 시스템의 성공을 위해 다나허는 피인수기업이 시스템을 통해 재무관리 및 조직관리수준을 강화하는 데 그쳐서는 안 되고, 확실하게 경쟁우위를 확보할 수 있도록 개선해야 한다고 주장한다. 그리고 이런 노력들은 단지 허무한 구호로 끝나는 것이 아닌, 반드시 실행되어야 한다.

3. 가치 있는 기술 이전

인수기업은 주로 특정 기능과 관련된 기술이나 자산, 혹은 역량을 특정 인력의 재배치 등으로 피인수기업에 직접 이전함으로써 인수 성과를 실질적으로 개선할 수 있다. 이와 같은 기술은 경쟁우위 달성을 위해 핵심적인 기술이어야 하며, 인수 시점에 인수자가 더 월등한 기술을 보유하고 있어야 한다. 역사적인 예로는 펩시콜라가 1965년 인수합병 후 스낵 부분에서 핵심 성공의 열쇠인 직영점 배송(DSD, Direct Store Delivery) 물류시스템 운영 기술을 프리토레이(Frito-Lay)로 이전한 것이 있다. 펩시코의 많은 직영점 배송 관리자들이 프리토레이 운영 지원을 위해 배치되었다. 하지만 펩시코의 2000년도 퀘이커 오트밀(Quaker Oats) 인수 상황에서는 그리 만족스러운 결과를 만들지 못했다. 퀘이커의 오트밀 판매가 대부분 전통적인 창고 배송으로 이루어졌기 때문에 펩시코는 퀘이커보다 기술 우위를 지니지 못했다.

안드로이드에 대한 구글의 인수는 성공적 기술 이전을 보여주는 최근의 사례다. 세계에서 가장 규모가 큰 소프트웨어 기업 중 하나인 구글은 안드로이드의 개발에 막대한 힘을 실어주고, 이 기업을 스마트폰 운영시스템의 지배적인 위치에 올려놓을 수 있었다. 하지만 하드웨어에 중점을 두는 모토로라의 휴대전화 단말기 사업 인수는 성공에 이르지 못했다. 분명한 사실은 가치를 향상시키는 이 방법을 위해 모든 인수는 인수기업의 본업에 좀 더 가까운 부문에서 이뤄져야 한다는 것이다. 인수기업이 새로운 비즈니스를 상세히 알지 못하면, 자신이 보유한 기술이 실제로는 그렇지 않은데도 유용하다고 믿을 수도 있다. 또한 유용한 기술인 경우에도 피인수기업이 인수기업에 환영받지 않는 상황이라면, 효과적으로 기술을 이전하기가 어려울 수도 있다.

4. 가치 있는 역량의 공유

네 번째 방법은 인수기업이 역량이나 자산을 이전하는 것이 아니라 공유하는 것이다. 여기서 인수기업은 인력을 파견하거나 자산을 재분배하지 않고, 이들을 함께 이용할 뿐이다. P&G는 다기능을 갖추고 공동으로 배치된 소비자 팀과 대중매체 구매력 역량을 피인수기업과 공유한다. 대중매체 구매력 역량은 규모가 큰 피인수기업의 광고비도 30% 이상 줄일 수 있다. 몇몇 인수를 통해 P&G는 자신들의 강력한 브랜드도 공유한다. 예를 들면 스핀 브러시(Spin Brush)의 전동칫솔과 글라이드(Glide)의 치실에 자사의 유명 브랜드 크레스트(Crest)를 사용하게 하는 경우다. (하지만 이 방법은 P&G가 1982년 인수한 의약용품 생산기업 노리치 이튼 제약(Norwich Eaton Pharmaceuticals)에는 통하지 않았다. 이 회사의 유통 채널과 제품 프로모션 방식이 P&G와 달랐기 때문이다)

마이크로소프트는 2000년 14억 달러에 가까운 금액으로 비지오(Visio)를 인수한 뒤, 비지오 소프트웨어를 오피스 제품에 포함함으로써 PC 구매자에게 판매될 수 있는 강력한 역량을 공유했다. 하지만 휴대전화 단말기 사업을 노키아로부터 인수했을 때는 공유할 수 있는 가치 있는 역량이 없었다.

무언가를 제공할 수 있는 이런 형태의 '기브(give)'를 통한 성공 여부는 근본적인 전략의 역학을 이해하고, 실질적인 공유가 일어나도록 할 수 있는가에 달려있다. 역사상 최악의 M&A 실패작으로 회자되는 2001년 1,640억 달러 규모의 AOL과 타임워너의 합병에서, 타임워너는 자신들의 콘텐츠 개발 역량을 인터넷 서비스제공자인 AOL과 어떻게 공유할지에 대해 애매모호한 논쟁을 벌였다. 이 부분에서 공유의 경제는 의미가 없었다. 콘텐츠 개발은 규모에 아주 민감한 비즈니스이며, 콘텐츠가 더 광범위하게 유통될수록 개발자에게 경제적으로 유리하기 때문이다. 당시 인터넷 서비스 제공 시장의 30%를 점유한 AOL에 타임워너가 자신들의 콘텐츠를 독점으로 공급했다면, AOL이 경쟁력을 높이는 데 도움을 줄 수 있었지만, 나머지 70% 시장을 포기해야 하는 상황에 처했을 것이다. 비록 워너가 AOL에만 특혜를 주는 결정을 했더라도, 다른 시장 참여자들이 타임워너의 AOL 콘텐츠에 대한 불매운동을 펼치며 보복했을지도 모른다.

그렇다면 상황이 이 지경임에도 M&A 파티가 계속되는 이유는 무엇일까? 앞서 언급한 바와 같이 M&A를 통해 가치를 창출하는 것은 아주 어려운 일이며, 매우 신중한 관리와 인수회사의 가치 창출 요소들에 대한 깊은 이해가 필요하다. 게다가 솔직하게 말하자면 인수할 능력이 있는 인수자들이 그리 많지 않다.

그렇다면 왜 그렇게 많은 기업들이 인수합병을 전략적으로 고집할까? 시장의 많은 것들과 마찬가지로, 결국은 왜

곡된 인센티브 체계 때문이다. CEO들이 운영하는 시스템은 그들이 M&A 로또에 집착할 수밖에 없는 2가지 편향에 노출되어 있다.

첫째, 1990년대 이후 주식기반 보상이 확대되면서, CEO들에게 성공적인 인수합병 베팅의 가치가 크게 증가했다. 인수합병을 통해 주가가 '폭등'하면 CEO가 얻는 개인적 혜택은 엄청나다. 또한 CEO에 대한 보상체계는 기업의 규모와 밀접하게 연관되어 있으며, 인수를 통해 기업 규모가 더욱 커질 수 있다. 심지어 실패한 인수합병도 CEO에게는 개인적 이익이 될 수 있다. 마텔 러닝 컴퍼니(Mattel Learning Company)와 HP 오토노미(HP Autonomy)의 합병은 최악의 실패 사례 가운데 하나로, CEO였던 질 바라드(Jill Barad)와 레오 아포테커(Léo Apoteker)는 이 일로 인해 일자리를 잃었다. 하지만 질 바라드는 4,000만 달러, 레오 아포테커는 2,500만 달러의 퇴직금을 받았다.

두 번째 편향은 (최소한 미국에서는) 예상하지 못하겠지만, 재무회계기준 심의위원회(FASB, Financial Accounting Standard Board) 때문에 비롯된다. 닷컴버블이 사라지기 이전인 2001년에, 무형자산들은 40년에 걸쳐 대손처리되었다. 하지만 거품이 폭발해버린 이후 수십억 달러 평가 자산들이 아무런 가치가 없는 것으로 평가되었고, 이에 따라 FASB는 향후 기업의 회계감사자가 무형자산 가치의 잠식 여부를 밝히도록 결정했으며, 만약 잠식됐다면 잠식된 금액만큼 즉시 대손 처리하도록 결정했다. 이 변화에 따라 의도하지 않은 결과들이 생겨났다. 인수기업의 수익이 매년 자동적으로 대손 처리되는 금액에 의해 더 이상 축소되지 않기 때문에, 인수합병을 더욱더 매력적으로 만들어버린 것이다. 그러므로 현대의 M&A 환경에서 CEO는 인수한 자산이 잠식되지 않았고, 비록 엄청난 가격으로 인수가 이뤄졌더라도 인수 자체가 수익에 악영향을 미치지 않을 것이라고 소수의 내부회계 감사인들만 설득하면 해결되었다.

일반적으로 이는 기업의 핵심 사업이 성과를 내고 있고, 시가총액이 장부가치보다 높게 유지될 경우에는 매우 간단한 일이다. 이런 큰 거래량에 대한 마초적 심리와 자아 증진 효과 또는 금융 전문가들의 기득권을 보장할 수 있는 거래 선호 등을 고려할 때, 우리는 앞으로도 점점 더 많은 이와 같은 가치 파괴형 기업 거래를 목격할 가능성이 높다.

그렇다고 해서 모든 인수합병 거래를 지금 당장 중단하라는 말은 아니다. M&A에 대한 사고의 관점을 바꾸면 성공적인 성장 방법으로 활용할 수도 있다. 그 비결은 '**인수합병의 대상을 광산에서 채굴해 내야 하는 보석인 것처럼 바라봐서는 안 된다는 점**'이다. 인수합병을 광산에 가는 마음이 아니라, 이들에게 새로운 기회를 제공하고, 더 스마트한 관리를 제공함으로써, 가치 창출 잠재력을 완벽히 실현하도록 돕는 과정으로 생각해야 한다.

* 이번 장은 <하버드 비즈니스 리뷰>(2016년 6월호)에 저자가 기고한 'M&A: 올바르게 수행하기 위해 필요한 한 가지(M&A:The One Thing You Need to Get Right)'의 내용을 수정 및 보완한 것이다.

저자는 이 책이 여러분들에게 생각할 수 있는, 더 정확히 말하자면 '다시 생각할 수 있는' 기회가 되었기를 바란다. 여러분들은 아마도 이 책에 제시된 이전부터 존재해왔던 지배모델들이 우리를 실망시키는 고통을 경험했을 것이다. 14개 전부는 아니라도, 몇 개씩이라도 말이다. 이 책을 통해, 그런 실망의 원인이 '우리가 모델을 잘못 적용한 것 때문이다'라는 자책을 멈춰야 한다고 설득됐기를 바란다. 그렇게 된 이유는 당신의 잘못이 아니라, 모델의 잘못이었을 가능성이 높다. 이런 주장에 따라 각 장에 제시한 대안 모델을 여러분들이 완벽하게 대체할 것으로 기대하지는 않는다. 다만, 여러분들이 대안 모델을 시도해 보기를 희망한다. 이것이 우리가 전진하고 학습하는 방법이다. 결함이 있는 모델을 계속해서 다시 적용만 하고, 그 비효율을 많이 경험만 한다고 배울 수 있는 것은 아니다. 제대로 이행이 안 된다는 것을 재확인할 뿐이다. 모델을 시도하고, 그 결과를 관찰한 다음에도 결과가 만족스럽지 않을 때에는, 새로운 모델을 시도해야만 긍정적인 학습 여정을 시작할 수 있게 된다.

다른 어떤 이들보다 다음 두 가지 유형에 해당하는 사람들에게 감사의 마음을 전하고 싶다. 동전이 던져졌을 때 동전의 앞면은 편집자들이, 나머지 뒷면은 공동저자들이 채워주었다. 먼저 동전의 앞면에 해당되는 사람들에게 감사한다.

〈하버드 비즈니스 리뷰(HBR)〉의 편집장인 데이비드 챔피언에게 12년간의 마음의 빚을 지고 있다. 그는 2009년에 기고했고, 2010년에 출판된 저자의 글을 편집한 편집자였다. 이전에 여러 명의 편집자들과 함께 8개의 글을 HBR에 기고한 경험이 있었기에, 이 글의 편집이 끝나면 이번에도 다른 편집자가 배정될 것이라 생각했다. 하지만 그와 함께 일하는 과정은 너무 즐겁고 생산적인 경험이었기에, 그 예상이 틀리기를 바랐고, 실제로 그렇게 되었다.

HBR 측은 이후에도 글의 편집을 계속 데이비드에게 배정해주었고, 그와 함께 2021년까지 20개의 글을 완성했다. 그 20개 중 11개는 이 책의 각 장에 해당되며, 2022년에 발행된 글 하나가 12번째 장에 포함되었다. 또한 그는 1993년에 HBR에 기고한 글을 기반으로 2개의 장을 새로 쓰고 편집하는 것을 도왔으며, 다른 하나의 장은 새롭게 다시 쓴 글이다.

데이비드는 훌륭한 편집자이자 함께 일하기 좋은 파트너이다. 일반적으로 그에게 수많은 아이디어들이 포함된 많은 분량의 산문을 보내주고, 그는 가장 설득력 있는 아이디어와 이를 표현할 수 있는 가장 좋은 방법을 선택하도록 도왔다. 그는 저자를 더 멋지게 만들어주는데, 이는 편집자가 할 수 있는 최고의 일이다. 이 책 역시 그의 아이디어였다. 그는 많은 기고문들 속에 내포된 설득력 있는 생각의 흐름을 먼저 읽어주었는데, 그런 그의 통찰력에 진심으로 감사한다.

이 책의 내용 중 5개의 장은 원래 공동저자들과 함께 HBR에 기고했던 것들이며, 모든 공동 저자들은 이 책의 완성도에 엄청난 기여를 했다.

'고객(3장)'과 '전략(4장)', 두 개의 장은 저자의 오랜 친구이자 공동저자인 A.G. 라플리와 함께 집필했다. 라플리와의 관계는 수십 년 전으로 거슬러 올라가기 때문에 제시된 아이디어들이 누구의 머릿속에서 처음 생겨났는지 명확하게 구분하기는 힘들다. 왜냐하면, 이 생각들은 아마도 모두의 머릿속에서 나온 것일 수도 있기 때문이다.

4장에는 두 명의 추가 공동저자가 있다. 첫 번째는 모니터 컴퍼니에서 함께 일한 후 하버드경영대학원에서 성공적인 학업을 수행하기 위해 떠난 잔 리브킨(Jan Rivkin)이다. 그는 이 글을 쓰기 위한 영감을 제공해주었다. 그는 회사에 재직 중일 때 이 글에 나온 전략개발 프로세스를 저자에게 배웠고, 이를 하버드 비즈니스 스쿨 학생들에게 가르쳐서 열광적인 환호를 받았다. 그 성공체험을 바탕으로, 이것이 매우 멋진 HBR 기고문이 될 수 있다고 믿도록 해주었다. 그의 좋은 친구이자 훌륭한 와튼(Wharton)스쿨 전략 교수인 니콜라이 시겔코우(Nicolaj Siggelkow)도 이 자료를 기반으로 학생들을 가르쳤고, 이 글이 나오는 데 필수적인 역할을 했다. 우리 4인조는 멋진 팀이었으며, 이 장에 기여한 3명의 공동저자 모두에게 감사한다.

'선택(5장)'에 실린 HBR의 원본 기고문의 공동저자는 토니 골스비-스미스(Tony Golsby-Smith)이다. 디자인 관련 작업을 하는 중에 시드니 소재 혁신 컨설팅 회사인 세컨 로드(Second Road)의 설립자인 토니를 만났다. 그와 함께 일하는 동안, 그는 아리스토텔레스의 사고를 경영계가 이해하도록 한다면, 더 혁신적인 성과에 기여할 수 있다고 저자를 설득했고, 적절한 시기에 함께 HBR에 글을 쓰기로 합의했다. 이 글은 내가 쓴 다른 어떤 HBR 기고문보다도 많은 시간이 걸렸지만, 충분히 그런 노력을 할 만한 가치가 있었다.

'지원부서(8장)'에 실린 원본 HBR 기고문의 공동저자는 오랜 동료이자 『최고의 리더는 반드시 답을 찾는다(Creating Great Choices)』의 공동저자인 제니퍼 리엘(Jennifer Riel)이다. 우리는 지원부서가 회사나 사업부의 전략 이행을 지원하는 일에만 몰두하고 있었기에, 지원부서 자체의 전략을 수립 및 이행하는 이유와 방법을 처음으로 제시한 이 글이 꼭 필요하다고 생각했다. 제니퍼와 함께 현대 경영계에서 다른 조직의 전략만큼이나 중요한 주제의 기초를 다지는 작업을 할 수 있어서 행복했다.

마지막으로, '혁신(12장)'에 실린 원래 HBR 기사의 공동저자는 저자의 거의 모든 디자인 관련 협력자인 팀 브라운(Tim Brown)이다. 우리는 수년 동안 디자인과 전략의 교차점에 대해 협업했으며, 이 글도 그런 협업의 결과물 중 하나이다.

라플리, 잔, 니콜라이, 토니, 제니퍼, 팀 모두에게 다시 한번 깊은 감사의 마음을 전한다. 여러분의 협력이 이 책에 큰 도움이 되었다.

이 책은 하버드비즈니스리뷰 출판사(HBR 출판사)와 저자가 함께한 8번째 책이다. 제프 케호(Jeff Kehoe)는 이 8권 모두의 편집 역할을 맡아주었다. 〈하버드 비즈니스 리뷰〉 편집장이자 HBR 출판사의 발행인인 아디 이그내셔스(Adi Ignatius)는 든든한 후원자이다. 또한 Sally Ashworth, Julie Devoll, Stefani Finks, Erika Heilman, Felicia Sinusas, Anne Starr으로 구성된 팀은 늘 훌륭했다.

이 책을 통해 저자는 Barbara Henricks의 홍보팀과 Cave Henricks의 Jessica Krakoski와 함께 작업하고 있는데, 또 한 번 협업의 기쁨을 얻고 있다.

마지막으로 아내인 마리-루이즈 스카프테(Marie-Louise Skafte)에게 감사의 마음을 전하고 싶다. 글을 쓰고 고민했던 가장 생산성 높았던 시기는 아내를 만난 시기인 2013년 이후였다. 이것이 우연은 아닐 것이며, 훌륭한 파트너이자 지지자, 뮤즈가 되어준 마리-루이즈에게 고맙다는 말을 하고 싶다.

로저 마틴
플로리다주 포트로더데일에서

로저 마틴의 14가지 경영 키워드
하버드 비즈니스 리뷰에 담긴 새로운 사고 방식

초판 1쇄 발행 2023년 10월 25일
초판 2쇄 발행 2024년 8월 27일

지은이 로저 마틴(ROGER L. MARTIN)
번역 이종민
펴낸이 최익성

책임편집 이유림, 정아영
마케팅 총괄 임동건
마케팅 안보라
경영지원 임정혁, 이순미
펴낸곳 플랜비디자인

디자인 박준기

출판등록 제2016-000001호
주소 경기도 화성시 첨단산업1로 27 동탄IX타워 A동 3210호

전화 031-8050-0508
팩스 02-2179-8994
이메일 planbdesigncompany@gmail.com

ISBN 979-11-6832-071-0 (03320)